자본주의는 계속 살아남을 것인가?

자본주의는 계속 살아남을 것인가?

왜 성장과 기후 보호는
양립할 수 없는가.

그리고 우리는 미래에
어떻게 살게 될 것인가.

울리케 헤르만 지음
강영옥 옮김

갈라파고스

Das Ende des Kapitalismus
Warum Wachstum und Klimaschutz nicht vereinbar sind—und wie wir in Zukunft leben werden
by Ulrike Herrmann

All rights reserved by the proprietor throughout the world in the case of brief quotations embodied in critical articles or reviews.

Korean Translation Copyright © 2025 by Galapagos Publishing. co., Seoul
Copyright © 2022, 2024 by Verlag Kiepenheuer & Witsch GmbH & Co. KG, Köln

This Korean edition is published by arrangement with Verlag Kiepenheuer & Witsch, GmbH & Co. KG, Köln through Bestun Korea Literary Agency Co, Seoul

이 책의 한국어판 저작권은 베스툰 코리아 출판 에이전시를 통해 저작권자와의 독점 계약으로 갈라파고스 출판사에 있습니다. 저작권법에 의해 한국 내에서 보호를 받는 저작물이므로 무단 전재와 무단 복제를 금합니다.

시쿠, 핀, 아니카, 도로테아, 캐럴라인, 요하네스—
다음 세대를 위해

서문 자본주의의 종말　　　　　　　　　　　　　9

1부 자본의 부상

1장 자본주의의 축복, 부를 가져오는 성장　　　　　19
2장 1760년 이후의 영국, 성장은 어떻게 발명되었는가?　　28
3장 에너지 없이는 불가능한 자본주의　　　　　　43
4장 순식간에 낙오된 전 세계 국가들　　　　　　　51
5장 글로벌 사우스가 고소득국을 따라잡지 못하는 이유　　62
6장 착취와 전쟁은 오히려 자본주의를 해친다?　　　69
7장 확장 아니면 붕괴? 자본주의가 성장해야 하는 이유　　84
8장 번영의 대가는 파괴되는 세계　　　　　　　　96

2부 녹색성장은 존재하지 않는다

9장 결코 사라지지 않는 이산화탄소　　　　　　　113
10장 원자력에 대한 오해　　　　　　　　　　　121
11장 믿음직하지 못한 태양 및 풍력에너지　　　　129
12장 에너지 저장 문제　　　　　　　　　　　146
13장 돈 잡아먹는 에너지 전환　　　　　　　　153
14장 실현될 수 없는 탈동조화의 꿈　　　　　　163
15장 기술 혁신과 디지털화가 기후를 구할 수 없는 이유　　185

3부 자본주의의 종말

16장 경제가 붕괴한다면	203
17장 경제학자들의 실패	216
18장 1939년 이후의 영국의 전시경제	229
19장 우리는 미래에 어떻게 살게 될 것인가	242

결론 '생존경제'는 이미 시작되었다 256

감사의 말	261
참고문헌	262
주	277

→ 일부 외래어는 국립국어원의 외래어 표기법을 따르지 않고 국내에 널리 알려진 표기를 따랐습니다.
→ 독자의 이해를 돕기 위해 일부 표현에 원어를 병기했습니다.
→ 본문 하단의 주는 옮긴이 주입니다.

서문
자본주의의 종말

많은 청소년이 어른들에게 실망하고 있다. 기후 위기가 아이들의 미래를 망치고 있는데 새로운 온실가스가 끊임없이 생산되고 있다. "우리는 묻고 싶다. 우리 부모 세대는 왜 이렇게 무기력할까?" 기후활동가 루이자 노이바우어는 이렇게 썼다. 그는 독일 총리였던 앙겔라 메르켈이 왜 16년 동안 아무것도 하지 않았는지 이해할 수 없다. "메르켈은 물리학자다. 기후 그래프가 치솟고 있다면 이게 무엇을 의미하는지 이해하지 못했을까?"[1]

청소년들만 그런 생각을 하는 게 아니다. 침팬지 연구자 제인 구달도 이런 유명한 말을 남겼다. "우리는 아마 이 지구상에 발을 들인 종 가운데 가장 영리할 텐데, 어떻게 우리가 가진 유일한 행성을 파괴할 수 있단 말입니까?" 기후 재난의 위협이 심각하여 인류가 사라질지도 모른다는 예측은 과학적으로 더 이상 의심할 여지가 없는 사실이다. 기후연구자 한스 요아힘 쉘른후버는 "우리 스스로 아이들을 불의의 사고로 사망할 확률이 98퍼센트에 달하는

글로벌 스쿨버스로 몰아넣고 있습니다"라고 극적으로 비유했다.[2]

　많은 학자가 은연중에 기후 보호는 사실 단순한 문제라는 암시를 내비친 탓에 청소년들은 더욱 실망하고 있다. 태양광 공학자 폴커 콰슈닝은 이렇게 썼다. "기후 보호에 필요한 기술은 오래전에 개발되었고 계획이 수립되어 있다. 이에 필요한 전환도 충분히 일으킬 수 있다. 극복하기 어려운 기술이나 경제적 제약 따위는 없다."[3] 기후학자 모집 라티프는 기후 살리기를 방해하는 것은 '부패한 정치인들'과 '파렴치한 대기업들'뿐이라고 간주한다.[4]

　기후 보호는 힘들이지 않아도 가능한 일이라고 주장하는 이들이 있으니 많은 청소년은 당연히 정당들이 기후를 제대로 보호하고 있지 않다는 결론을 내릴 수밖에 없다. 그렇지 않다면 이미 오래전에 지구는 구원받았을 테니 말이다. 그래서 정치인들은 더이상 아무 결정도 내리지 말고 학자들의 의견에 귀 기울여야 한다고 젊은이들은 주장한다. '과학을 따르라Follow the science'가 이들의 핵심 슬로건이다. 스웨덴의 기후활동가 그레타 툰베리가 내건 이 슬로건은 '미래를 위한 금요일Fridays for Future'의 모토가 되었다.

　젊은 기후보호론자들은 문제는 단지 기후 재난 방지에 필요한 자금이 부족하기 때문이라고 생각한다. 이들 사이에서는 이런 말이 유명하다. "지구가 은행이었다면 벌써 오래전에 지구를 구했을 것이다."[5] 기후 재난이 금융 붕괴 같은 평범한 위기로 간주되고 있는 것이다. 이러한 위기는 생존이 걸린 문제이지만 구조에 필요한 수천억의 자금이 유입된다면 빨리 극복될 수 있다.

　유감스럽게도 기후 보호는 그리 단순한 문제가 아니다. 정치인들이 부패했거나 충분한 자금을 승인하지 않아 좌절되는 문제가 아니다. 물론 지구를 구하겠다는 의지는 있다. 독일 사회민주당SPD 소속이자 보건복지부 장관인 카를 라우터바흐는 충격적인 결론을 내렸다. "30년 후에 내 집이 사라질 확률이 30퍼센트라면 아무도 이렇게 난방을 펑펑 틀어대지 않을 것이다. 우리는 지금 집과 같은 지구에 바로 이런 짓을 하고 있다."[6]

  인류는 자신의 안식처를 스스로 태워 없애고 있다. 기후 위기가 과학적 사실만 안다고 해서 해결될 문제가 아님을 의미한다. 문제는 더 깊은 곳에 있다. 기후 보호는 우리가 자본주의를 폐지할 때만 가능하다.

  자본주의 비판론자들이 믿는 바와 달리 이는 기쁜 소식이 아니다. 1760년경부터 영국에서 시작된 산업화와 자본주의는 맥을 같이한다. 자본주의는 엄청난 축복이었다. 자본주의를 통해 역사상 최초로 지속적인 부를 창출해낸 사회 시스템이 탄생했다. 그전까지는 이렇다 할 만한 성장이 없었다. 사람들은 가난한 농경 생활을 영위했고, 기근이 빈번히 찾아왔으며, 평균 수명은 35세에 불과했다.

자본주의는 일종의 진보였지만, 유감스럽게도 근본적인 취약점을 지녔다. 성장을 만들어낼 뿐 아니라, 안정을 유지하기 위해 스스로도 성장해야 한다. 지속적인 성장이 이루어지지 않으면 자본주의는 붕괴한다. 하지만 유한한 세상에서 무한히 성장할 수는 없다. 현재 고소득국들은 마치 여러 행성을 소비할 수 있는 것처럼 행동한다. 하지만 잘 알다시피 지구는 하나뿐이다.

  지금까지 정부는 어떻게 해서든 경제와 기후 보호를 화해

시킬 수 있으리라 기대해왔다. 전형적인 키워드가 '그린 뉴딜Green New Deal' 혹은 성장과 에너지의 '탈동조화decoupling'다. 교통, 산업, 난방 등 모든 분야의 경제를 친환경 에너지를 쓰는 경제로 전환할 수 있다는 원대한 포부를 가져왔다.

하지만 이러한 '녹색성장'은 환상이다. 친환경 에너지가 충분하지 않기 때문이다. 처음에는 이 주장이 놀랍게 들릴 수 있다. 태양은 지구상의 80억 인구가 유럽인의 생활 수준을 누릴 경우 필요로 하는 양보다 5,000배나 많은 에너지를 지구로 내보내고 있으니 말이다.

물리적 에너지는 부족하지 않다. 하지만 알다시피 우선 태양에너지를 포집해야 한다. 그런데 태양광 패널과 풍력 터빈은 햇빛이 비치고 바람이 불 때만 전기를 생산한다. 무풍 상태와 어두울 때에 대비해 에너지를 저장해놓아야 하는데, 이런 중간 단계에 매우 많은 비용이 들기에 친환경 에너지는 부족해질 것이다. 녹색에너지를 충분히 공급하려면 '녹색축소'만이 해결책이다.

지속적인 성장에는 미래가 없다는 관점은 새롭게 등장한 사고가 아니다. 오래전부터 많은 기후활동가는 자본주의가 종말을 맞이해야 자연이 살아남을 수 있다고 확신했다. "기후 변화가 아닌 체제 변화System change, not climate change", 이들이 내세운 슬로건은 이해하기 쉽다.

재활용할 수 있는 만큼만 소비하는 생태적 순환경제가 취해야 할 형태에 대한 비전도 부족하지 않다. 관련 핵심어는 교환경제, 공익을 위한 경제, 소비 절제, 노동 시간 단축, 보편적 기본소득이다.

그러나 어떻게 생태적 순환경제에 도달할 수 있을까? 비전과 방법이 혼동되고 있어서 여전히 모든 게 불투명하다. 목표가 곧 전환의 경로여야 한다고 여겨진다. 하지만 심각한 경제 위기를 초래하지 않고 수백만 명을 실업자 신세로 내몰지 않으면서 끊임없이 성장하는 자본주의에서 어떻게 탈출할 수 있을지에 대한 질문은 거의 제기되지 않는다. 역동적인 현재에서 정적인 미래로 연결되는 다리가 부족하다.

많은 기후활동가가 자본주의와의 결별은 어려울 거라고 느낀다. 그레타 툰베리는 최근 한 지지자에게서 미래의 체제는 어떤 형태를 취해야 하는지에 관해 질문을 받았다. "그건 모르겠습니다." 그는 답변했다. "아직 발명되지 않았으니까요."[7]

결론부터 따져보면 녹색축소를 상상하는 게 도움이 된다. 친환경 에너지가 부족해지면 항공 여행과 자가용 소유는 더 이상 가능한 일이 아니다. 은행들도 대부분 필요 없어질 것이다. 대출은 경제가 성장할 때만 상환될 수 있기 때문이다.

기후 중립적 경제 체제에서는 누구도 굶주리지 않겠지만 수백만 명의 노동자는 방향을 전환해야 할 것이다. 예를 들어, 기후변화로 인한 영향을 줄이기 위해 농업과 임업 분야는 훨씬 많은 노동력을 필요로 할 것이다.

미래에 대한 이런 관점은 극단적으로 보일 수 있겠지만, 말 그대로 대안이 없는 게 현실이다. 온실가스 배출량을 완전히 0으로 줄이지 않으면 우리는 심각한 온난기에 진입하여 경제가 저절로 축소될 것이다. 이러한 기후 혼란 속에서는 만인에 대한 만인의 투쟁이 일어나 우리의 민주주의는 살아남을 수 없다.

자본주의 해체는 질서 있게 진행되어야 한다. 다행히 우리가 모범으로 삼을 수 있는 역사적 모델이 이미 존재한다. 바로 1939년 이후의 영국의 전시경제다. 당시 영국인들에게는 거대한 도전 과제가 있었다. 제2차 세계대전이 일어나리라 예측하지 못했던 이들은 최대한 빠른 시간 내에 국민을 굶주리게 하지 않으면서도 군에 맞춰 경제 체제를 정비해야 했다.

계획경제는 거의 하룻밤 사이에 탄생했는데도 놀라울 만큼 잘 돌아갔다. 공장은 여전히 민간 소유였지만 국가가 생산을 통제했고 희소한 재화의 분배를 조직했다. 물자 배급이 이루어졌지만 부족함은 없었다. 영국은 민간 주도의 민주적 계획경제를 고안했던 것이다. 물론 이 체제는 소련의 고장 난 사회주의와 무관하다.

오해를 피하기 위해 잠시 설명하고 넘어가겠다. 모든 전시경제가 모범으로 적합한 건 아니다. 히틀러의 약탈 정책이나 푸틴의 우크라이나 침공이 이에 해당한다. 하지만 영국이 발전시킨 모델에서는 우리가 배울 점이 있다.

온실가스는 국경을 넘나들기에 성공적으로 기후를 보호하려면 전 세계적인 차원에서 추진되어야 한다. 그렇지만 일단 이 책은 독일에 관한 구상안을 주로 다룰 것이다. 민족주의적 편협한 관점을 조장하려는 게 아니라 쉽게 이해하는 데 도움을 주기 위해서다. 기후 보호의 경제학은 충분히 어려운 문제다. 최소한 윤곽이나마 짚어보고 안다면 도움이 될 것이다. 독일의 사례를 통해 친환경 에너지의 이면에 숨은 꼼수가 드러날 것이다.

그런데 상당수 독일인은 국가적 차원에서 기후 보호 방안을 모색하는 것이 과연 의미 있는 일인지 의구심을 느낀다. 독일이 온실가스를 줄여도 다른 나라가 이를 악용할 수 있다고 생각하는 것이다. 경제학자 한스 베르너 진은 이렇게 썼다. "석탄이든, 석유이든, 천연가스이든 독일이 덜 사고 덜 소비한다고 해도 중국이 그만큼 더 사고 더 소비할 수 있다."[8]

이러한 불신은 이해 가능하지만 거의 모든 나라가 독일보다 훨씬 심각한 기후 재난에 시달리고 있다는 사실을 간과하고 있다. 온실가스를 줄이는 것은 그 나라들의 이익에도 부합한다. 이제껏 기후 논의들은 우리가 이미 해결책을 갖고 있지만 정치적 의지가 부족한 게 문제라고 암시해왔다. 그러나 실제로는 자본주의와 어떻게 평화롭게 이별할 수 있는지에 대한 구상안은 존재한 적이 없다. '해법이 아닌 것'에 대한 논쟁만 벌어지고 있을 뿐이다.

자본주의의 종말을 이해하려면 자본주의의 역사를 알아야 한다. 그래서 이 책은 먼저 오늘날의 경제 체제가 어떻게 탄생했고 어떻게 돌아가는지 다룬다. 그 과정에서 자본주의의 종말이 불가피하다는 사실이 드러날 것이다. 자본주의는 매력적이지만 미래가 없다. 앞으로 '생존경제'의 시대가 올 것이다.

1부 자본의 부상

1장
자본주의의 축복, 부를 가져오는 성장

자본주의에 대한 평판은 좋지 않다. 자본주의의 개혁이 시급함은 전 세계인을 대상으로 한 여론 조사 결과에서도 드러난다. 독일 국민의 겨우 12퍼센트만이 현재의 경제 체제가 유익하고 성장을 통해 충분한 혜택을 얻고 있다고 믿는다. 반면 지금의 자본주의가 이익보다 손해라는 의견은 55퍼센트에 달했다.[1]

사람들의 이런 불만은 충분히 이해가 간다. 그럼에도 자본주의는 그 이미지보다는 훌륭한 체제다. 산업화가 이루어지기 전에는 기근이 만연했다. 독일에서도 전 국민을 먹일 충분한 식량이 없어서 매번 사람들이 목숨을 잃었다. 1846년~1847년에는 악천후로 인해 곡물 수확량의 대부분을 잃은 데다 감자 역병균 Phytophthora infestans이 퍼지는 바람에 마지막 대규모 기근이 전 유럽을 덮쳤다.[2]

그 이후부터 세계대전 전까지는 서유럽에서 식량이 부족할 일은 없었다. 1867년 핀란드에서 유럽 최후의 기근이 발생했는데 흉작으로 인해 인구 160만 명 중 무려 10만 명이 목숨을 잃었다.[3]

자본주의는 굶주림을 극복했고 잉여 생산을 가능하게 했다. 버터가 산더미처럼 쌓였고 우유는 흘러넘쳤다.

덕분에 오늘날 고소득국 국민들은 과거의 왕들보다 더 건강하고 편리한 삶을 누린다. 귀족들은 성에서 살았으며 배불리 먹었지만 젊은 나이에 세상을 떠나는 경우가 태반이었고, 페스트, 장티푸스, 성홍열, 디프테리아, 결핵, 천연두 등의 전염병에 의해 쉽게 사망했다. 성직자들도 마찬가지였다. 수도원은 대체로 풍족한 곳이었지만 영양 상태가 좋은 성직자도 평균적으로 평신도보다 오래 살지는 못했다.[4]

심지어 대수롭지 않은 질병에도 목숨을 잃었다. 유명한 경제학자 데이비드 리카도는 가벼운 중이염으로 1823년에 세상을 떠났다. 당시 세계 최고의 갑부였던 금융가 네이선 메이어 로스차일드도 1836년에 종기로 목숨을 잃었다.

반면 현재 독일에서 태어난 신생아의 경우 여아는 평균 83세 이상, 남아는 약 79세까지 산다. 적어도 고소득국의 최대 수명은 거의 한계까지 늘어났다. 모든 유형의 암을 극복한다고 할지라도 평균 수명은 고작 4년에서 5년 정도 늘어날 뿐일 것이다.[5]

순수하게 수명만 2배 이상 증가한 게 아니다. 삶의 질도 훨씬 향상되었다. 과거에 평범한 골절은 평생 중증 장애를 가지고 살아야 한다는 의미였지만 지금은 그렇지 않다. 마모된 무릎이나 엉덩이 관절도 교체가 가능해져 환자들은 고통스러운 통증에서 해방되었다.[6]

일상생활도 훨씬 안락해졌다. 심지어 빈곤층도 18세기의 왕들보다 편한 삶을 산다. 과거에는 상상조차 할 수 없었던 편의 시설 몇 개를 열거해보자면 자동차, 휴대폰, 컴퓨터, 수도 및 난방 설비, 세탁기, 냉장고, 텔레비전, 자전거, 인공 광원 조명 등을 들 수 있다. 거의 모든 가정이 갖추고 있는 것들이다.[7]

게다가 이러한 편의를 누리기 위해 일해야 하는 시간이 점점 줄어들고 있다. 1919년 미국의 피고용인인 냉장고 1대를 사려면 약 1,800시간을 일해야 했다. 한 세기가 지난 지금은 24시간도 채 되지 않는다.[8]

기계의 성능도 나날이 향상되고 있다. 현재 약 200유로만 있으면 평범한 성능의 스마트폰을 살 수 있는데, 통화는 물론이고 컴퓨터, 카메라, 계산기, GPS, 알람, 손전등, 영상 시청, 녹화 기능이 딸려 있다. 오늘날 스마트폰의 컴퓨팅 성능은 1969년 최초로 달에 착륙한 아폴로 11호보다 무려 16만 배 더 뛰어나다.[9]

특히 여성들은 소비재의 발달로 인해 혜택을 보았다. 가사 노동 시간이 현저히 줄어들었기 때문이다. 100년 전에는 한 가정을 돌보는 데 전일제 근로 시간보다 훨씬 많은 시간이 필요했다. 일주일의 가사 노동 시간은 약 58시간이었다. 반면 오늘날에는 평균 11.5시간이다. 과거에는 빨래를 하는 데만 일주일에 약 12시간이 필요했지만 지금은 약 1.5시간이다.[10] 한국의 경제학자 장하준은 "인터넷보다 세탁기가 세상을 더 많이 바꿨다"라고 예리하게 지적했는데 결코 과장이라고 볼 수 없다.[11]

그럼에도 가사 노동과 육아 분담에서 남녀 간 불평등은 여전히 심하다. 2016년 기준으로 기혼 남성은 가사 노동의 약 37퍼센트만 담당했다.[12] 집안일은 주로 여성의 몫이었기에 가전제품의 도움이 없었다면 여성들은 직장에서 일할 기회가 없었을 것이다.

자본주의가 축복이라는 사실은 새로운 통찰이 아니다. 자본주의에 대한 최고의 찬양은 하필이면 카를 마르크스에게서 나왔다. 『공산당 선언Das Kommunistische Manifest』에서 그는 새로운 부르주아가 세상을 어떻게 변화시켰는지 탁월하게 묘사했다. "부르주아는 인간 활동이 무엇을 성취할 수 있는지 입증했다. 그들은 이집트의 피라미드, 로마의 수로, 고딕 양식 성당과는 완전히 다른 기적들을 이루어냈다."

　마르크스와 엥겔스는 일평생 동시대의 기술 발명품에 매료되었고 '이러한 기적들'을 상세하게 열거했다. "자연력의 정복, 기계 장치, 산업과 농경에 대한 화학 지식 응용, 증기선 항해, 철도, 전신, 전 세계 대륙의 개간, 하천의 운하화, 흙에서 갑자기 솟아난 듯한 수많은 민중—과연 어느 세기가 그러한 생산력이 공동체 노동의 품 속에서 졸고 있으리라 짐작했겠는가."

　따라서 마르크스와 엥겔스가 자본주의를 거부했을 것이라는 생각은 오해다. 이들은 속박에서 벗어난 고삐 풀린 성장을 환영했다. 공산주의 혁명 후 더 많은 분배가 이루어지려면 강력한 부의 성장이 있어야 했기 때문이다.[13]

　자본주의는 단지 성장과 번영을 가능하게 하는 경제 체제 이상이다. 자본주의는 요람에서 무덤까지 우리에게 각인되어 있으며 이미 우리의 가장 사적인 삶—누구와 결혼할지, 자녀를 어떻게 양육할지, 여가 시간을 어떻게 보낼지 등—에 깊숙이 스며들었다. 우리는 자본주의 체제에서 성장하지 않은 250년 전 조상들과는 완전히 다른 삶을 살고 있다.

　인간은 늘 누군가를 사랑해왔지만, 대부분은 이 사랑을 지킬 수 없었다. 과거에 결혼은 자신이 속한 대가족의 재산을 유지하고 증식하기 위한 수단이었다. 농부이든, 수공업자이든, 귀족이든 결혼은 일종의 생명 보험이고 이미 약속된 것이었다. 가장은 자녀의 결혼 상대를 세심하게 물색해놓았다. 연애결혼은 경제적 번영이 일어난 덕에 가정을 이룬 자녀가 부모에게 물질적으로 의존하지 않고 스스로 돈을 벌 수 있게 되면서 표준으로 정착했다.

그러니까 자본주의는 통합적인 체제인 셈이다. 자본주의는 경제뿐만 아니라 우리의 삶 전반으로 파고들었다. 그래서 사상적 대안을 발전시키기도 정말 어렵다. 이 딜레마를 잘 표현한 전설적인 문장이 있다. "자본주의의 종말보다 세상의 종말을 상상하는 편이 더 쉽다."[14]

게다가 자본주의가 이룬 수많은 성과는 엄청난 축복이므로 이를 놓치고 싶어 하는 사람이 없다. 물질적 부에는 비물질적 영향이 뒤따른다. 평균 수명만 2배 늘어난 게 아니다. 일반 교육, 평등, 민주주의도 사회가 더 부유해질 때 가능한 일이다.

다시 마르크스와 관련해 살펴보겠다. 1835년 그가 트리어에서 입학시험을 치렀을 당시 프로이센 왕국 남학생의 고작 1퍼센트 정도만 김나지움에 진학했다.[15] 교육은 마르크스가 속했던 상류층 자제들만 받을 수 있었다. 그의 아버지는 유명한 변호사였고 지역 유지였다. 김나지움에 진학하지 않는 사내아이들은 고작 몇 년만 초등학교에 다녔고, 콩나물시루 같은 교실에서 약간의 읽기, 쓰기, 산수를 배웠다. 여자아이들의 태반은 학교 수업을 받아보지도 못했다. 가정에서 자녀는 농사나 수공업의 노동력으로서 필요한 존재였다. 그래서 부모에겐 자녀를 학교에 보낼 여력이 없었다.

그러나 당시 대학 교육을 받은 사람이 매우 드물었어도 여전히 수가 남아돌았다. 신학자와 법학자는 목사나 판사로 임직되기까지 대개 12년가량 기다려야 했다. 자리를 잡기 전에는 결혼해서 가정을 꾸릴 수가 없었다. 가난한 농업 국가들은 대학 교육을 받은 사람을 거의 필요로 하지 않았고 이들을 먹여 살릴 수도 없었다.

교육은 인권이지만, 우수한 교육을 받은 인력을 요구하는 일자리를 자본주의가 먼저 창출해야 한다. 현재 독일에서는 매해 50퍼센트 이상의 고등학생이 대학 입학 자격 시험을 치르고, 이 중 여학생 비율이 조금 더 높다.[16] 하지만 교육 혁명은 김나지움 고등학생에게만 영향을 끼친 게 아니었다. 모든 아이가 100년 전에는 상상할 수 없었던 수준으로 더 오랫동안 훨씬 훌륭한 교육을 받고 있다.

그러나 모든 아이에게 균등한 기회가 주어지지 않는 것도 사실이다. 출신 배경은 최종 학력에 결정적인 영향을 끼친다. 노동자 계층 아이가 대학에 입학하는 일은 드문 반면, 대졸자의 자녀는 거의 대학에 진학한다.[17]

자본주의 체제는 천국이 아니고 모든 불평등을 해소하지도 못했다. 하지만 적어도 차별에 저항할 수 있게 되었다는 사실만큼은 참신하다. 평등은 사회가 부유해져야 비로소 등장하는 주제다. 노동자의 자녀이든, 여성이든, 동성애자이든, 장애인이든, 이민자이든 이들의 요구는 먹고살 만한 사회여야 들어줄 가능성이 높다.

가난한 사회에서는 지배층이 피지배층을 착취해야 부자가 될 수 있다. 그 결과는 잔인한 제로섬 게임이다. 힘 있는 자들이 부족한 재화를 차지하고 있기에 다수에 속하는 나머지 사람들에게 떨어지는 몫은 거의 없다. 하지만 경제가 성장하면 이런 거친 싸움은 더 이상 필연적이지 않다. 모든 사람에게 분배될 수 있을 만큼 증식 재산이 충분하기 때문이다. 여전히 불평등은 존재하고 부자는 더 부자가 되지만, 평범한 시민 역시 혜택을 누린다. 따라서 엘리트들은 더 이상 폭력으로 민중을 억압할 필요가 없다.[18]

그래서 민주주의는 산업화가 상당히 진척된 후에야 성공할 수 있었다. 독일과 오스트리아에서는 1918년에 보통 선거권이 도입되었다. 같은 해 영국에서는 남성에게만 보통 선거권이 주어졌고, 1928년에야 모든 여성이 선거권을 가지게 되었다.[19] 스위스는 특수한 사례다. 남성은 1848년에 이미 선거권을 가졌으나, 여성은 1971년 이후에야 공식적으로 선거권을 가지게 되었다.[20]

하지만 역으로 추론해서는 안 된다. 민주주의는 어느 정도 살 만할 때 꽃을 피운다는 사실에서, 산업화된 고소득국은 반드시 민주적이어야 한다는 결론을 도출할 수는 없다. 이와 관련한 흥미로운 사례가 중국이다. 중국의 1인당 소득은 호주의 1990년 1인당 소득과 맞먹는다.[21] 그럼에도 현재 공산당이 권력을 상실할 기미는 보이지 않는다.

게다가 중국 사례는 자본주의가 전통적인 고도 산업국에 국한되지 않고 글로벌 사우스Global South*에도 도달했음을 입증한다. 가난한 국가의 평균 수명은 현저히 늘었다. 현재 남아프리카의 신생아들은 1918년에 영국에서 태어난 아이들보다 5세 생일까지 생존할 확률이 높다. 오늘날 인도인은 1945년의 스코틀랜드인보다

* 남반구의 저소득국, 신흥공업국을 일컫는다.

평균적으로 더 오래 산다. 당시 영국인만큼 부유하지는 않지만 말이다.[22]

전 세계의 발전은 인상적이다. 지난 20년간 전 세계적으로 극심한 빈곤이 절반가량 감소했고, 현재 아동의 80퍼센트가 백신 접종을 받고 있으며, 가정의 80퍼센트는 전기를 사용한다. "이는 대단한 성과다." 기후활동가 루이자 노이바우어도 인정했다.[23]

이러한 성공 소식들이 들려오지만 전 세계의 불평등은 여전히 극심하고 모든 사람이 자본주의의 혜택을 동일하게 누리지 못한다는 사실은 감출 수 없다. 우선 독일을 예로 들겠다. 모든 국민의 가장 부유한 100분의 1, 즉 상위 1퍼센트가 국부國富의 33퍼센트를 소유하고 있다. 상위 10퍼센트는 국부의 64퍼센트를 차지한다. 빈곤층에 떨어지는 몫은 많지 않다. 하위 50퍼센트는 겨우 국부의 2.3퍼센트를 소유할 뿐이다.[24] 많은 독일 국민이 '평준화된 중산층 사회'에 산다고 생각하지만 독일은 계급 사회다.

국가 간 격차는 훨씬 크다. 전 세계적으로 평균 수명이 눈에 띄게 늘어나고 있지만, 일부 국가는 여전히 뒤처져 있다. 지금도 신생아의 10퍼센트 이상이 5세 생일을 맞기 전에 사망하는 나라가 있다. 나이지리아, 차드, 시에라리온 등이 해당한다. 아이들은 대개 외래 병원체가 아닌, 설사나 말라리아처럼 쉽게 치료될 수 있는 평범한 질병에 의해 목숨을 잃는다.[25]

언뜻 보면 글로벌 사우스가 전통적인 고도 산업국을 따라잡는 데 어려움을 겪고 있는 것이 이상하게 느껴질 수 있다. 기술을 모방하면 될 텐데, 라는 생각이 자동적으로 떠오를 것이다. 독일은 고급 자동차로 엄청나게 많은 돈을 벌어들인다. 그렇다면 방글라데시는 왜 자체 자동차 생산 라인을 만들고 고급 부품을 조립해 수출하지 않는 걸까?

현대 자본주의는 복잡하다. 이 메커니즘을 가장 쉽게 이해하는 방법은 처음부터 되짚어 자본주의의 발상지로 돌아가는 것이다. 즉, 1760년경 영국이다.

2장
1760년 이후의 영국,
성장은 어떻게 발명되었는가?

 현재의 번영은 기적이다. 오늘날 모든 서유럽인은 200년 전에 살았던 자신의 선조보다 평균 20배 정도 더 잘 산다.[1] 게다가 자본주의는 기존에 존재했던 것을 더 많이 생산해냈을 뿐만 아니라 완전히 새로운 세상도 창조했다. 50마력의 자동차는 단순히 말 50마리가 끄는 마차가 아니라 전혀 다른 차원의 생산품이다. 오늘날의 전기등도 불을 먼저 붙여야 하는 수백만 개 초들로 이루어진 게 아니다.[2] 자본주의는 혁명이었다.
 하지만 이러한 '산업혁명'[3]은 갑작스러운 사건이 아니었다. 세상의 변화는 수백 년에 걸쳐 이루어졌고 시작은 초라했다. 처음에는 영국에서 한 가지 분야, 즉 직물 산업만 기계화되었고, 베틀이 완전히 자취를 감추기까지는 수십 년이 걸렸다.[4]
 왜 산업혁명이 하필이면 1760년경 영국에서 시작되었는지에 대한 명확한 답은 없다. "이 놀라운 현상을 다룬 책이 수천 권에 달하지만 여전히 풀리지 않는 수수께끼들이 남아 있다." 역사학자 조이스 애플비는 이렇게 평가했다.[5] 특히 신자유주의 경제학자들은 자신들의 표준 모델로는 설명할 수 없다는 점에 적잖이 당혹스러워한다. 대체로 사유 재산, 분업, 시장, 은행, 교육이 성장을 창출하는 데 특히 중요하다고 알려져 있다. 하지만 이러한 현상들 중 그 어느 것도 왜 영국에서 자본주의가 시작되었는지 설명해주지 못한다.

영국의 방직 공장들은 사유 재산에 속했지만, 다른 서유럽 국가들에서도 사유 재산은 철저히 보호받았음에도 불구하고 성장은 이루어지지 않았다.[6] 게다가 재산을 전면적으로 보호한다는 생각은 새롭게 등장한 아이디어가 아니었다. 고대 로마인들은 이미 소유주의 책임을 제한하는 회사 구조도 고안해냈다.[7] 따라서 사유 재산만으로는 부를 창출하기 어렵다. 만일 그게 가능했다면 로마는 진작에 급속한 성장을 이루었을 것이다.

분업도 18세기에 탄생한 게 아니다.[8] 이미 고대인들도 생산 과정을 작은 단계들로 나누어 각 단계의 담당자들이 제품을 더 빨리 생산하게 만드는 요령을 알고 있었다. 그리스의 철학자 아리스토텔레스, 플라톤, 크세노폰은 분업을 언급한 적이 있고 로마인들은 이를 완벽하게 발전시켰다. 다양한 제조업에 대한 라틴어 표현도 500개 이상 존재한다.[9] 한편, 유럽 외 지역도 일찌감치 분업의 장점을 발견했다. 도자기로 유명한 중국에서는 70가지 이상의 공정에 따라 도자기가 생산되었는데, 각 공정은 그 작업만을 특별히 수련한 기술자들이 담당했다.[10] 하지만 여기에서 산업이 탄생하지는 않았다. 고대 로마인들과 마찬가지로 중국인들도 그저 수공업 단계에 머물러 있었다.[11]

영국의 경제가 18세기부터 팽창했던 이유는 시장으로도 설명할 수 없다. 자본주의는 흔히 '시장경제'라고도 불리지만, 인류 역사상 거의 모든 지역에 시장과 장거리 교역이 있었기에 이 표현은 오해를 불러일으킨다.[12] 터키에는 바자르가 있었고 아랍에는 수크가 있었지만 이 시장들에서 산업자본주의가 발전하지는 않았다. 게다가 하필 유럽은 많은 소국으로 분열되어 있었고 높은 관세를 매겨 서로를 차단했다.[13] 이런 환경에서 무역은 단순하지도, 쉽지도 않은 일이었다.

큰 시장이 부를 창조한다는 가정이 참이라면 강력한 제국들이 번성했어야 한다. 실제로 러시아의 차르, 터키의 오스만, 인도의 무굴, 중국의 청이 통치했던 제국들은 지방 간 교역에 세금을 부과한 적이 좀처럼 없었다.[14] 그럼에도 이 제국들은 경제적으로 침체되어 있었고 기근이 되풀이되었다. 18세기 중국 인구는 3억 명이었던 반면, 영국 인구는 700만 명에 불과했다. 그런데 이 작은 섬나라에서 최초로 기계를 개발했다.

영국에는 일찌감치 효율적인 은행들이 존재했다는 점이 종종 강조된다. 맞는 말이다. 하지만 이 은행들이 최초의 공장에 자금을 제공한 것은 아니다.[15] 바로 여기가 매우 놀라운 지점이다. 초기 근대 자본주의에서는 자본이 거의 필요하지 않았던 것이다. 당시의 기계는 아주 작고 저렴해서 방직업자들은 가족이나 친구들에게서 필요한 자금을 융통해 마련할 수 있었다. 예로, 훗날 사회주의자 로버트 오언은 지인들에게서 100파운드를 빌려 맨체스터에 공장을 낼 수 있었다.[16] 따라서 다른 국가들이 영국과 달리 일찍 산업화되지 못한 이유는 자금 때문이 아니다.

그렇다고 해서 영국인들이 특별한 지식을 가지고 있었던 것도 아니다. 유럽에서는 17세기부터 천문학, 역학, 광학 분야에서 획기적인 발견이 이어졌다. 이러한 '과학혁명'은 영국에 국한되지 않았고 전 대륙에 걸쳐 일어났다. 이탈리아의 갈릴레오 갈릴레이나 독일 마그데부르크의 오토 폰 귀리케 등이 대표적인 예다. 게다가 이런 새로운 지식은 최초의 공장이 설립될 때 아무런 역할도 하지 않았다. 초기 방직 기계 대부분은 과학자들이 아닌, 거의 글을 읽고 쓸 줄 모르는 수공업자들에 의해 제작되었다. 이들은 오랜 시간에 걸쳐 궁리한 끝에 실제로 작동하는 장치를 만들어냈다.

발전 과정을 간단히 살펴보자. 1733년 발명가 존 케이가 '플라잉 셔틀Flying Shuttle'이라는 직조기의 특허를 등록했는데, 독일어로는 다소 장황하게 '고속 직조기Schnellschusswebstuhl'라고 불렸다. 플라잉셔틀은 직조공 1명만으로도 작동 가능한 데다 기존 직조기보다 폭이 훨씬 넓은 직물을 짜냈다. 직조 속도가 너무 빨라지자 실을 자아내는 방적공들은 그 속도를 쫓아갈 수 없었다. 1764년 제임스 하그리브스가 '제니 방적기Spinning Jenny'라는 수동 방적기를 발명했다. 초기 제니 방적기는 방추가 8개였고 기존 방적기보다 생산성이 3배나 높았다.[17] 얼마 후에 정말로 획기적인 사건이 일어났다. 1769년 가발 제조공 리처드 아크라이트가 수력으로 작동하는 '수력 방적기Water Frame'를 만든 것이다. 이로써 보조 노동자 1명이 수많은 방추를 감시할 수 있게 되었다. 그리고 1779년에 방적공 새뮤얼 크럼프턴이 두 기계를 합쳐 '뮬 방적기Spinning Mule'를 제작하자 완벽한 품질의 극세사를 생산할 수 있게 되었다.[18]

이러한 기계들은 발명가들의 타고난 배경과 무관하게 탄생했다. 존 케이만 면직물 공장의 아들로 태어나 일찌감치 가업을 이어받았을 뿐, 다른 발명가들은 가난한 집에서 태어났다. 제임스 하그리브스는 학교를 다닌 적도 없고 글을 읽을 줄도 몰랐지만 자녀 열세 명을 부양해야 했다. 그는 주머니칼을 이용해 제니 방적기를 만들었다고도 전해진다.[19] 새뮤얼 크럼프턴은 어린 시절 아버지를 여의었고 다섯 살 때부터 실 잣는 노동을 했다. 하지만 틈틈이 학교에 다녔고, 특히 수학에 재능이 있었다고 한다.[20] 리처드 아크라이트가 글을 읽을 수 있었는지는 확실하지 않다. 부모님은 일곱 남매 중 막내인 그를 학교에 보낼 형편이 되지 않았다. 그런데도 아크라이트는 나중에 '방적 제국'을 세웠고 후손들은 영국에서 가장 부유한 시민이 되었다.[21]

초기 발명품들은 "아르키메데스가 아는 정도의 지식만 있으면 되기에" 이론상 고대에도 이러한 직물 기계가 충분히 개발될 수 있다.[22] 따라서 영국이 최초의 방적기를 만든 것은 아니다. 1313년에 이미 중국의 왕전이 '베실을 잣는 기계'에 대해 서술했는데, 이 기계는 하그리브스의 제니 방적기와 아크라이트의 수력 방적기와 매우 유사하다.[23] 하지만 중국은 이 지식을 헛되이 날려버리며 수공업 단계에 머물렀다.

최초의 직물 기계를 만든 사람들이 하필이면 영국의 수공업자들이었던 이유가 있을까? 오스트리아나 이탈리아의 직공들도 필요한 지식을 갖추었을 테니 주머니칼로 새로운 기계를 만들 수 있었을 것이다. 가장 설득력 있는 답변은, 당시 영국의 임금이 세계에서 가장 높았기 때문에 산업화가 영국에서 시작되었다는 것이다. 18세기에 영국 노동자는 유럽 대륙의 노동자보다 최소 3배 더 높은 임금을 받았다.[24] 일당이 너무 비싸서 인건비 절감을 위한 기계 도입이 처음으로 가치 있는 일이 된 것이다.

초기 직물 기계들은 작고 볼품없는 데다 여전히 나무로 만들어졌으며 비용도 많이 들었다. 하그리브스의 제니 방적기는 기존 물레보다 70배나 더 비쌌다. 이 비용을 충당하고 수익을 낼 수 있었던 까닭은 높은 인건비를 절감하는 게 가능했기 때문이다.[25] 경제사학자 로버트 C. 앨런에 따르면 인건비가 저렴했던 다른 국가들에서는 이 계산이 성립하지 않았다. "1780년대에 영국에 아크라이트 방적 공장을 건설할 경우 수익률은 40퍼센트였지만, 프랑스에서는 9퍼센트, 인도에서는 1퍼센트가 예상되었다. 투자자들은 고정 자본에 대해 최소 15퍼센트의 수익률을 기대했기에, 이 시기 영국에 아크라이트 방적 공장이 약 150개 설립되었던 반면, 프랑스에는 겨우 4개 세워졌고, 인도에는 하나도 건설되지 않았다는 사실은 놀랄 일이 아니다."[26]

높은 임금은 보편적인 부의 수준을 반영했는데, 산업화 이전 영국에서 나타난 이러한 부의 수준에 유럽 대륙의 방문객들은 깜짝 놀랐다. 1737년 프랑스인 아베 르 블랑은 영국을 여행하던 도중 고향에 보낸 편지에 영국 농부들은 생활의 모든 면에서 편의를 누리고 있다고 적었다. 영국에서는 하인조차 당시 사치품이었던 차 한 잔을 마신 후에야 쟁기질을 한다는 것이었다. 그는 농촌 주민들이 우아하게 차려입은 모습에도 깊은 인상을 받았다. 주민들도 겨울에는 외투를 입었으며 부인들과 딸들은 진짜 귀부인처럼 보였다고 적었다.[27] 1778년 스페인의 한 대사는 런던의 시장에서 스페인 전역이 1년 동안 소비하는 양보다 많은 고기가 한 달 만에 팔린다

는 사실을 알고 놀랐다고 한다.[28]

　이러한 개인적인 소감 외에도, 영국인들은 이미 각 지역의 소득이 어느 정도인지 조사해 정리해놓았기에 당시의 부를 입증하는 확실한 자료가 존재한다. 그중 런던 인근에서 살았던, 아내와 어린 자녀 넷을 둔 40세 정원사의 소득이 유명하다. 1797년 그는 하루에 일당 약 30페니를 받았고[29] 가족은 이 평균 임금 덕에 넉넉하게 먹고살았다. 매일 흰 밀빵, 치즈, 고기 0.5파운드, 차, 설탕, 맥주 한 잔을 소비했다. 새 신발과 옷을 구입하는 것은 물론이고 첫째 아이와 둘째 아이의 등록금도 낼 수 있었다. 이 가족은 정원이 딸린 집에 살았고, 겨울에는 석탄으로 난방을 했다.[30]

　훗날의 계산에 따르면 당시 런던 노동자는 하루에 2,500칼로리를 섭취했으며 단백질 섭취량은 112그램이었다. 이렇게 많은 단백질은 건강에 해롭기까지 하다. 현재 세계보건기구WHO의 권장량을 기준으로 삼을 경우 3분의 1 정도면 충분하다.[31]

　노동자가 이렇게 잘사는 곳은 어디에도 없었다. 이탈리아나 인도에서는 1인당 겨우 1,900칼로리를 섭취했는데, 종일 이어지는 육체노동을 버티기에는 충분하지 않은 양이었다. 프랑스에서도 많은 사람이 영양실조에 걸렸고 매일 곡물죽으로 끼니를 때웠다. 프랑스인의 약 20퍼센트는 너무 쇠약해서 사실상 노동이 불가능했고, 많아야 3시간 정도 가벼운 작업만 수행할 수 있었다.[32]

　영국인들이 상대적으로 부유했다는 사실은 키에서도 확인할 수 있다. 18세기 말 영국 군인의 키는 평균 172센티미터였다. 반면 프랑스인은 165센티미터, 이탈리아인과 오스트리아인은 162센티미터였다.[33]

그런데 영국인들이 산업화가 시작되기도 전부터 잘살았던 이유는 무엇일까? 그러려면 페스트, 양, 국제 무역, 혁명, 석탄 등이 등장하는 긴 역사를 살펴보아야 한다.

모든 것은 '흑사병'과 함께 시작되었다. 페스트는 1347년 유럽에 상륙하여 불과 4년 만에 유럽 인구 3분의 1의 목숨을 앗아갔다. 그러나 페스트 창궐은 끝나지 않고 여러 차례 되풀이되었다. 영국에서만 1361~1362년, 1369년, 1471년, 1479년, 1480년에 페스트가 심하게 확산하여 국민의 20퍼센트가 목숨을 잃었다. 마지막 유행은 1665년부터 1666년 사이에 런던을 강타했는데, 동시대인들도 느낄 수 있을 만큼 빈곤층의 피해가 특히 심했다. 상인이자 작가였던 대니얼 디포는 "살아남는다고 해도 그들의 가난 때문에 분명 견딜 수 없는 짐이 되었을 것이므로" 페스트는 "구원"이라며 '런던의 페스트 대유행'을 해학적으로 묘사했다.[34]

페스트가 여러 차례 유행하여 하층민이 감소하자 치러야 할 대가가 있었다. 갑자기 노동력이 부족해져서 임금이 급상승했고 사실상 영주와 농노의 예속 관계는 끝났다. 1400년경부터 영국 소작농들은 더 이상 완전히 법적으로 귀족 영주들에게 묶인 신세가 아니었으며, 장기 토지 계약을 맺어 고정 이율의 금액을 지불해왔다. 따라서 임차인이 밭에 투자해 수확량이 증가했을 경우 토지 소유주는 더 이상 이 추가 수익을 차지할 수 없었다. 유일하게 영국에서만 이러한 법적 안정성이 보장되었고, 임차인들은 이윤을 최대화하려는 농업 기업가로 변모했다.[35]

모든 새로운 지식이 활용되었다. 18세기에 이르러 다른 윤작 방식이 경제적으로 더 유리하다는 사실이 확인되자 임차인들은 중세의 삼포 제도*를 포기했다. 과거에는 땅이 겨울 곡식과 여름 곡식을 거친 뒤 다시 회복될 수 있도록 3년에 한 번 휴경했다. 그런데 이제 농부들은 그곳에 클로버나 순무를 심으면 휴경이 필요하지 않다는 사실을 깨달았다.

돌이켜보면 이 새로운 방식의 윤작은 아주 단순했지만, 당시 절대적인 두 가지 한계에 맞서 싸워왔던 세계에서는 획기적인 돌파구였다. 과거에는 모든 사람이 넉넉히 먹을 만큼의 곡식이 부족했을뿐더러 짐을 나르거나 쟁기를 끄는 짐승에게 먹일 사료도 충분하지 않았다. 그런데 클로버와 순무 덕분에 처음으로 여러 말에게 사료를 충분히 줘서 넓은 밭을 갈 수 있게 되었다. 땅도 훨씬 깊이 팔 수 있게 되어 곡물 수확량이 현저히 증가했다. 한편 소는 고기와 우유뿐만 아니라 분뇨도 제공하였는데, 이 분뇨를 논밭의 거름으로 사용함으로써 수확량을 또다시 늘렸다.

양모와 같은 새로운 생산품들도 등장했다. 페스트로 인해 인구가 감소한 탓에 더 이상 모든 땅이 식량을 얻기 위한 농사에 사용될 필요가 없었다. 한때 경작지였던 곳에서는 이제 양들이 풀을 뜯어 먹었다. 영국산 모직물은 사람들이 갖고 싶어 하는 사치품이 되었고 17세기 말에는 영국 전체 수출품의 약 70퍼센트를 차지했다.[36] 따라서 기계를 도입해 수익성을 더 높이기 전부터 영국의 방직 산업은 이미 번창했던 것이다.

영국만의 이처럼 특별한 행로는 초기에는 명확하게 드러나

---

* 중세 유럽에서 실시했던 제도로, 경지를 춘경지, 추경지, 휴경지로 삼분하여 한 해씩 순환하면서 경작했다.

지 않았다. 다른 유럽 국가들에서도 페스트로 인해 노동력이 감소하여 임금이 상승했다. 하지만 대다수 나라에서 높은 임금은 오래가지 않았다. 인구가 다시 증가하자 한정된 재화가 더 많은 사람에게 분배되어야 했기에 실질 임금이 감소하였고 개인은 이전보다 더 가난해졌다. 영국만 이러한 인구통계학적 함정을 피해갔다. 인구가 늘어났지만 평균 임금도 함께 올랐다.

이런 놀라운 현상이 일어날 수 있었던 가장 큰 이유는 런던에 집중된 유럽의 해상 무역 때문이었다. 영국은 작은 나라였지만, 런던은 유럽에서 가장 큰 도시였다. 1700년경 런던 거주자는 50만 명에 달했고, 100년 후에는 1백만 명에 근접했다.[37] 런던의 부상은 우연이 아니라 전쟁을 통해 쟁취한 결과였다. 영국은 유럽 내 무역을 독점하기 위해 네덜란드와 무려 네 차례의 전쟁을 치르기도 했다. 프랑스와도 끊임없이 전쟁을 벌여 북미에 있었던 프랑스 식민지들을 거의 다 빼앗았다.

영국은 아주 성공적인 군사 국가였다. 바로 의회가 통치했기 때문이다. 1688년의 명예혁명은 왕의 전횡에 제동을 걸었고 이때부터 세금 조정과 전쟁 자금 거부권 행사는 의원들의 권한이 되었다. 이러한 양보는 종종 국가와 왕실의 영향력이 후퇴한 것으로 해석되어왔으나, 실제로는 정반대의 일이 벌어졌다. 이제 의회가 통제하므로 잉글랜드에서 국가의 중요성은 더 커진 것이다.

1688년 이후로는 군대와 해군 정비를 위해 세금을 인상해도 한 번도 문제가 되지 않았다. 선거권은 상위 3~5퍼센트에 속하는 남성에게만 주어졌고 의회에는 귀족과 유력 상인만 출석할 수 있었다. 이들은 영국이 유럽과 벌이는 끊임없는 전쟁에서 승리하면 자신들의 이익으로 이어진다는 사실을 정확하게 꿰뚫고 있었다. 대양을 정복하는 자가 세계 시장을 정복하는 것이다.[38]

　이렇게 해서 영국의 조세 수입은 급증했다. 1665년부터 1800년 사이에 영국의 세수는 경제 실적 대비 3.4퍼센트에서 최소 12.9퍼센트까지 증가했다. 반면 1788년 프랑스의 세수는 경제 실적 대비 6.8퍼센트에 불과했다.[39] 그리고 이에 따른 결과는 이미 알려져 있다. 작은 섬나라인 영국은 당시 인구가 무려 2배 이상 많았던 프랑스와의 모든 전쟁에서 승리했다.

　영국의 육군과 해군은 주로 맥주, 설탕, 담배에 부과된 간접소비세로 재정을 충당했다. 따라서 특히 하류층이 세금 조달에 기여하게 된 셈이다. 이는 의회에 주로 귀족들만 참석하고 나머지 시민들은 저항할 수 없었다는 점을 보여준다. 그러나 영국의 노동자들은 이런 소비세를 납부해야 했어도 임금 자체가 훨씬 높았기에 다른 유럽 국가들의 노동자보다 훨씬 나은 삶을 누렸다.

　외국에서 온 방문객들도 영국의 일당이 그렇게 높은데도 유럽 전역에서 경쟁력을 유지하고 있다는 사실에 놀랐다. 18세기 후반, 프랑스의 유리 제조 기업 생고뱅Saint-Gobain의 사장은 영국을 방문한 뒤 영국은 절대 자신의 회사만큼 가격이 저렴한 판유리를 생산할 수 없을 거라고 생각했다. "우리 프랑스에서는 수프에 약간의 버터와 채소만 먹는다… 너희 영국인은 고기를 먹는다. 그것도 아주 많이. 맥주도 끊임없이 마신다. 영국인 1명은 프랑스인 1명보다 3배나 많은 돈을 쓰는 셈이다."

　생고뱅 사장은 단단히 잘못 생각했다. 프랑스는 상대적으로 비싼 나무를 땔감으로 사용해야 했던 반면 영국은 저렴한 석탄을 보유한 덕에 노동자에게 더 높은 임금을 줄 수 있었다. 영국 유리 공장의 에너지 비용은 프랑스 공장의 6분의 1에 불과했다.[40]

당시 유럽에서는 아직 탄층이 많이 발견되지 않아 석탄이 희귀했다. 프로이센 왕국의 루르 지방도 아직 알려지지 않은 곳 중 하나였다. 1851년까지 프로이센인은 자신들이 천연자원이 부족한 나라에 살고 있다고 생각했다. 이들은 이회암층을 뚫고 깊이 들어가는 데 성공한 후에야 탄층이 두툼하다는 사실을 알게 되었다.[41] 반면 북잉글랜드에서는 탄층이 지표 가까이 있는 데다 바다와 가까워 저렴한 비용으로 운송할 수 있었다. 1600년경부터 영국은 이미 나무를 대신할 '석탄혁명'을 경험했다. 실제로 산업화가 진행되기 훨씬 전부터 에너지 소비가 큰 업계에서는 석탄이 사용되었다. 석탄을 연료로 사용해 바닷물에서 소금을 얻고, 설탕을 정제하고, 맥주를 빚고, 빵을 굽고, 유리를 가공하고, 벽돌을 굽고, 타일을 제조하고, 집에 난방을 했다.[42]

영국인들은 뉴캐슬 주변의 탄광이 스페인 식민 제국의 은광에 견줄 만한 부임을 정확하게 파악하고 있었다. 1650년에 시인 존 클리블랜드는 다소 냉소적으로 이런 시를 지었다.

영국은 완벽한 세상. 인도 제국도 소유하고 있지.
당신의 지도를 수정하시길. 뉴캐슬은 우리의 페루라고.[43]

그러니까 영국은 가장 비싼 노동력과 가장 싼 에너지를 갖고 있었다. 이 조합은 전 세계에서 전무후무하며 산업화가 영국에서 시작된 이유를 설명해준다. 오직 영국에서만 사람을 기계로 대체하는

일이 수익성을 띠었다.⁴⁴

　1796년에 영국은 2천만 야드의 무늬 면직물을 생산해냈고 1830년에는 3억 5천만 야드를 생산했다. 적도를 일곱 번 감을 수 있는 양이었다. 면은 다방면으로 활용되는 직물이었기에 주방 행주도 면으로 생산되었다. 질긴 작업복이나 얇디얇은 무도복도 모두 면으로 만들 수 있었다. 모직물은 살짝 지저분해 보이는 특성이 있지만, 면은 쉽게 다채로운 색상으로 염색하거나 무늬를 인쇄하는 것이 가능했다. 특히 가격도 비교적 저렴해서 많은 사람이 셔츠 여러 장을 구입할 수 있게 되었다. 이미 1800년 영국에는 최신 유행을 보도하는 여성지가 14종이나 있었다.⁴⁵

　그럼에도 처음에는 극소수만 새로운 발전의 혜택을 누렸다. 많은 영국인의 삶은 오히려 더 팍팍해졌다. 높은 임금은 산업화를 촉발했지만 19세기에 대중의 생활 수준은 다시 떨어졌다. 이런 기이한 현상은 경제사에서 '조기 성장의 모순early growth paradox'으로 다루어진다. 영국 경제는 성장했지만 노동자들은 가난해졌다. 원래 직조와 방적은 전문화된 수공업이었지만, 이제 공장에서 필요로 하는 노동자는 반드시 남자가 아니어도 상관없었다. 기계 앞에서 하는 단조로운 작업은 숙련되지 못한 여성이나 아이도 충분히 해낼 수 있었고 이들은 쥐꼬리만 한 임금을 받았다.

　보수 언론들조차 비난했듯이 새로운 공장의 작업 환경은 대체로 끔찍했다. 부르주아 시민 계층의 자료들에 너무나도 많은 탄식이 담겨 있어, 마르크스는 이 내용들로 자신의 대표작 『자본론 Das Kapital』의 매 페이지를 채울 수 있을 정도였다. 예를 들면, 마르크스는 1860년 1월 17일 영국의 일간지 《데일리 텔레그래프The

Daily Telegraph》에 실렸던 소름 끼치는 사례를 인용했다. "치안 판사 브로튼 씨는… 레이스 생산 공장에 고용된 도시 주민들은, 문명 세계의 다른 지역에서는 찾아볼 수조차 없는 슬픔과 궁핍에 지배당하고 있다고 밝혔다… 새벽 2시, 3시, 4시에 9세에서 10세 사이의 아이들이 더러운 이부자리에서 일어나, 팔다리는 말라비틀어지고, 몸은 심하게 오그라들고, 얼굴은 창백해지고, 인간성이 완전히 돌덩어리처럼 무감각해진 채, 겨우 생계를 유지하기 위해 밤 10시, 11시, 12시가 되도록 일해야 했다. 이 광경은 보기 힘들 정도로 참혹했다."[46]

많은 아이가 성인이 되기 전에 세상을 떠났고 진보 정치인들조차 이를 심각한 사건으로 여겼다. 마르크스는 당시 버밍엄의 시장이었고 나중에 영향력 있는 정치인으로 부상한 조지프 체임벌린의 연설을 즐겨 인용했다. "맨체스터의 보건 공무원인 리 박사는 '부유한 중산층의 평균 수명은 38세, 노동자 계층은 17세이다. 리버풀의 중산층의 평균 수명은 35세, 노동자 계층은 15세이다. 부유한 계층은 그렇지 못한 계층보다 평균 수명이 2배 이상 긴 것으로 나타났다'고 밝혔습니다."[47] 하지만 이 1875년 연설의 인용문에서 흥미로운 것은 사회 비판만이 아니다. 잘 살펴보면 마르크스나 체임벌린도 특권 계층조차 평균 35년이나 38년보다 오래 살지 못한다는 것을 당연하게 여겼다는 점이 눈에 띈다.[48]

산업화는 방직 공장에서 시작되었지만 이것의 중요성은 크지 않았다. 1830년경 면직물은 영국 경제 실적의 8퍼센트 정도만 차지했고,[49] 초기 기계들은 대개 수력으로 가동되었다. 다른 산업 분야들은 기술 변혁에 영향을 받지 않았기에 만일 산업혁명이 섬유 산업에서만 일어났다면 아마 금세 끝났을 것이다. 그러나 동시에 두 번째 획기적인 발전이 일어났다. 영국에서 증기력을 발견한 것이다.

3장
에너지 없이는 불가능한 자본주의

16세기 이후 영국은 소금을 정제하고, 맥주를 양조하고, 주택에 난방을 하고, 벽돌을 생산하기 위해 점점 더 많은 석탄을 사용했다. 이러한 석탄혁명은 석탄의 본래 역할에 큰 변화를 일으키지 않았다. 석탄은 여전히 열을 발생시키는 용도로만 사용되었다. 그런데 마침내 증기력이 등장하자 운동 에너지를 얻고 기계를 가동하는 데 석탄을 사용하게 되었다. 이러한 기술적 도약은 세상을 완전히 뒤바꿔놓았다.

처음에 증기력은 탄광의 물을 빼는 용도로 사용되었다. 갱이 깊어질수록 지하수가 더 많이 스며드는 탓에, 말의 힘을 이용한 권양기로는 성가시게 범람하는 물을 지상으로 퍼올리기에 역부족이었다. 이를 가능하게 한 최초의 장치를 설계한 인물은 이번에도 수공업자로, 대장장이이자 철물 상인인 토머스 뉴커먼이다.[1] 한적한 다트머스에서 산 그는 침례교단의 평신도 설교자로도 사역했다. 뉴커먼은 10년 동안 궁리해 증기 기관을 제작한 끝에 1712년, 더들리의 광산에 최초의 시제품을 설치했다.

이 장치는 공기를 돈으로 바꾼, 기술적 기적이었다. 대기의 무게를 이용해 땅에서 물을 끌어올린 것이다.[2] 뉴커먼의 발명품은 개방형 금속 실린더가 설치된 것으로, 물을 가열해 나온 증기가 실린더 속 피스톤을 위쪽으로 밀어올린다. 그 후 찬물을 뿌리면 증기가 응축되면서 진공 상태로 변한다. 바깥 공기의 압력이 피스톤을 다시 아래쪽으로, 진공 상태 속으로 들어가도록 누르기 때문에 처음에 이 증기 기관은 "대기압 기관"이라고 불렸다. 피스톤은 나무 들보와 이어져 있어서 들보의 오르내림을 통해 움직였다.

이 역작에는 유일하면서도 결정적인 단점이 있었다. 엄청난 양의 에너지를 소비해야 증기를 발생시켰다가 다시 응축시킬 수 있었던 것이다. 1마력을 발생시키는 데 한 시간당 20킬로그램의 석탄이 필요했다.[3] 그래서 이 장치는 판매 불가능한 석탄 부스러기가 널린 탄광에서만 수익을 낼 수 있었다.

특히 콘월의 아연 광산이나 구리 광산도 뉴커먼의 증기 기관을 간절히 필요로 했지만 이 장치는 탄광 외에서는 비싸도 너무 비쌌다. 아연과 구리 광산들의 갱도 배수해야 하는 상황이었지만 가장 가까운 석탄 산지는 웨일스에 있었다. 석탄 수송은 어렵고 비용이 많이 드는 탓에 곧 증기력을 더 효율적으로 활용하기 위한 연구가 이어졌다.

결과는 놀라웠다. 이후 150년 동안 기술자들은 석탄 소비량을 1마력당 1파운드로 줄였다.[4] 그러니까 '에너지 절감'은 기후 변화에 대응하기 위해 최근에 새로 생겨난 아이디어가 아니다. 자본주의는 효율성을 높이기 위해 끊임없이 기술 발전을 추구해왔다.

하지만 그 결과 더 적은 에너지를 사용하게 된 건 아니다. 오히려 정반대다. 효율성이 점점 올라가자 기계는 더 빠른 속도로 보급되었고, 따라서 개별 기계가 소모하는 에너지는 절감되었어도 총체적으로 더 많은 에너지가 쓰이게 된 것이다. '리바운드 효과Rebound Effect'라고도 불리는 이 패러독스는 증기력의 사례에서 이미 나타났다. 1830년경부터 증기력은 매우 저렴해져서, 그때까지 주로 수력을 이용해온 방직 산업에서도 활용되었다.

    이와 동시에 연료 소모가 심한, 완전히 새로운 소비 주체가 등장했다. 바로 철도였다. 철도 역시 기술 혁명이었다. 동시대 사람들과 역사학자들은 이 발명품이 끼친 영향을 설명하려고 노력해왔다. 아마 프랑스의 시인이자 철학자인 폴 발레리의 이 한 문장이 가장 훌륭하게 요약한 표현일 것이다. "나폴레옹은 줄리어스 시저만큼이나 느리게 진군했다." 이제 유럽인들은 대륙을 종횡무진 질주했다. 제1차 세계대전 직전 기관차의 평균 속도는 시속 90킬로미터에 다다랐다.

    철도의 역사도 탄광에서 시작되었다. 채굴한 석탄을 가까운 강이나 운하로 운송하는 방법에 대한 고민은 오래전부터 존재해왔다. 이미 레일 위 석탄 수레를 말이 끄는 방법을 이용하고 있었다. 처음에 이 레일은 목제였지만 18세기에는 철로 만들어졌다. 그러나 결정적인 돌파구는 증기력이 등장하면서 생겨났다. 증기력이 발견되자 이걸로 석탄 수레를 끌 수 있을지도 모르겠다는 생각을 떠올린 것이다.

    최초의 철도는 1825년에 더럼의 석탄 지대와 바다 사이에 개통되었다. 이 스톡턴-달링턴 노선은 원래 석탄과 곡물만 수송하기 위한 것이었으나 곧 승객을 함께 수송하면 돈을 벌 수 있다는 사실이 드러났다. 이에 "레일웨이 마니아Railway Mania"* 현상이 일어났다. 철도는 투기 대상이 되었다. 1850년까지 투자자들은 2억 4천만 파운드를 신규 노선 건설에 투자했는데, 당시 영국의 경제 실적이 5억 7,200만 파운드에 달했다는 사실에 비추어보면 실로 엄청난 비용이다.[5] 그럼에도 필요한 자금을 조달하는 데는 문제가 전혀 없었다. 돈이란 '무無'에서 탄생하기 때문이다(자세한 내용은 7장 참조).

    철도와 함께 자본주의는 완전히 변모했다. 방직 산업과 달리 이제는 자본이 필요했는데, 그것도 전례 없는 규모의 금액이 필요해졌다. 철도만이 아니라 기계 공장이 건설되었고, 탄광이 개발되고 대도시가 세워졌다.

    증기력의 등장으로 자본주의는 화석 연료를 원동력으로 삼게 되었다. 석탄이 없었다면 오늘날의 자본주의도 존재할 수 없었을 것이다. 기계와 끝없는 성장을 떠받치려면 숲만으로는 결코 충분하지 않기 때문이다. 가상의 산출 결과가 이를 뚜렷하게 보여준다. 이미 1850년에 영국은, 나무가 국가 면적의 150퍼센트를 뒤덮은 경우에야 제공 가능한 에너지 양을 소비하고 있었다. 이는 물리적으로 불가능한 일이다. 현재 유럽은 나무가 전 유럽 대륙을 뒤덮을 때 공급할 수 있는 에너지 양보다 20배가 넘는 양을 소비하고 있다.[6]

    증기력은 발견 당시에도 실제 작동 원리가 정확하게 밝혀지

---

* 19세기 중반에 주로 영국을 중심으로 일어난 철도 건설 투기 열풍을 가리킨다.

지 않았다. 영국의 역사학자 에릭 홉스봄에 따르면 "증기 기관에 대한 진정한 이론은 1820년대가 되어서야 프랑스의 (물리학자) 니콜라 카르노에 의해 발전되었다"고 한다.[7] 그 중요성도 오랫동안 인정받지 못했다. 영국의 유명한 경제학자 애덤 스미스는 최초의 증기 기관을 하찮게 여겼고, 어린아이 덕에 증기 기관이 크게 개선되었다고 생각했다. 1776년 그는 대표작 『국부론An Inquiry into the Nature and Causes of the Wealth of Nations』에 이렇게 썼다. "초창기에는 증기 기관을 작동시키려고 소년 하나를 고용해 피스톤이 오르내릴 때마다 보일러와 실린더 사이의 연결 통로를 열고 닫게 했다. 소년들 가운데 친구들과 놀기 좋아하던 한 아이가 어떤 점을 관찰했다. 이 통로를 열고 닫는 밸브의 손잡이를 기계의 다른 부분에 끈으로 묶어두면 밸브는 그의 도움 없이도 저절로 움직이는 것이었다. 이로써 아이는 친구들과 놀 자유를 얻게 되었다. 이 기계가 처음 발명된 이래 이루어진 가장 위대한 개량 중 하나는, 바로 덜 일하고 싶었던 한 소년이 이렇게 발견해낸 것이다." 이렇게 재치 있게 만든 밸브의 연결 방식은 오늘날까지도 자동화 원리를 보여주는 가장 유명한 사례로 남아 있다. 그리고 스미스는 이를 어린아이의 놀이 덕분이라고 여겼다.[8]

사실 스미스는 발명가인 제임스 와트와 개인적으로 아는 사이였기에 증기력의 잠재력을 깨닫고 있었을지도 모른다. 스미스는 1751년부터 글래스고대학에서 철학을 가르치면서 대학 행정 업무도 맡았다. 그는 당시 대학의 과학 장비를 수리하던 스물한 살의 와트가 작업장을 마련할 수 있도록 도왔다.[9] 이 작업장에서 와트는 뉴커먼의 증기 기관을 개선하려고 연구했다.

와트와 스미스가 함께 알고 지낸 또 다른 친구가 있는데, 바로 화학자 조지프 블랙이다.[10] 블랙은 이산화탄소를 발견하여 과학사에 이름을 남긴 인물이다. 물론 그는 이 가스가 훗날 기후 변화를 일으키리라는 사실을 알지 못했다. 되짚어보면 와트, 스미스, 블랙이 서로 잘 아는 사이였다는 사실은 상징적인 의미를 지닌다. 이들은 각 학문의 창시자였을 뿐만 아니라, 오늘날까지 자본주의의 핵심을 이루는 것들, 즉 화석 에너지 기술, 경제 성장, 이산화탄소 배출에 깊이 연관되어 있었기 때문이다.

하지만 이런 개인적인 만남들은 하나의 그림을 이루지 못했다. 애덤 스미스가 국부에 대해 설명할 때 기술은 그의 관심 대상이 아니었다. 스미스만 이런 관점을 가진 게 아니었다. 산업화의 시작은 아주 미약해서 동시대인들도 간과하거나 그릇되게 평가했다. 1828년 프랑스의 경제학자 장 바티스트 세이는 최초의 증기 기관차를 보고 이렇게 진단했다. "어떤 기계도 말 한 필이 할 수 있는 일, 즉 대도시의 인파를 뚫고 승객과 물자를 운송하는 일을 해낼 수 없다."[11]

누구도 자본주의를 계획하거나 예견하지 않았다. 일부 방직업자와 광산 소유주가 작업의 효율성과 경쟁력을 높이길 원했을 뿐이다. 이들은 산업혁명을 일으킬 계획도 없었고 그저 이익을 챙기길 바랐다.

18세기는 기술이 주도하는 근대성에 대한 개념조차 없었고, 여전히 고대를 위대한 모범으로 삼았던 시절이다. 당시 명문 기숙학교인 이튼의 교과 과정에도 드러나 있듯이 미래가 아닌 과거에 관심이 쏠려 있었다. 매주 27시간의 수업 시간 중 쓰기와 셈하기에는 겨우 3시간 할당되어 있었고, 종교적 가르침을 3시간 가르쳤으며, 나머지 21시간에는 라틴어, 고대 그리스어, 고대 그리스·로마 역사를 가르쳤다.[12]

자본주의는 영국에서 의도치 않게 탄생했다. 인건비가 너무 비싸서 기계가 발명되고 투입되었을 뿐이다. 하지만 화석 연료가 널리 개발되면서 엄청난 결과를 가져왔다. 처음에는 석탄만 사용했다가 나중에는 가스와 석유도 소비했다. 인류는 일종의 천연 배터리가 존재한다는 사실을 알아낸 것이다. 바로 수백만 년에 걸쳐 저장되어온, 태양이 만들어낸 에너지다. 인류는 과거의 식물 찌꺼기들을 쥐어짜냄으로써 현재의 한계를 넘어설 수 있었다. 태곳적부터 살아 숨쉬어온 자연이 제공하는 만큼만 소비해야 했던 '유기물'의 시대는 끝이 났고 화석 연료 시대가 그 자리를 대신했다.

화석 연료는 그야말로 실용적이다. 대량 존재하고, 채굴하기 쉽고, 상대적으로 운송하기 편하고, 24시간 내내 쉽게 사용할 수 있다. 인류 역사상 최초로 에너지가 초과 공급된 결과 인류는 부와 자유를 얻을 수 있었다.[13] 그러나 이런 현상의 이면은 오랫동안 간과되어왔다. 탄소 1킬로그램이 연소되면 3.7킬로그램의 이산화탄소가 생성된다. 유감스럽게도 이러한 화학의 자연 법칙은 바꿀 수 없다.[14]

영국은 이러한 화석 연료를 통해 처음으로 이득을 본 나라였다. 1770년부터 1870년 사이에 영국의 1인당 소득은 2배 증가했다. 하지만 새롭게 얻은 부가 균등하게 분배된 것은 아니었다. 노동자들의 실질 임금은 공장 소유주들이 챙긴 이윤에 비하면 턱없이 낮았고 겨우 30퍼센트 올랐을 뿐이었다.[15] 그럼에도 하층민도 필수품 외에 많은 것을 소비할 수 있었다는 점에서 엄청나게 큰 차이가 생겼다. 현대적인 소비 사회가 나타났기에, 이러한 대중의 구매력은 자본주의에 영원한 변화를 가져온 셈이다.

오늘날의 자본주의는 대중의 소비 없이는 상상할 수 없다. 소비재는 경제 실적의 80퍼센트를 차지하고 있다. 아마 실질 임금이 상승하지 않았더라면 자본주의는 19세기에 끝났을 테고 철도 이상의 발전은 이뤄지지 못했을 것이다. 오직 노동자들의 막대한 수요가 있었기에 새로운 상품이 등장하고 성장 추진력이 생길 수 있었다. 부유층의 생활양식만으로는 결코 생겨날 수 없었던 것들이다. 역사학자 에릭 홉스봄은 압축적으로 표현했다. "자동차 산업에 혁명을 일으킨 것은 롤스로이스가 아닌, 포드의 T모델이었다."[16]

자본주의는 영국에서 탄생했지만 이내 전 세계에 영향을 끼쳤다. 전 세계적으로 승자와 패자 구도가 형성된 것이다.

4장
순식간에 낙오된 전 세계 국가들

인도는 가장 먼저 타격을 입은 나라였다. 영국에서 만든 방적기의 성능이 나날이 향상되어 1825년에는 1780년보다 생산 속도가 무려 16배나 빨라졌다. 인도산 면직물은 더 이상 경쟁력이 없었다. 영국산 면직물이 너무 싸서 임금이 가장 낮은 인도 여성이 면사를 자아봤자 남는 게 없었다.[1] 인도는 고대부터 촉감이 좋고 가벼운 직물로 유명했지만, 오랜 전통을 자랑해왔던 이 분야는 더 이상 살아남을 수 없었다. 고도로 발달했던 인도는 불과 몇 년 만에 순수 농업 국가로 바뀌어, 영국에 가공하지 않은 면화나 쌀만 겨우 수출했다.

인도는 역설이라는 덫에 빠졌다. 인도의 임금은 낮았는데, 바로 이 때문에 더욱 가난해졌다. 인건비가 낮으면 비싼 기계를 장만해봤자 얻을 게 없다. 마찬가지로 임금이 낮았던 유럽 국가들도 이런 악순환과 싸워야 했다. 영국의 산업화는 하루아침에 다른 모든 나라를 소위 '개발도상국'으로 만들었다. 고가의 기술이 수익성이 없었기에 저절로 뒤처진 것이다.

어쨌든 지식이나 따라잡겠다는 의지가 없었던 건 아니다. 유럽의 경쟁 국가들은 영국에서 유례없는 발전이 일어나고 있는 모습을 보았고 이러한 '영국의 기적'을 모방하려고 했다. 독일의 군주들은 즉시 영국에 산업 스파이를 보냈으며, 영국의 기계를 기꺼이 모방할 용의가 있는 기업들에게 보조금을 지급했다.

독일의 초기 자본가들도 솔직하게 밝혔듯이 이들은 서슴없이 표절했다. 프로이센 왕국 최초의 면직물 방직 공장은 1783년 라팅겐에 설립되었는데 '크럼퍼드'라는 의미심장한 이름이 붙었다. 리처드 아크라이트가 첫 공장을 세웠던 영국 마을의 이름이 크럼퍼드였다. 영국은 온갖 수단을 동원해 유럽의 아이디어 도용을 막으려고 했지만, 프로이센 왕국에 새로 설립된 공장들은 아크라이트의 수력 방적기를 그대로 베꼈다.[2]

하지만 프로이센 왕국의 크럼퍼드 공장은 수익성이 없었다. 당시 독일의 임금이 낮았던 탓에 기계를 도입해도 이득이 없었던 것이다.[3] 독일의 많은 지역은 한참 호황을 누리는 영국에 농산품을 공급해 수익을 올렸으며, 자국의 공업을 키우기보다는 계속 수공업에 의존하는 편이 나았다. 19세기가 한참 지나도록 독일은 인도와 비슷한 역할에 머물렀다. 영국에 원료를 공급하는 것이다.[4]

스위스의 면직물 산업은 영국의 공장보다 훨씬 긴 역사를 가졌지만 처음에 스위스는 산업화를 추진하지 않았다. 오랜 논의 끝에 기계 도입이 이익이 되지 않으며 수공업을 유지하는 편이 비용이 더 적게 든다는 결론을 내린 것이다.[5]

전 세계에서 유일하게 영국에 맞설 수 있는 상대는 미국뿐이었다. 미국 북부의 '공장 도시들'은 인건비가 매우 높았기 때문에 영국의 기계를 모방해 도입한 즉시 수익을 냈다. 남부와 달리 노예가 거의 없었던 이 도시들의 노동자는 유럽 출신의 자유 이민자들이었으며 이들을 모집하려면 임금을 많이 지불해야 했다. 노동자에게도 공장에서 뼈빠지게 일하기보다는 언제든 농촌으로 가서 자기 농장을 세운다는 선택지가 있었다. 19세기에 접어들고 나서도 오랫동안 경작지가 남아 돌았기에 도시의 임금은 치솟았다.[6]

이 대규모 경작지는 겉으로는 주인이 없어 보여도 사실 그렇지 않았다. 하지만 계산에는 아무런 문제도 되지 않았다. 원주민들은 이미 추방되고 몰살되었기에 유럽에서 온 이민자들이 이 거대한 땅을 독점해 마음대로 사용할 수 있었다(자세한 내용은 6장 참조).

북부 도시들은 바로 산업화를 진행했지만 처음에는 영국을 모방하는 수준에 머물렀다. 이들은 우월한 영국과의 경쟁에서 이길 방법을 찾아야 했다. 그래서 외부를 철저히 차단하기 위한 벽을 세웠다. 영국산 제품에는 35~50퍼센트에 달하는 높은 관세가 부과되어 미국 시장에서 터무니없이 비싼 가격으로 판매되었다. 이들의 모토는 자유 무역이 아닌, 보호주의였다.[7] 이처럼 높은 관세는 제2차 세계대전 때까지 적용되었고 1950년 이후에야 점차 낮아졌다. 오늘날 미국이 자유 무역을 가장 강력하게 지지하는 국가인 척하는 건 사실 비열한 행위다. 미국은 절대적인 경제 초강대국으로 성장한 후에야 비로소 관세를 철폐했다.

이런 패턴은 늘 관찰된다. 강자들만 자유 무역에 관심을 갖는다. 수입 관세는 자국 산업이 세계 시장을 주도하고 타국과의 경쟁을 더 이상 두려워할 필요가 없을 때 자발적으로 폐지된다.[8]

미국은 영국의 기술적 우위를 따라잡길 원했던 모든 국가의 롤 모델이 되었다. 당시 38개 소국으로 나뉘어 있던 독일도 이에 자극받았다. 그중 22개 소국이 단일 시장을 창출하고 외국으로부터 보호하기 위해 1834년에 '독일 관세 동맹'을 맺었다. 하지만 효과는 미미했다. 상품의 흐름은 완화되었지만 생산량은 증가하지 않았다.[9] 성장을 촉진하기 위해서는 단일 시장만으로 충분하지 않다는 사실이 입증된 것이다. 기술을 도입할 필요가 있었다. 그러나 동시대 독일인들이 철저하게 계산한 결과에 따르면 처음에 증기력은 독일에서 수익을 내지 못했다. 독일 대부분의 지역에서는 말보다 기계를 이용할 때 거의 2배나 더 많은 돈이 지출되었다. 그 이유 중 하나는 석탄을 힘겹게 날라 와야 했기 때문이다.[10]

	철도가 발명된 후에야 독일도 본격적으로 발전하기 시작했다. 1835년에 건설된 최초의 철도의 길이는 6킬로미터였고 뉘른베르크에서 퓌르트까지 이어졌다. 프랑켄 지방은 불과 몇 년 만에 영국을 모방하는 데 성공했다. 하지만 최초의 기관차는 영국산이었고, 최초의 기관사도 영국인이었다.

	철도는 철강 산업과 기계 제작에 혁명을 일으켰다. 그때까지 독일 제철업의 기술은 여전히 중세 후기 수준에 머물러 있었기 때문이다. 1835년에는 선철의 95퍼센트가 목탄으로 생산되었다. 고작 4.5퍼센트만 근대식 코크스 용광로에서 만들어졌다. 그래서 초기에 모든 철도 건설 사업은 독일 경제를 생산 능력의 한계에 맞닥뜨리게 했다. 예를 들어, 1837년에 드레스덴부터 라이프치히까지 잇는 구간이 건설되었는데, 레일을 제작하는 데만 5,650톤의 코크스 선철이 필요했다. 프로이센 왕국의 연간 생산량의 90퍼센트 이상을 차지하는 물량이었다. 독일의 어떤 공장도 이만한 물량을 공급할 수 없었을뿐더러 압연된 레일을 훌륭하게 만들어낼 능력도 없었다.[11]

처음에는 선철, 레일, 기관차 등 모든 것을 영국에서 수입해야 했다. 하지만 독일은 놀라운 속도로 발전하여 수입품을 자국의 생산품으로 대체했다. 1843년에는 독일산 레일이 10퍼센트 정도를 차지했을 뿐이지만 1854년에는 58퍼센트, 1863년에는 무려 85퍼센트를 점유했다. 마찬가지로 기관차도 빠르게 자국 생산품으로 대체되었다. 1853년, 프로이센에 새 기관차 105대가 도입되었는데, 그중 99대가 독일에서 생산된 것이었다.[12] 곧 기관차도 수출되었다.[13] 하지만 이러한 신세계가 모든 동시대인의 마음을 사로잡은 것은 아니었다. 1838년 베를린과 포츠담을 잇는 철도가 개통되었을 때 프로이센 왕국의 국왕 프리드리히 빌헬름 3세는 이런 불만을 터뜨렸다. "모든 것이 진보를 위해 달려가지만 그로 인해 평온함과 안락함이 희생되고 있다. 베를린에서 포츠담까지 몇 시간 더 일찍 도착한다고 해서 큰 행복을 기대할 수는 없다."[14]

영국과 마찬가지로 독일의 자본주의도 자본을 거의 갖추지 못한 상태에서 출발했다. 1만 5천~5만 탈러만 있으면 방직 공장, 염색 공장을 지을 수 있었다. 심지어 초기에는 제철 및 기계 공장조차 5만~7만 탈러 정도만 있으면 건설 가능했다. 자금이 부족하면 가족과 친척을 동원했다.[15] 훗날 유명한 전자 기업으로 성장한 지멘스&할스케Siemens&Halske가 전형적인 예다. 사촌이 창업 자본을 댔고 형제를 직원으로 고용했다.[16]

그런데 가족이라는 이 재정 모델은 막대한 자금을 퍼부어야 하는 철도 사업에서는 통하지 않았다. 하지만 영국에서와 마찬가지로 필요한 자본을 끌어오는 일은 문제가 아니었으며, 오히려 철도 회사들은 돈을 쌓아두고 있었다.[17] 다시 한번 돈은 부족하기는커녕 항상 넘쳐난다는 사실이 드러났다. 금세 투자자들은 더 이상 수익성 있는 투자 기회를 찾을 수 없다며 불만을 터뜨렸다. 1851년 빌레펠트 상공회의소는 이렇게 밝혔다. "은행들은 연 2퍼센트의 이자로라도 운용해 달라며 몰려드는 자금 때문에 오히려 난처한 지경에 빠졌다."[18]

철도 건설에 힘입어 철강 산업도 확장되었고, 영국의 헨리 베서머가 새 공정을 개발해 특허를 출원하여 효율 면에서도 획기적인 도약이 이루어졌다. 간략하게 설명하자면, 베서머법Bessemer Process* 덕분에 과거에는 수일 혹은 몇 주간 제련해서 나오는 물량을 단 20분 만에 생산해낼 수 있게 되었다.[19] 이러한 엄청난 생산성은 철강 산업은 물론이고 자본주의 전반에 변화를 일으켰다. 마침내 콘체른Konzern**의 시대가 시작되었다. 베서머법 덕분에 투자 비용이 급속도로 치솟아 이제는 대기업만 이런 자금을 조달할 수 있

---

* 용해된 선철을 이용해 강철을 대량 생산해내는 제강법이다. 이전의 제련법은 매우 많은 열을 필요로 한 탓에 강철을 많이 만들어낼 수 없었다. 하지만 베서머법 덕분에 강철이 대량 공급되고 값이 싸지자 초고층 건물이나 대형 선박, 철교 등을 지을 수 있게 되었다. 도시의 외형이 바뀌는 데 기여했을 뿐 아니라 군사용 무기 제작에 혁명을 일으켰고, 산업 전반과 노동 시장을 크게 변화시켰다.

** 지배 기업이 다수 법인 기업을 소유 및 통제하는 구조의 집단. 독일 법에 의해 명시적으로 규명되어 있으며, 우리말로 옮길 때는 '대기업'으로도 많이 표기한다.

었던 것이다. 게다가 각각의 용광로가 과거보다 훨씬 많은 강철을 제련해냈기에 압연 공장도 확장되어야 했다.[20] 그 결과 거대한 복합 기업이 등장하여 자신들과 동일한 속도로 팽창할 수 없는 모든 경쟁자를 시장에서 몰아냈다.

살아남은 소수의 대형 콘체른은 카르텔을 결성했다. 1879년과 1886년 사이에만 독일에 약 90개에 달하는 카르텔이 생겨났는데, 대부분이 '가격 카르텔'이었다.[21] 기업 입장에서 이러한 긴밀한 담합은 합리적일 뿐만 아니라 부득이한 선택이었다. 투자 비용이 너무나도 막대했기에 기업들은 뒤에서 매출과 수익을 맞춰야만 했다. 제약 없는 경쟁으로 인해 가격이 파괴되고 회사가 파산할 수도 있기 때문이다. 이때 오늘날까지 자본주의를 특징짓는 패러독스가 처음으로 나타났다. 리스크가 거의 사라졌을 때만 투자가 일어난다는 것이다.

철강 산업만 카르텔을 결성한 게 아니었다. 라인-베스트팔렌 석탄 신디케이트는 루르 지방 석탄의 90퍼센트를 독일과 세계시장에 단일 가격으로 판매한 것으로 악명 높다. 이러한 담합은 은밀하게 이루어지지 않은 것은 물론이고 1897년에는 독일 제국 대법원의 법적 보호를 받았다.[22] 곧 독일은 전 세계에서 가장 많은 카르텔을 갖게 되었으며, 제2차 세계대전 전까지 약 3,000개에 달했다.[23] 심지어 기업들은 시장 장악력을 높이는 또 다른 전략을 발견했다. 바로 합병이다.

잠시 현재를 살펴보면, 기업이 갈수록 커지고 최대한 경쟁을 피하는 경향은 여전히 이어지고 있다. 그사이에 카르텔은 금지되었지만 그럼에도 독일 경제는 극도로 치우쳐 있다. 최신 『통계

연감Statistisches Jahrbuch』을 보면 대형 콘체른은 독일의 전체 기업 중 0.7퍼센트에 불과하지만 수익의 66.2퍼센트를 차지한다.[24]

다시 산업혁명 초기로 돌아가자. 독일이 다른 나라의 발명품을 복제하던 표절의 시대는 1880년경에 끝났다. 이제 독일 기업들은 자체 개발한 제품을 시장에 내놓았다. 특히 화학 산업이 성공적이었는데, 타르로 반짝거리는 아닐린 색소를 생성하는 데 성공해 "쓰레기를 돈으로 만들"어냈다. 원래 타르는 코크스 제조장에서 나오는 귀찮은 쓰레기에 불과했지만 귀한 원료가 될 수 있다는 사실이 발견된 것이다.[25] 리사이클링과 산업 폐기물 재활용은 새로운 아이디어가 아니라 자본주의만큼 오래되었다.

이후 석탄은 더 이상 단순한 연료가 아닌 유기 화학의 토대가 되어, 완전히 새로운 상품과 분야를 만들어냈다. 약학 분야도 마찬가지였다. 타르 염료와 화학적으로 아주 유사한 약을 개발했는데, 바로 세계적으로 유명해진 진통제 아스피린이다.[26]

이에 열광한 환자들은 대형 제약 회사들이 정밀하게 연구하고 과학적으로 접근하고 있다고 믿었다. 광고에 하얀 실험실 가운을 입은 화학자들이 자주 등장했기 때문이다. 진실은 더 단순했다. 이런 약들은 대개 효과가 있는지 실험하다가 우연히 발견되었고, 이론적 분석은 훨씬 나중에 이루어졌다. 섬유 산업에서도 마찬가지였다. 섬유가 염색되는 이유를 잘 알지 못함에도 사람들은 계속 염색을 해왔다. 마찬가지로 1920년대까지 제철 회사들도 용광로와 압연 공장에서 일어나는 화학 과정에 대해 정확하게 알지 못했다.[27]

전자 산업 분야에서도 비슷한 일이 일어났다. 지멘스 형제는 소위 '발명 투기' 행위를 해왔고,[28] 지멘스가 대형 콘체른으로 성장한 후인 1873년에야 지멘스의 연구소가 설립되었다. 그럼에도 지멘스는 선구자로 여겨졌다. 당시에는 철강 회사인 크루프Krupp와 광학 회사인 칼자이스Carl Zeiß만 연구실을 소유했기 때문이다.[29] 많은 기업이 체계적인 연구가 수익을 보장해주는 건 아니라는 사실을 입증해준 셈이다. 그래서 1860년대에 엘버펠트의 바이엘Bayer 염료 공장은 화학자 몇 명을 고용했지만 "새로운 것을 발견하지 못했다"는 이유로 곧 이들을 해고했다.[30] 일단 시도하고 시행착오를 겪는 게 더 중요했다.[31]

제1차 세계대전 발발 전까지 독일 기업들은 경쟁 관계에 있는 영국 기업들을 제치고 세계 2위 자리에 올랐고 미국은 독보적인 선두를 차지했다. 그런데 독일은 수치상으로만 타의 추종을 불허하는 위치에 있었을 뿐 산업 콘체른들이 경제 전반을 지배하려면 한참 멀었다는 사실은 감춰져 있었다. 독일의 수출품은 주로 맥주, 양말, 철제품과 날붙이, 악기, 소금, 설탕, 장난감, 모직물, 의약품 등으로, 꽤 소박했다.[32] 독일의 성탄절도 성공적인 수출품 가운데 하나였다. 해외에서 거실에 전나무를 두고 전구를 다는 풍습에 흥미를 갖자, 에르츠 산맥에서 만든 수공 목재 장식품들도 수요가 생겼다.[33]

당시 독일은 지금의 현대인들이 소위 신흥국이라고 부를 만한 나라였다. 지멘스, 크루프, 바이엘 같은 세계적인 콘체른들이 있었지만, 여전히 전통적인 방식으로 농사를 지으며 살아가는 수백만 명의 농민들도 있었다.[34] 영국의 역사학자 애덤 투즈에 따르면 1933년에, 적절한 생활 수준을 유지하기에는 너무 작은 농가에 독일인 약 1천 2백만 명이 살았다고 한다. 독일 인구의 18퍼센트에

해당하는 수치다.[35]

　제2차 세계대전 이전의 독일의 1인당 소득은 현재의 남아프리카, 이란, 튀니지와 비슷한 수준이었다. 하지만 현재 글로벌 사우스는 기술이 발전된 덕분에 더 나은 생활을 누리고 있다. 게다가 현재 남아프리카는 필요하다면 컴퓨터, 암 치료제, 현대적 비행기를 수입할 수 있지만, 당시의 독일에서는 불가능했던 일이다. 애덤 투즈는 이런 결론을 내렸다. 남아프리카와의 비교는 제2차 세계대전 이전의 독일을 "추켜올리는 것이다"라고 말이다.[36]

　전 유럽 대륙이 '경제 기적'을 체험한 1950년 이후가 되어서야 유럽은 전반적으로 부유해졌다. 독일인은 흔히 독일만 막대한 성장을 이루었다고 믿는데, 사실 이 기간에 유럽의 모든 국가가 엄청난 성장률을 기록했다. 1973년까지 서독 경제는 매년 1인당 5퍼센트씩 성장했다. 하지만 오스트리아와 이탈리아도 동일한 성장을 맛보았고, 심지어 스페인의 성장률은 5.8퍼센트에 달했다.[37]

　이러한 경제 호황은 '기적'이 아니었다. 두 차례의 세계대전과 잇달아 터진 인플레이션으로 인해 미국에 뒤처졌던 기술 수준을 끌어올렸을 뿐이다.[38] 1914년부터 1950년까지 유럽의 1인당 성장률은 거의 정체되었지만, 마침내 정치적 안정을 찾으며 경제는 다시 발전할 수 있었다. 유럽인들은 오랫동안 품어온 꿈을 이루었고, 이제 세탁기, 냉장고, 텔레비전, 자동차를 장만했으며 여행도 다니게 되었다.

　미국과의 격차가 얼마나 심했는지는 자동차 보유량만 보아도 알 수 있다. 1928년 미국의 인구 1,000명당 자동차 보유량은 204대였던 반면, 독일의 대도시인 뮌헨의 총 자동차 수는 5,474대에 불과했다.³⁹ 경제적으로 밀려 있던 독일이 미국을 따라잡는 데는 40년이 넘는 세월이 걸렸다.⁴⁰ 그리고 이러한 빈틈이 메워졌을 때 '경제 기적'은 끝났다.

제2차 세계대전 후 독일은 진정한 산업 국가로 거듭났고, 1965년경에는 전체 노동자의 절반이 공장에서 일했다. 그런데 제조업만 주목해서는 안 된다. 서비스나 농업 같은 다른 분야들도 기술화되었다. 예를 들어, 은행 창구 직원은 현금 자동 입출금기로 대체되었고, 이제는 컴퓨터가 금융 거래를 처리한다. 농가에서는 더 뚜렷한 변화가 나타났다. 현재 농촌에서 일꾼 1명당 투입되는 기계의 수는 산업계보다 많다. 트랙터는 쟁기를 끄는 말을 몰아냈고, 콤바인의 등장으로 보조 인력이 필요 없어졌다. 소가족도 대규모 농장을 충분히 운영할 수 있게 되었다.⁴¹ 예전에는 농업에 종사하는 인구가 수백만 명이었던 데 반해, 현재 전업 농업인은 28만 7천 명에 불과하다.⁴²

1830년부터 1970년에 걸쳐 서유럽은 자국의 산업 기반을 마련하고 영국을 따라잡는 데 성공했다. 하지만 다른 국가들은 여전히 낙후된 상태에 머물러 있다. 페루, 말라위, 파키스탄 등은 지금도 잘사는 나라의 대열에 진입하지 못하고 있다. 그 이유는 무엇일까? 글로벌 사우스가 발전하지 못하는 까닭은 부유한 고도 산업국 탓이라고들 한다. 이 주장이 완전히 틀린 것은 아니지만 충분한 설명이 되지는 않는다.

5장
글로벌 사우스가 고소득국을 따라잡지 못하는 이유

오늘날 글로벌 사우스에 속하는 국가들의 상황은 19세기 초반의 독일이나 프랑스를 연상시킨다. 이들은 고도 산업국과의 기술 격차를 좁히기 위해 노력해야 한다.

하지만 이 장벽은 극복할 수 없는 듯이 보인다. 자동차이든 고가의 의약품이든, 생산에 필요한 서구의 기계는 가난한 국가들이 조달할 수 없는 막대한 자본을 필요로 한다. 글로벌 사우스는 악순환에 빠져 있다. 임금이 너무 낮아서 기계에 투자해도 득이 될 게 없다. 하지만 생산성이 증가하지 않아 여전히 가난하고 임금도 낮은 수준에 머물러 있다.[1]

방글라데시는 이런 상황을 설명하기 좋은 예다. 이곳에서는 약 4백만 명에 달하는 재봉사가 서구권에 납품하기 위한 의류를 생산하고 있다. 모두 전기 재봉틀 앞에 앉아 있다. 즉, 21세기에도 19세기 유럽에서 발명된 기술을 사용하는 것이다. 이론상 자동화 기계들을 설치할 수 있다. 청바지가 반드시 사람 손으로 재봉되어야 한다는 자연 법칙은 없지 않은가. 하지만 방글라데시의 인건비가 너무 낮고 최저 임금은 한 달에 약 61달러밖에 되지 않기에 이런 기계들은 상대적으로 너무 비싸다.[2] 많은 경제학자가 방직 산업은 '노동 집약적인 분야'라서 글로벌 사우스에 속하는 국가로 이전된 것이라고 잘못 판단한다.[3] 사실은 정반대다. 가난한 국가의 임금이 너무 낮아서 의류 산업이 기계를 사용할 이유가 없었을 뿐이다.

이런 악순환의 고리는 국가가 개입해 산업화를 중앙에서 통제할 때 끊어질 수 있다. 일본, 타이완, 한국, 중국은 반세기 만에 우위에 있던 서양의 기술을 따라잡았다. 정부가 막대한 초기 투자를 계획하고 지원했기 때문이다. 발전소, 제철소, 자동차 공장의 발주자가 정부였다. 서양 제품으로부터 자국 산업을 보호하기 위해 종종 관세 장벽도 설치했다. 이런 아시아 국가들은 19세기 서양의 보호무역주의를 모방하여 20세기에 부자가 되었다.

따라서 민간 기업과 국가 계획의 관계는 변했다. 초기 자본주의는 순수하게 민간 영역에서 발생했다. 영국 최초의 방직업자들은 인건비를 절감하기 위해 기계를 투입했을 뿐, 그저 높은 이윤을 얻길 원했다. 하지만 자본주의가 성장하고 기술이 발달할수록 후발 주자들이 기술 격차를 좁히려면 정부의 관리가 필요했다. 일본은 1949년에 통상산업성MITI을 설립했고, 1950년부터 1990년까지 일본 국민 1인당 소득이 연평균 5.9퍼센트씩 성장하여 신화가 되었다.[4] 다른 국가들도 이를 모방했다. 타이완의 공업기술연구소ITRI, 이스라엘의 수석과학관실OCS, 싱가포르의 과학기술청A*STAR 등이 그 예다.[5]

하지만 글로벌 사우스가 고도 산업국을 따라잡기는 점점 더 어려워지고 있다. 현재의 후발 주자들은 150년 전 독일이나 프랑스가 겪지 않았던 문제에 직면해 있다. 기술 발전 때문에 공장의 규모가 점점 더 커져야 수익을 낼 수 있다는 점이다.

자동차 산업은 좋은 예다. 제조 비용이 워낙 높은 탓에 대량 생산하는 동시에 거대한 시장에 판매할 수 있어야만 이윤이 남는다.[6] 14억이 넘는 인구를 가진 중국은 이런 측면에서 확실히 유리하다. 국내 기업을 해외 기업과의 경쟁으로부터 보호하기 위해 방벽을 쌓아도 되는 상황이기 때문이다. 그래서 중국은 높은 관세를 부과하고, 외환 거래를 통제하고, 일부 품목의 수입을 전면적으로 금지하고 있다.

반면 작은 국가들은 내수 시장이 크지 않기 때문에 자국의 공장을 보호하기 위해 이런 방벽을 쌓을 수 없다. 그래서 독 안에 든 쥐나 다름없다. 자국 상품을 필요로 하는 구매자를 찾으려면 세계 자유무역에 의존할 수밖에 없는 상황이다. 하지만 이러한 자유무역의 혜택은 결국 기술력이 우월해서 경쟁을 겁낼 필요가 없는, 기반이 탄탄한 고도 산업국에게로 돌아간다.

문제는 고소득국과 글로벌 사우스를 가르는 기술 격차가 점점 더 벌어지고 있다는 점이다. 한국의 경제학자 장하준에 따르면, 19세기에 유럽 국가들이 영국의 경제 발전을 따라잡으려고 안간힘을 썼을 때 가장 부유한 나라와 가장 가난한 나라의 소득 비율은 4대 1 정도였다. 그러나 이제 미국 같은 부유국과 말라위나 니제르 같은 극빈국의 소득 격차는 약 60배다. 경제 생산성 면에서 브라질 같은 신흥국들도 5배 정도 뒤처지고 있다.[7]

19세기에는 기술 격차가 별로 크지 않아 유럽 국가들은 영국산 기계의 가격이 떨어질 때까지 기다리기만 하면 되었다. 게다가 모방국들은 영국 개척자들이 힘들게 겪었던 숱한 시행착오 과정을 거치지 않아도 되었다. 미국, 프랑스, 독일은 영국의 발명품들을 모방함으로써 바로 최신 기계들을 사용했고 여러 개발 단계를 단숨에 건너뛰었다.[8] 그러나 이제는 이런 편한 길을 가기란 불가능해졌다. 기술 격차가 너무 심해서 글로벌 사우스가 서구의 수준에 맞추는 것만으로는 따라잡을 수 없기 때문이다.

그렇다고 해서 글로벌 사우스가 산업화 이전 시대에 머물러 있다고 결론을 내릴 수는 없다. 자본주의는 전 세계의 특성이 되었으며 가난한 국가에서도 종종 긍정적인 결과가 나타난다. 지금은 거의 모든 지역에서 여자아이들도 학교에 다니고,[9] 거의 모든 아이가 소아마비 혹은 천연두 백신 접종을 받으며, 인류의 90퍼센트 이상이 수돗물 공급 혜택을 누리고 있다.[10] 지구상에 사는 사람 대부분이 휴대폰을 소유하며 전 세계의 지식에 접근할 수 있다. 발전낙관론자인 MIT 교수 앤드루 맥아피는 이렇게 열광적으로 서술했다. "지금 이 순간, 케냐 한복판에서 휴대폰을 쓰는 마사이족 전사는 25년 전 미국 대통령보다 더 훌륭한 이동 통신 수단을 소유하고 있다. 그가 스마트폰으로 구글을 사용한다면 15년 전 미국 대통령보다 더 많은 정보에 접근할 수 있다."[11]

1971년 파키스탄과의 내전 후에 독립한 방글라데시의 사례가 입증하듯이 가난한 국가도 성장하고 놀라운 발전을 이룰 수 있다. 당시 여성은 평균 일곱 자녀를 낳았고 기대 수명은 52세에 불과했으며, 국민 대부분이 문맹이었다. 지금은 거의 모든 아이가 초등학교를 졸업하고, 그중 60퍼센트가 중등학교에 진학한다. 기대

수명은 74세로 늘어났고 여성은 보통 자녀를 둘만 낳는다.[12]

방글라데시의 경제 성장도 놀랍다. 1994년 이후로 매년 4퍼센트 이상의 성장률을 기록해왔으며, 6퍼센트 이상을 기록한 해도 있었다. 코로나19 팬데믹 시기에도 방글라데시는 3.8퍼센트의 성장률을 기록했다. 이제 방글라데시는 이웃인 인도보다 부유하다. 여전히 부정부패가 만연하지만 많은 분야에서 좋은 성과를 거둬왔다. 특히 보건, 교육, 인프라, 여성 권리 신장에 체계적으로 투자했다.[13]

따라서 글로벌 사우스는 더 잘살 수 있다. 하지만 부유한 북반구를 기술적, 경제적으로 따라잡는 건 거의 불가능하다. 다시 방글라데시의 사례를 다뤄보면, 2020년 방글라데시의 국민 소득은 1인당 5,307달러였다. 반면 독일의 1인당 소득은 54,076달러로, 방글라데시보다 약 10배 정도 높다.[14]

글로벌 사우스가 교육에 투자하면 광범위한 산업화를 이룰 수 있다는 주장이 널리 퍼져 있지만 이는 착각이다. 교육은 물론 기본적인 권리지만 지식만으로는 자국 경제를 발전시킬 수 없다. 중국처럼 자국 공장들이 국제 경쟁으로 인해 무너지지 않도록 국가가 통제하고 내수 시장을 보호하며 경제 촉진에 적극 나서야 한다. 하지만 최신 기술은 대형 공장과 많은 고객을 필요로 하기에 인구가 아주 많은 국가만 이런 길을 걸을 수 있다. 현재 인구가 약 1억 7,200만 명인 방글라데시조차 보호주의를 펼치기에는 내수 규모가 너무 작다.[15]

자본주의는 두 얼굴을 가지고 있다. 소비재는 전 세계에 퍼져 있다. 어디에서나 자동차, 휴대폰, 인터넷, 스니커즈를 소유할 수 있다. 그렇다고 이 상품들이 어디에서나 생산된다는 것을 뜻하지는 않는다. 소수 국가가 전 세계에 상품을 공급한다. 역사학자 위르겐 오스터함멜은 이렇게 표현했다. "산업화는 텔레비전 보급과 유사한, 전 세계를 '완전히 뒤덮은' 프로세스가 아니다."[16]

유럽과 미국이 먼저 산업화하여 후발 주자들이 따라잡기 어려워진 것은 어쩔 도리가 없는 일이다. 자본주의 발생 자체가 역사적 우연이다. 그럼에도 글로벌 사우스가 여전히 가난에서 벗어나지 못하는 상황에 대해 부유한 고도 산업국의 책임이 전혀 없는 것은 아니다. 저소득국을 지원할 수 있는 전략들이 존재하기 때문이다. 특히 즉각적인 두 가지 조치가 중요하다.

첫째, 수출품과 관련해 전 세계적 차원의 최저 임금이 보장되어야 한다.[17] 지금까지 글로벌 사우스의 노동자들이 무자비하게 착취당해왔기에 독일인들은 2.7유로에 티셔츠를 살 수 있었다. 그런데 티셔츠값으로 10유로를 지불하는 건 독일인에게 부담스러운 일이 아니다. 독일인이 이 정도만 더 지불해도 재봉사들은 기본 생계를 충분히 유지할 수 있다. 이러한 최저 임금이 전 세계 모든 국가에 동일하게 적용되어야 한다. 가령 방글라데시가 캄보디아나 라오스와의 경쟁에서 뒤처지지 않도록 말이다. 필요한 장치는 이미 마련되어 있다. 2021년 6월 독일 하원은 공급망 실사법을 통과시켰다. 이제 독일 기업은 글로벌 사우스의 납품업체가 인권과 환경 표준을 준수하도록 보장해야 한다. 하지만 생계를 보장하는 최저 임금 지불 규정은 법에 포함되지 않았다. 2024년 봄에 유럽 차원의 공급망 실사법으로 확대되었을 때 유감스럽게도 이러한 허점은 메워지지 않았다.

둘째, 조세 피난처를 없애야 한다. 글로벌 사우스의 권력자들은 자국 국민을 약탈해 얻어낸 돈을 고소득국에 은닉하는 것이 가능하다. 몰타, 키프로스, 스위스, 영국 등 부자 나라들은 글로벌 사우스의 통치자들이 국민을 착취할 수 있는 서비스를 기꺼이 제공한다. 게다가 글로벌 사우스의 다국적 기업들은 높은 매출을 올리면서도 그 이윤을 자국으로 이전해 현지에 세금을 내지 않는다.[18] 충격적이게도 가난한 글로벌 사우스가 고소득국에 자금을 대고 있는 셈이다. 사실은 반대 상황이 되어야 하는데 말이다. 매년 1,500억~2,000억 달러의 지원금이 글로벌 사우스로 흘러들어가지만, 이보다 훨씬 많은 돈이 가난한 나라에서 잘사는 나라로 다시 흘러들어가고 있다. 탈세와 조세 회피가 허용되고 있기 때문이다.[19]

덧붙이자면, 글로벌 사우스가 잘살게 되면 부유한 고도 산업국도 이득을 본다. 전 세계적으로 구매력이 상승하면 더 많은 상품을 수출할 수 있기 때문이다.[20] 기술적 진보가 북반구에서도 수익성을 띠려면 전 세계에 제품을 구매할 수 있는 고객이 존재해야 한다. 자본주의는 대량 소비에 기초하기 때문에 대중은 돈을 충분히 벌어야 한다.

자본주의 비판론자들은 이런 이야기들을 납득하지 못한다. 역시나 역사를 증거로 대면서 노예 제도와 식민제국주의를 상기시킨다. 고도 산업국들이 부유해진 이유는 단지 그들이 나머지 국가들을 값싼 원료 공급자로 전락시켰기 때문이라는 것이다. 이런 주장은 타당하게 들리고 윤리적으로도 완전히 공감이 간다. 하지만 경제학적 분석으로는 틀리다.

6장
착취와 전쟁은
오히려 자본주의를 해친다?

사람들은 자본주의가 필연적으로 착취를 바탕으로 한다고 믿는 경향이 있다. 노예 수백만 명이 서아프리카에서 미국행 배에 실렸던 바로 그 순간에 영국의 산업화가 시작되었기 때문이다. 이들이 미국 남부에서 재배한 목화는 영국 맨체스터나 크럼퍼드에서 직물로 가공되었다. 그러니까 북반구가 부유해지기 위해 잔혹한 노예 제도가 필요했다는 추측은 논리적으로 들린다.[1]

이러한 인과 관계가 직선적으로 보여도 역사적 현실은 더 복잡했다. 노예 제도는 자본주의와 함께 탄생한 현대의 발명품이 아니다. 노예 제도는 아주 오랜 역사를 지녔다. 인류가 정착 생활을 시작한 이후로 노예도 존재해왔다. 노예 제도는 특히 고대 그리스와 로마에서 철저히 시행되었지만,[2] 하와이, 인도, 중국, 한국, 멕시코의 아즈텍, 뉴질랜드의 마오리 문명에도 있었다. 우월한 위치에 있는 자는 힘을 악용했다. 유럽 기독교인들은 이교도들을 노예로 삼았고, 바이킹들은 대륙의 유럽인들을 습격했고, 러시아 귀족들은 슬라브인들을 강제로 끌고 갔으며 자신들의 농노들을 억압했다.[3] 북아프리카 해적들은 유럽 어부들을 잡아서 감금했고 유럽 선원들은 북아프리카인들을 약탈했다.[4]

하지만 그 어떤 지역도 아프리카만큼 약탈과 노예 거래가 성행하지 않았다. 아프리카는 중세부터 약 1천만 명의 노예를 공급했다. 유럽인들이 도착하는 대항해시대보다 훨씬 전부터 말이다.[5] 아랍인들은 인신매매를 조직적으로 해왔고, 당시에는 여러 노예 거래 루트를 개발해놓는 것이 중요했다. 사하라 사막을 지나 오늘날의 세네갈에서 모로코로 가는 루트, 현재의 나이지리아, 니제르, 차드에서 리비아와 이집트로 가는 루트 등이 있었다. 이러한 사막 루트를 통해 약 4백만 명이 노예로 끌려 갔다. 또, 나일 강을 따라 북쪽으로 약 2백만 명이 끌려갔다. 이집트, 수단, 에티오피아의 약 4백만 명이 배로 끌려가 인도양을 통해 아라비아 반도와 인도로 보내졌다.[6]

이러한 노예 무역은 이슬람이 사하라 이남의 아프리카 거주자들을, 어떠한 권리도 가질 수 없는 '이교도'라고 여겼기에 가능했다. 그러나 인간 사냥 자체는 아랍인이나 베르베르인이 아니라 토착민들이 행했으며, 이들은 사냥한 노예를 캐러반에게 팔아넘겼다.[7] 아프리카인들은 다른 아프리카인들을 사냥해서 낯선 상인들에게 팔아넘겼다. 유럽인들은 나중에 이런 구조에 끼어들었다.[8]

그러니까 아프리카는 포르투갈인이나 영국인이 들어오기 전에도 천국은 아니었다.[9] 그럼에도 유럽의 노예 제도는 기존의 형태와 비교하기 어렵다. 북미와 남미로 팔려간 노예들은 주로 식민지 플랜테이션 농장에서 상업적인 목적으로 이용당했다. 이런 구조의 노예 제도는 경제적으로 완전히 새로운 것이었다.

15세기부터 19세기까지 노예 1,100만 명이 '신세계'로 실려 갔다. 미 대륙으로 건너가던 도중에 목숨을 잃은 사람이 150만 명에 달했다.[10] 가장 중요했던 목적지는 브라질로, 무려 553만 명이 노예선으로 끌려가 이곳에서 하선했다. 120만 명은 자메이카로, 91만 1천 명은 생도밍그(현재의 아이티)로 팔려 갔다. 쿠바에는 89만 명, 바베이도스에는 60만 8천 명이 끌려갔다.[11]

반면 북미는 노예 상인들에게 특별히 중요한 목적지는 아니었다. 미국으로 끌려간 아프리카인의 수는 47만 2천 명이었는데,[12] 이들은 주로 담배와 쌀 플랜테이션 농장에서 일했다.[13] 초기에 목화는 중요한 작물이 아니었지만 19세기에 영국 방적 공장의 생산량이 점점 늘어나면서 중요해졌다.[14] 따라서 노예 제도가 영국의 산업화를 가능하게 한 것이 아니라 영국의 자본주의가 목화 시장을 창출해낸 것이다.

노예는 착취당하고 권리를 빼앗긴 채, 매우 수요가 높았지만 산업화를 촉진하지는 못한 사치품을 생산하는 데 주로 이용되었다. 노예 5백만 명은 남미와 카리브해의 사탕수수 플랜테이션 농장에서 일했고, 2백만 명은 커피 플랜테이션 농장에서 혹사당했다. 2백만 명은 하인으로 일했고, 1백만 명은 은을 채굴하는 광산에서 착취당했다.[15]

애덤 스미스가 이미 관찰했듯이 노예는 결코 저렴하지 않았고 아주 비쌌다. "모든 시대와 모든 나라의 경험이 보여주듯이, 노예 노동은 그들의 생계비만 드는 것처럼 보이지만 결국에는 다른 어떤 노동보다 가장 비용이 많이 든다." 당연하게도 노예들에게는 열심히 일하거나 도구를 세심하게 다루어야 할 동기가 없기 때문이다. "사유 재산을 가질 수 없는 사람은 되도록 많이 먹고 되도록 적게 일하는 것 외에는 어디에도 관심이 없기 마련이다." 애덤 스미스는 1776년에 출간한 『국부론』에서 이 점을 이미 언급했다.[16]

따라서, 플랜테이션으로 많은 이윤을 얻었지만 그 이윤은 노예 제도 덕분이 아니라 노예 제도에도 불구하고 올릴 수 있었던 것이다. 목화, 담배, 사탕수수는 수익성이 높은 작물이라 비싼 강제 노역을 감당할 수 있었다.[17] 반면 곡물의 수익성은 떨어진 지 오래되어 미국 북부에는 노예가 거의 없었다.[18] 대신 이곳은 자유노동자들의 임금 노동을 선호했다. 하지만 자유노동자들은 언제든 독립 농부로 정착하겠다고 배짱부릴 수 있었기에 고용 비용이 매우 비쌌다. 그럼에도 불구하고 높은 임금은 수지가 맞았다. 노예를 고용하는 것보다 더 합리적인 비용이었기 때문이다.[19]

모순적으로 들리겠지만 착취로는 부를 얻지 못한다. 노예들을 착취했던 모든 식민지가 이런 경험을 했다. 브라질은 자메이카나 미국의 미시시피주처럼 뒤처졌다. 플랜테이션 농장 소유주들은 큰 부자가 되었지만 전체 국민경제는 발전하지 못했다. 노예는 권리를 박탈당하고 임금을 받지 못했으므로, 기술이 수익을 내는 데 필요한 대중 구매력이 결여된 것이다. 이런 맥락으로 볼 때, 노예가 거의 없었던 미국의 북부만 산업화되었던 것은 우연이 아니다.

자본주의는 야만적인 폭력과 함께 진행되었지만 이를 '전쟁 자본주의'라고 표현한다면 완전히 틀렸다.[20] 근대 노예 제도는 살인적 범죄 행위였지만 경제적으로 반드시 필요한 것은 아니었다. 노예 제도는 산업화를 촉진한 게 아니라 방해했기 때문이다. 착취가 부를 창출할 수 없다는 사실은 러시아의 운명을 통해서도 확인할 수 있다. 차르들은 바르샤바에서 알래스카에 이르는 광활한 영토를 통치했지만, 귀족이 권력을 장악하고 농노들은 노예처럼 권리를 박탈당했기에 나라는 찢어지게 가난했다.[21]

영국의 산업화는 노예 제도에 직접 기초한 것이 아니었지만 혹시 간접적인 인과 사슬이 있었을까? 카를 마르크스는 '원시적 축적'이라는 논리를 설명했다. 오늘날까지 많은 사람의 지지를 받고 있는 이 논리는 세계 무역과 식민지 덕에 영국에 공장들을 지을 수 있는 충분한 자본이 모였다고 주장한다. 마르크스는 냉소적이면서도 탁월하게 표현했다. "미 대륙에서 금은이 발견된 사건, 원주민을 죽이거나 혹은 노예로 만들어 죽을 때까지 광산 노동을 시킨 일, 동인도 정복과 약탈, 검은 피부를 노리는 상업적 사냥터로 바뀐 아프리카는 자본주의적 생산 시대의 장밋빛 새벽을 알렸다. 이 목가적인 과정들이 바로 원시적 축적의 주요 동력이다."[22] 또 이렇게 표현했다. "식민지 체제는 온실처럼 무역과 해운업을 성숙시켰다… 식민지는 새로 싹트는 제조업에 시장을 확보해주었고, 시장 독점을 통해 더 큰 축적을 가능하게 했다. 유럽 밖에서 노골적인 약탈, 노예화, 살인으로 획득한 보물은 본국으로 흘러들어와 자본으로 전환되었다."[23] 심지어 어떤 도시 전체는 다른 민족들을 착취한 덕분에 존재할 수 있었다. "리버풀은 노예 무역으로 번영했다. 이것이 리버풀의 원시적 축적 방식이다."[24]

노예 제도가 간접적으로 거대한 군사·상업 복합체를 가능하게 했다는 주장은 타당성 있게 들린다. 노예선은 보험에 가입되어 있었고 종종 은행 대출로 자금을 조달했으며 선원들은 임금을 받앉다. 식민지에서 생산된 제품들은 시장에 출시되어 거래되었다. '신세계'를 정복하고 지키기 위한 막대한 규모의 국가 재정도 지출되었다.[25]

그런데 자세히 살펴보면 영국의 재정적 성과는 특별히 뛰어나지 않았음을 알 수 있다. 18세기에 브리스톨과 리버풀의 상인들은 10퍼센트에 가까운 수익률을 올리긴 했지만,[26] 노예와 선원과 노예선을 한꺼번에 잃을 수 있다는 리스크를 감수해야 했다. 그래서 많은 부유한 영국인은 차라리 안전한 국채에 투자하는 것을 선호했다. 여기에 투자하면 5퍼센트의 수익은 챙길 수 있었기 때문이다. 게다가 노예선 자체가 아주 적었다. 18세기 후반에 영국은 1만 4천 척 이상의 원양 선박을 소유했는데, 노예를 실어 나르는 배가 그중 겨우 2백 척 정도에 불과했던 때도 있었다.[27]

냉혹하게 들릴 수 있지만, 따라서 노예 무역은 경제 면에서는 주변 현상에 가까웠고 자본주의가 발생한 이유를 설명해주지 못한다. 그런데 유럽의 제국주의는 강제 노동을 요구하는 데 그치지 않고 식민지를 만들고 남미에 매장된 풍부한 금은을 약탈했으며 전 세계의 원료를 강탈했다. 그래서 자본주의는 극도의 폭력성을 바탕으로 다른 나라의 자원을 탈취했기 때문에 가능했다는 추측이 종종 제기되는 것이다.[28]

사실 유럽은 다른 민족을 억압하고 새로운 왕국을 세우기 위해 폭력을 서슴지 않았다. 남미 원주민 중 최대 90퍼센트가 전쟁, 강제 노동, 전염병으로 사망했고 소수만 살아남았다. 그리고 이런 믿을 수 없는 잔혹한 행위는 거의 누구에게도 이롭지 않았다. 심지어 포르투갈과 스페인에게도 말이다.

정복자들은 식민지에서 대량의 금은보화를 발견했을 때 거대한 부를 기대했지만 곧 이 귀금속은 저주라는 사실이 드러났다. 스페인과 포르투갈은 더 부유해지기는커녕 오히려 가난해졌다. 오늘날 두 나라는 다른 서유럽 국가들보다 뒤처져 있다. 스페인은 오래 지나지 않아 이 특수한 몰락을 알아차렸다. 1631년 국정 책임자 올리바레스는 남미의 식민지가 정말로 축복인지 의문을 제기했다. "이 위대한 정복들이 왕국을 이처럼 비참한 상태로 몰아넣었다면, 그 신세계가 없었더라면 왕국은 더 강력해졌을 것이라고 말할 수 있다."[29]

1800년까지 남미와 북미에서 13만~15만 톤가량의 은이 채굴되었다.[30] 이 채굴량은 엄청나 보이지만 실제로는 유럽에서 성장을 일으키지 못했다. 사치재 구입 자금으로 쓰여 동아시아로 대량 흘러들어갔기 때문이다. 중국과 인도는 유럽 제품을 뒤떨어지고 조악하다고 여겼기에 관심을 갖지 않았다. 그래서 아시아인들은 은을 대가로 받을 때만 비단, 향신료, 도자기를 팔려고 했다.[31]

남미에서 채굴한 은이 유럽 전체 경제에 끼친 영향이 얼마나 미미했는지는 다른 수치를 통해서도 드러난다. 당시 유럽인 1인당 은 소유량은 연간 고작 3~4.5그램 증가했다. 이는 거의 무시할 만한 수치로, 당시 런던 노동자는 매일 11.5그램의 은에 해당하는 돈을 벌었다.[32]

신세계에서 들어온 은은 유럽을 발전시키지 못했고 오히려 스페인과 포르투갈에 해를 끼쳤다. 양국에 끊임없이 유입되는 새로운 자금은 지속적인 인플레이션을 일으켰고 스페인과 포르투갈의 물가는 엄청나게 상승했다. 부유한 상류층은 가격이 더 저렴한 해외 물품을 주문했으며 특히 프랑스, 네덜란드, 영국이 이득을 보았다. 반면 자국 경제는 고객을 잃고 완전히 기울어, 지금까지도 그 여파를 체감할 수 있다.

하지만 노예 제도에 기반하지도, 은도 공급하지 않았던 식민지들도 있었다. 대신 이 식민지들은 주로 농업 원자재를 생산했다. 300년 넘게 네덜란드로부터 혹독한 수탈에 시달렸던 인도네시아가 대표적인 예다. 1600년경부터 1942년까지 인도네시아는 영국이 인도에게 요구했던 것보다 훨씬 더 많은 경제 성과를 네덜란드에게 강탈당했다. 인구수를 고려하면, 다른 어떤 나라보다 네덜란드에게 식민지 무역은 중요한 의미를 띠었다. 그럼에도 네덜란드는 이렇게 얻은 부를 유지하지 못했다. 18세기부터 1인당 경제 성장률은 침체되었고,[33] 산업화도 늦어졌다. 네덜란드는 큰 이익을 챙길 수 있는 식민지를 소유했음에도 낙오된 것이다. 오랫동안 새로운 것을 위한 개발이 필요하지 않았기에 암스테르담이나 하를렘의 구舊시가지의 바로크식 양식도 그대로 보존될 수 있었다. 이 구시가지들은 오늘날 인기 있는 관광 명소가 되었다.

영국도 잔인한 식민지 통치자였지만, 사실 식민지가 꼭 필요하지는 않았다. 1770년부터 인도의 벵골에 지독한 기근이 들어 수백만 명이 목숨을 잃었는데, 그 주된 책임은 가혹한 수탈을 일삼아온 영국의 동인도회사에 있었다.[34] 이러한 범죄로 일부 식민지 관리인은 이익을 챙겼지만,[35] 인도는 영국의 전체 경제에서 그리 중요하지 않았다. 18세기에 비유럽 국가로의 수출은 영국의 경제 실적 중 2~3퍼센트를 차지했을 뿐이다.[36]

한편, 스위스는 식민지 없이도 잘살 수 있음을 보여주었다.

작은 나라인 스위스는 잘 알다시피 바다에 면해 있지도 않고 해외 식민지를 소유한 적도 없다. 그럼에도 스위스는 네덜란드보다 앞서 영국을 모방하여 자국 산업을 구축했다.[37]

식민지는 산업을 위한 필수 원료가 아니라, 주로 설탕, 커피, 카카오, 차, 향산료, 실크 등의 사치재를 공급했다. 유럽은 생필품을 자체적으로 보유했으며 20세기 초까지 대체로 자급자족했다. 석탄을 마음껏 사용할 수 있었고 곡물도 풍부했다.[38] 면이 린넨이나 모직물보다 편한 건 맞지만, 유럽은 해외에서 섬유를 수입하지 않는다 해도 버틸 수 있었다.

다른 사람이 가난해져야 부자가 될 수 있다는 주장은 직관적으로는 그럴듯하게 들린다. 하지만 그 이면에는 이미 1776년에 애덤 스미스가 비판했던 사고의 근본적인 오류가 숨어 있다. 당시 영국인들은 유럽 국가들이 자국 산업을 발전시켜 막강한 경쟁자가 될지도 모른다는 불안함에 시달렸는데, 스미스는 시민들의 이런 불안함에 맞서 싸워야 했다. 그래서 스미스는 자국민들에게 다른 나라가 부유해야 비로소 수출국이 수출을 할 수 있다고 설명했다. "이웃 나라의 부를 자국의 부를 만들어줄 가능성이 있는 것으로 여겨야 한다… 유랑하는 야만인들과 가난한 미개인들로 둘러싸인 대국은 자국의 토지를 경작하고 내수 교역을 통해 부를 획득할 수는 있어도 대외 무역으로는 부를 얻을 수 없다."[39]

자본주의는 누군가를 억압하고 착취할 때만 이길 수 있는 제로섬 게임이 아니다. 개개인이 더 부유해져야 모두가 더 부유해진다. 모두가 함께 성장하는 것이다. 오늘날 유럽이 발전하기 위해 식민지가 필요했다고 믿는 사람[40]은 식민지 군주들이 저질렀던 오류를 반복하고 있는 셈이다. 비판론자들은 자본주의가 탄생하기 위해 폭력은 불가피했다고 주장함으로써, 그럴 의도가 없다고 해도 착취를 정당화한다. 그러나 진실은 훨씬 쓰라리다. 다른 민족들을 폭력으로 압제하는 행위는 경제적으로 전혀 의미가 없었을뿐더러, 자신의 발전을 해치지 않고도 쉽게 폭력을 포기하는 것도 가능했다.

유럽이 식민지를 개척했던 까닭은 경제가 위축될 조짐 때문이 아니었다. 실제 상황은 완전히 정반대였다. 유럽은 전 세계로 확장할 수 있는 경제력을 갖췄기에 식민지를 세울 수 있었다. 이런 독특한 역학은 유럽이 식민지 정복에 박차를 가했던 19세기 후반에 특히 두드러지게 나타난다. 이제 유럽 열강들은 아프리카는 물론이고 아시아의 다른 지역들을 나눠먹기 시작했다. 1880년에 유럽 열강들은 2,500만 제곱킬로미터, 1913년에는 5,300만 제곱킬로미터에 이르는 면적을 통치했다.[41] 독일은 1884년에 처음으로 방대한 식민지를 소유했다.[42] 현재의 나미비아, 카메룬, 토고, 르완다, 브룬디, 탄자니아의 여러 지역, 태평양의 일부 섬이 해당한다.

독일인들은 몹시 잔인했고 조직적인 집단 학살도 서슴지 않았다. 1904년부터 1907년까지 독일은 현재의 나미비아에서 헤레로인과 나마인을 학살했다. 여성과 아이에게도 총을 겨누었고, 포로 수용소가 있었으며, 저항하는 이들을 오마헤케 사막으로 추방했다. 전쟁 전에 헤레로인은 8만 명에 달했으나 1911년에는 1만 5천 명만 남았다. 한때 2만 명이었던 나마인은 절반으로 감소했다.[43] 동아프리카에서도 독일인들의 잔인한 횡포는 멈출 줄 몰랐다. 1905년부터 1908년까지 벌어진 마지막 저항 운동에서 약 30만

명의 아프리카인이 목숨을 잃었는데, 대다수가 독일인들이 경작지와 마을을 파괴한 탓에 굶어 죽었다.[44]

이러한 잔악성은 전례 없는 일이었으나, 경제적으로 식민지는 독일 제국의 지속적인 적자 사업이었다. 억압받는 나라들과의 무역이 전반적으로 번성하지 못한 데다 막대한 군비까지 들었다. 독일의 전체 대외 무역에서 식민지의 수입품이 차지하는 비중은 0.5퍼센트에 불과했고 수출품은 1퍼센트였다.[45]

제국 수상이었던 비스마르크는 식민지가 지출만 발생시키리라는 것을 알았기에 독일의 '보호령'을 설립하는 것을 오랫동안 주저했다. 결국에는 경제적 동기가 아닌 정치적 동기가 그의 결단에 중대한 역할을 했다. 비스마르크는 군인과 노동자를 국가적 목표 하에 결집시킴으로써 독일 내 사회적 갈등에 대한 관심을 다른 곳으로 돌리려고 했다.[46]

이러한 전략은 야비했을 뿐만 아니라 비용도 많이 들었다. 하지만 이미 산업화가 진행 중이어서 값비싼 제국주의의 재정을 감당하는 것이 가능했기에 독일은 전 세계적 팽창을 꾀할 수 있었다. 게다가 항해 기술의 혁명도 일어났다. 증기력 덕에 장거리 이동이 가능해져서[47] 훨씬 더 쉽게 군사들을 전 세계로 보내고 멀리 떨어진 섬들까지 통제할 수 있었다. 자본주의 덕분에 식민지가 가능했던 것이지, 식민지가 자본주의를 탄생시킨 것이 아니다.

지속적인 탄압은 식민지에게 치명적인 피해를 입혔다. 유럽이 모든 발전에 걸림돌이 되는 사회적 위계질서를 정착시킨 바람에 지금까지 제대로 발전하지 못하고 있다. 남미는 이런 상황을 설명하기 좋은 사례다. 소수의 플랜테이션 농장주들과 이들의 후손,

백인 상류층이 부를 독차지하고 있는 반면, 국민들은 여전히 가난하다. 임금도 너무 낮아서 기계를 투입해봤자 남는 게 없었기에 폭넓은 산업화가 이루어지지도 못했다.

이런 무분별한 제국주의는 유럽에도 파괴적인 영향을 미쳤다. 식민지를 둘러싼 경쟁은 1914년에 제1차 세계대전이 발발하게 된 결정적인 이유였다. 이러한 재앙에 대한 책임은 기업가들이 아닌 독일의 장군들에게 있었다.[48] 대다수 기업가는 정말로 전쟁이 일어날 줄은 상상도 하지 못했다. 유럽 경제는 촘촘한 그물망으로 얽혀 있었고, 모든 국가가 수출과 수입으로 밀접한 관계를 맺고 있었다. 이러한 공급 및 신용의 사슬이 끊어지면 부 또한 사라지기에 승자조차 패배자가 될 수밖에 없었다. 기업가들은 돈의 논리를 믿었다. 전쟁을 치르려면 엄청난 자금이 필요하니 전쟁이 일어날 수 없다고 여겼던 것이다.[49]

  외교관들은 전쟁이 터질 위협이 있다는 소식을 서로 주고받았던 반면, 주식 시장은 잠잠했고 주식 거래도 정상적으로 이루어졌다. 전쟁이 터지기 일주일 전까지 많은 투자자는 군사 충돌이 발생하리라고 생각지 못했다. 1914년 7월 27일이 되어서야 투자자들은 초조해졌고 빈 증권거래소는 폐장할 수밖에 없었다. 7월 30일까지 유럽의 다른 증권 거래소들도 줄줄이 폐장했고, 7월 31일에는 런던과 뉴욕 증시도 폐장했다. 불과 하루가 지난 후인 8월 1일에 세계대전이 발발했다. 대다수 기업가가 예측조차 하지 못했던 일이 일어난 것이다.

  전쟁은 늘 수지가 맞지 않는 장사다. 비록 많은 좌파가 자본주의가 이윤을 거두려면 군사적 팽창이 부득이하게 필요하다고 주장하지만 말이다. 독일 좌파당 전 공동원내대표 자라 바겐크네히트는 이렇게 표현했다. "자본주의와 전쟁은 동전의 양면이다… 경제 상황을 개선하고 자원에 대한 접근로를 확보하고 착취를 가능하게 만들기 위해 군사적 수단을 사용하는 것은 자본주의 논리를 따라 자연스럽게 나온 결과다. 프랑스의 사회주의자 장 조레스가 이를 정확하게 표현했다. 구름이 비를 품듯이 자본주의도 전쟁을 품고 있다고 말이다."[50]

하지만 원자재를 군사적으로만 획득할 수 있다는 바겐크네히트의 생각은 틀렸다. 그냥 원자재를 구매하면 비용은 훨씬 적게 든다. 반면 전쟁은 석유 등의 자원을 확보하는 가장 비싼 방식이다. 노벨경제학상 수상자 조지프 스티글리츠는 미국이 이라크 공격에 얼마나 많은 비용을 지출했는지 계산했다. 2003년에 이라크 공격을 개시한 미국은 불과 5년 만에 무려 3조 달러를 지출했다.[51] 미국이 27년치 석유를 수입할 수 있는 거액이다.[52]

자본주의는 전쟁이 아닌 평화를 필요로 한다. 하지만 갈등이 생기면 자본주의 내에서 자본주의적 방식으로 진행된다. 기술은 무기가 되고 살인은 산업화된다. 이 과정에서 엄청난 기술적 도약이 이뤄지며, 이는 제1차 세계대전 때 특히 두드러지게 나타났다. 1914년 독일은 말을 타고 벨기에로 진군했다. 그런데 1918년에는 모든 참전국이 잠수함, 비행기, 독가스를 보유했다.[53]

전쟁은 기술 발전을 가속화할 수 있다. 그렇다고 해서 대부분의 발명이 군대 덕이라는 결론은 도출될 수 없다. 오히려 모든 무기 제작의 핵심인 철강 산업은 평화로운 시기에 가장 많이 발전했다.⁵⁴ 반면 제1차 세계대전 때는 업계도 놀랄 만큼 기술 혁신이 이루어지지 않았다. 1918년의 한 보고서에는 자기비판적 어조가 담겨 있다. "지난 15년간 독일 철강 산업은 과학적인 면에서 품질 개선은 물론이고 부산물 활용과 관련하여 이렇다 할 만한 성과를 내지 못했다."⁵⁵

많은 좌파가 자본주의는 낮은 임금도, 착취도, 식민지도, 전쟁도 필요로 하지 않는다는 사실에 당황할 것이다. 그러나 이는 더 많은 정의를 바라는 모든 사람에게 희소식이다. 자본주의를 단지 폭력적인 억압 체제라고 여긴다면 먼저 개선을 위한 폭력적인 혁명이 일어나야 한다. 다행히 체제 전복은 전혀 필요하지 않고 정치 개혁으로 충분하다. 자본주의는 민주주의를 가능하게 했기에 민주적으로 통제할 수 있다.

그렇다고 해서 자본주의가 저절로 정의로워지고 끊임없이 모두를 위한 부를 생산할 수 있는 건 아니다. 개혁은 쟁취해야 한다. 무엇보다도 많은 자본가가 자본주의 체제가 어떻게 작동하는지 전혀 이해하지 못하고 있기 때문이다. 기업가 대부분은 임금이 지출에 불과하다고 생각한다. 바로 그 임금이 수요를 창출해낸다는 점, 대중의 구매력이 증가할 때만 기업이 확장될 수 있다는 점을 무시한다. 그러니까 기업가들은 자신의 행복을 위해 강제를 받아들여야 하고, 더 높은 임금을 위해 끊임없이 투쟁하는 노조가 있다는 사실에 감사해야 한다. 이건 과장이 아니다. 노조는 자본주의의 구원자다.

자본주의가 매력적인 이유는 성장과 부를 창조할 수 있기 때문이다. 하지만 유감스럽게도 자본주의는 안정을 유지하고 위기에 빠지지 않기 위해 저러한 팽창 자체를 필요로 한다. 이 성장 강박은 유한한 행성인 지구와 충돌한다. 유한한 세상에서 무한한 성장은 불가능하다.

7장
확장 아니면 붕괴?
자본주의가 성장해야 하는 이유

2000년 이후 세계 경제는 연평균 2.8퍼센트씩 성장했다.[1] 대수롭지 않아 보이지만 무시무시한 수치다. 전 세계 경제 규모가 26년마다 2배 커진다는 결론이 도출되기 때문이다. 2100년이 되면 2000년 대비 16배 커질 것이다.[2] 경제학자가 아니라도 이러한 성장이 지속될 수 없다는 사실을 바로 알 수 있다. 지구는 너무 작기 때문이다. 미국의 작가 에드워드 애비는 이렇게 표현한 적이 있다. "성장을 위한 성장은 암세포의 이념이다."[3]

독일, 오스트리아, 스위스는 3개의 지구를 소비할 수 있는 것처럼 자원을 흥청망청 쓰고 있다. 유럽 반대편에 있는 나라들은 자연을 더 무분별하게 다룬다. 미국, 캐나다, 호주는 이미 지구 5개를 까먹었다.[4] 아직 자연이 완전히 붕괴되지 않은 이유는, 가난한 나라들이 온실가스를 거의 배출하지 않고 있기 때문이다. 말라위는 연간 1인당 0.1톤의 탄소를 배출하는 반면, 독일의 연간 1인당 배출량은 11.3톤에 달한다.[5]

그렇다면 부자 나라들이 생활 방식을 바꿔야 한다. 하지만 유감스럽게도 성장을 포기하는 건 결코 쉬운 일이 아니다. 2007년에 터진 금융 위기는 우리에게 많은 교훈을 준다. 생산량이 감소하기 무섭게 일자리를 지키기 위해 대규모 경기 부양책이 가동되었다. 심지어 경기 활성화를 위해서라면 환경 파괴도 갑자기 허용되었다. 새 차를 장만하는 사람은 국가로부터 2,500유로 상당의 '폐차 지원금'을 받았다. 독일인 175만 명이 특가 구매 기회를 이용해 아직 잘 굴러가는 멀쩡한 차를 폐차했다. 성장 지체를 막기 위해 고의로 쓰레기를 양산한 것이다. 오스트리아에서도 비슷한 상황이 벌어져, 정부가 '고철 보상금' 1,500유로를 지원한 결과 새 차 3만 대가 판매되었다. 자본주의 비판론자들조차 이런 환경 파괴 행위를 받아들였다. "단기적 관점에서 보면, 직원들을 해고하지 않고 생산 능력을 유지할 수 있는 매우 합리적인 조치였다."[6]

    2010년경 시작된 유로 위기는 성장이 정체되면 얼마나 빠르게 가난이 찾아오는지 다시금 입증했다. 그리스의 경제 성장률은 무려 18.7퍼센트나 감소했다.[7] 평화의 시기에 기록된 비참한 기록이다. 전체 기업의 3분의 1이 완전히 사라졌고 그리스인의 27퍼센트가 실업자 신세였다. 당시 그리스에는 기초생활보장급여 제도 같은 것이 없었기에 제한된 실업급여 지급 기간이 끝나자 빈곤의 나락으로 떨어지는 사람이 태반이었다. 지금까지도 그리스 경제는 완전히 회복되지 않아서 젊은이들이 고국을 떠나고 있다. 젊은이 40만 명이 다른 유럽 국가에서 일하고 있으며 그중 69퍼센트가 대졸자다.[8]

코로나19 팬데믹 때도 경기 위축이 얼마나 혹독한 것인지 체험할 수 있었다. 2020년 1월 코로나19 바이러스가 전 세계로 확산되었을 때 상상도 하지 못했던 일이 현실이 되었다. 항공기 운행이 중단되었고, 글로벌 공급망이 붕괴되었으며, 온실가스 배출량이 급격히 감소했고, 유가는 폭락했다. 고삐 풀린 자본주의와 세계화도 함께 멈췄다.

그럼에도 코로나19 팬데믹은 우리가 자본주의와 어떻게 결별해야 하는지 보여준 게 아니라[9] 현재 우리의 경제 시스템이 성장 위주의 저주받은 것임을 입증했을 뿐이다. 대다수 국가에서 봉쇄 조치는 불과 몇 주만 유지되었음에도 코로나19로 인한 손실은 수조 달러에 육박했다. 고소득국들이 경제를 안정화하기 위해 엄청난 규모의 구제 프로그램을 시행하지 않았더라면 많은 기업이 파산하고 거의 모든 근로자가 일자리를 잃었을 것이다.

그런데 그 요령은 국가가 대출을 받아 화폐를 새로 '찍는' 데 있었다. EU는 1조 유로 이상을 동원했다. 독일은 약 5천억 유로를 지출했고, 오스트리아는 7백억 유로,[10] 스위스는 4백억 프랑을 지출했다.[11] 이 엄청난 금액의 부채를 상환하는 건 불가능한 일이다. 그래서 대신 성장에 기대하는 것이다. 경제 실적이 성장하면 부채의 심각성은 사라지고 그러다가 언젠가 잊힌다.

자본주의는 성장할 때만 안정적이다. 그래서 흔히 자전거에 비유된다. 움직이지 않는 순간 바로 쓰러지기 때문이다.[12] 그런데 성장 강박은 어떻게 생겨나는 걸까? 경제가 위축되면 기업이 파산하고 사람들은 일자리를 잃게 되니 반갑지 않은 건 분명하다. 자본주의는 왜 최소한 정체 상태라도 유지할 수 없는 것일까? 왜 끊임없이 팽창하고 환경 파괴 행위를 되풀이해야 할까?

답 하나는 이렇다. 성장은 대출을 받아야만 이루어질 수 있다. 그리고 이 대출은 경제가 추가 성장해야만 상환될 수 있다. 자본주의가 곧 금융경제라는 사실은 우연이 아니다. 자본주의는 대출에 의해 움직이기 때문이다.

스위스의 경제학자 마티아스 빈스방거는 이렇게 끊임없이 돌아가는 대출과 성장의 나선을 가상의 어부들이 살고 있는 섬의 예를 통해 구체적으로 설명했다.[13] 처음에 어부들은 작은 나무배만 소유했다. 이들은 잡은 물고기를 섬의 주민들에게 판 뒤, 물고기를 판 돈으로 식료품을 사거나 술집에서 술을 마셨다. 즉, 이건 성장하지 않는 순환경제다. 그러다가 새로 집권하게 된 정권이 국제 컨설팅 기업에 의뢰하여 이 섬의 성장 가능성을 평가한다. 경제학자들은 어부들에게 신형 모터 보트에 투자해 어획 구역을 넓히라고 조언한다. 같은 작업 시간 동안 훨씬 많은 물고기를 잡게 될 테니 생산성이 현저히 증가할 것이라고 설명한다. 설득된 어부들은 신형 모터 보트를 장만할 자금을 마련하기 위해 대출을 받는다. 어부들의 주문 덕에 보트 제작자들은 추가 수입을 얻어 술집을 더 자주 드나드는 등, 소비가 늘어난다. 따라서 이 추가 수입은 섬 전체에 간접적으로 이득이 된다. 물론 이 새로운 소득은 어부들이 대출금을 상환하기 위해 추가로 잡은 물고기를 구매할 고객을 찾는 데도 필요하다. 섬의 경제는 갑자기 성장한다. 더 많은 보트가 제작되고, 더 많은 맥주가 팔리고, 더 많은 물고기가 잡힌다. 바로 대출 덕분이다.

이 짧은 이야기를 읽고 나면 곧바로 몇 가지 의문이 생긴다.

첫 번째 의문은 이거다. 대출이 꼭 필요할까? 어부들이 모터 보트를 장만할 돈이 모일 때까지 저축을 할 수는 없는 것일까? 그러면 안 된다. 놀랍게도 어부들이 돈을 모은 뒤 모터 보트를 구매하는 건 좋은 아이디어가 아니다. 저축은 국민경제를 부유하게 만드는 게 아니라 가난하게 만든다. 어부들이 술집에 가지 않고 그 돈을 아껴서 보트를 장만할 비용을 마련한다고 생각해보자. 그러면 술집 주인은 바로 소득이 줄어 생선을 사 먹을 수 없게 된다. 그 여파로 어부들의 매출도 감소해 새 모터 보트를 사기는커녕 여유롭게 먹고 즐길 수 없게 된다. 수입이 확 줄었기에 어부들은 기존 보트를 직접 수리해서 쓰고 기술자를 고용하지 않는다. 따라서 보트 제작자들도 생선을 사 먹을 형편이 되지 않으므로 어부들은 더 가난해진다. 갑자기 수요가 사라지기 때문에 저축은 이렇게 위험하다.

저축이 해롭다는 것이 놀랍게 느껴질 수 있다. 개인은 돈을 저축해 계좌 잔액이 늘어나면 더 부유해졌다고 느끼기 때문이다. 그러나 경영과 국민경제를 혼동해서는 안 된다. 일부 가정이나 기업은 차분히 저축을 해도 된다. 하지만 모두가 동시에 저축하기만 해서는 안 된다. 누군가가 대출을 받아 투자를 해야 계좌 속 돈은 가치를 유지한다.

따라서 저축이 아니라, 대출을 통해 출자할 때 비로소 성장이 이루어진다. 그렇다면 새로운 돈은 어디에서 올까? 이 질문에 대한 답은 복잡하면서도 단순하다. 대출이 이루어지면 '무'에서 돈이 탄생한다. 이 메커니즘을 좀 더 정확하게 이해하기 위해서는 잠시 역사적 배경을 살펴보아야 한다.[14]

인류가 언제부터 돈을 사용했는지는 확실하지 않다. 현재까지 밝혀진 최초의 신용 계약은 4천 년 전 메소포타미아에서 이루어진 것이다. 당시의 계산 단위는 셰켈Shekel이었는데 아직 동전이 통용되지 않던 시절이라 은의 무게를 재고 거래하는 데 쓰인 개념이었다. 1셰켈의 가치는 대략 은 8.5그램이었다.[15]

바빌로니아와 아시리아에도 아직 동전이 존재하지 않았지만, 이들은 대출을 해주고 이자를 계산하는 법을 정확하게 알았다. 대출의 목적은 다양했다. 일부 상인은 대출을 통해 아나톨리아와의 원거리 무역 자금을 조달했던 것으로 보인다. 영세한 농부의 경우 가뭄이 오면 다음 추수 때까지 가족을 먹일 양식이 없어서 곡물을 대출받아야 했고, 이런 어려운 처지를 악용하는 이도 있었다. 이러한 대출 계약서와 채무 증서는 인류의 매우 오래된 문서들이다. 문자는 문학 작품을 창작해내기 위해서가 아니라 상거래의 합의 사항을 분명히 기록하기 위해 발명되었다.

이미 아시리아인들은 아주 현대적으로 보이는 아이디어를 발명했다. 채무 증서를 지불 수단으로도 사용한 것이다. 상인들은 대출 상환일까지 기다렸다가 돈을 회수하지 않았다. 그렇게 기다렸다가는 이들의 빈약한 자금이 아주 오랫동안 묶이게 되기 때문이다. 그 대신 다른 상인에게 채무 증서를 넘겨 자신이 그 상인에게 진 빚을 갚았다.[16] 대출 상환일이 도래하면 증서를 마지막에 소유한 사람이 맨 처음에 대출을 받았던 사람을 찾아갔다. 채무 증서가 돌고 도는 구조 덕에, 대출이 이루어지는 순간 이러한 '신용화폐'도 생성된 것이다.[17] 대출금이 상환되면 이 화폐, 즉 돈은 다시 사라진다.

현재 채무 증서는 구시대의 유물이 되었다. 은행은 계좌를 이용해서 돈을 만들어낸다. 하지만 기본 원리는 동일하다. 대출이 이루어지는 순간 새로운 돈이 만들어진다. 이 과정은 마이너스 통장이라는 예를 통해 쉽게 이해할 수 있다. 은행 고객 아무개가 계좌 잔액이 0인 상황에서 갑자기 새 자전거가 꼭 필요해졌다고 상상해보자. 은행이 마이너스 통장 한도를 부여해주었기에 아무개는 쉽게 자전거를 구입할 수 있다. 아무개가 자전거 판매점에 1,000유로를 송금한 순간 그의 계좌 잔액은 마이너스 1,000유로가 된다. 이제 아무개에게는 이 금액만큼의 빚이 생겼고 갑자기 1,000유로라는 새로운 돈이 세상에 존재하게 되었다. 바로 은행 대출을 통해서 말이다. 돈과 대출은 항상 함께 생겨난다.

신용화폐가 없었다면 성장은 이루어질 수 없었다. 그렇다고 돈만 있으면 경제가 성장한다는 결론을 내릴 수도 없다. 이미 아시리아인들은 제법 현대적인 화폐를 소유했지만 정체된 농경 사회에서 살았다. 성장은 기계를 도입하더라도 본전을 뽑을 수 있을 만큼 노동력이 비쌀 때야 비로소 가능하다.

다시 어부들 이야기로 돌아가겠다. 왜 섬의 성장의 나선은 계속 돌아가야 할까? 이론적으로, 어부들이 모터 보트 몇 대만 소유하는 데 만족하다가 은퇴할 수도 있지 않을까? 왜 계속 바다에서 일해야 할까? 왜 약간의 성장을 누리다가 멈추면 안 될까?

빈스방거는 이런 경우에 대해서도 따져보았다. 어부들이 갑자기 배를 주문하지 않으면 보트 제작자들은 수입이 줄어 고용했던 일꾼들을 해고해야 한다. 그러면 술집은 맥주를 더 적게 양조할 수밖에 없고, 결국 생선도 덜 팔릴 것이다. 경제가 위축된다.

자본주의는 역동적인 시스템이다. 몰락을 피하기 위해서는 계속 성장해야 한다. 국가와 기업이 새로운 성장을 기대하고 투자하기 때문에 위기가 왔다가 다시 지나가기도 한다.

하지만 기업인들은 추가 수익을 얻을 수 있다고 예상할 때만 투자한다. 이윤이 무엇인지 누구나 알고 있다. 이윤은 지출액보다 매출액이 클 때 발생한다. 이 논리가 대수롭지 않아 보여도 사실은 그렇지 않다. 국가경제에서는 외부에서 자금이 유입될 때만 총수입이 총지출을 초과할 수 있다.* 그러니까 이윤은 성장을 가능하게 하는 대출을 통해서만 만들어지는 것이다.[18]

이윤은 또 다른 이유로도 필요하다. 기업은 이윤을 내지 못하면 대출을 받지 못하기 때문이다. 은행은 대출금이 안전하게 상환되기를 원하지만 기업이 적자를 내면 불가능한 일이다. 자본주의에서는 대출, 투자, 이윤, 성장이 아주 긴밀하게 얽혀 있다. 성장이 계속 정체되면 이 시스템은 무너진다. 결국 경제는 보잘것없는 자급자족만 가능한 수준으로 축소된다.

오해를 피하기 위해 설명하겠다. 성장 강박은 대출금이 변제되어야 하기 때문에 발생한다. 무시무시한 산출 결과를 내놓길 좋아하는 많은 성장비판론자가 생각하듯이 이자는 문제가 아니다. "이자율이 연 1퍼센트인 경우 어떤 금액이든 72년 만에 2배가 된다. 연 3퍼센트라면 24년, 연 6퍼센트라면 12년, 연 12퍼센트라면 6년, 연 24퍼센트라면 3년 만에 2배가 된다."[19] 이자 시스템 비판론자 마르그리트 케네디는 이러한 이자의 나선 구조가 병적인 성장

---

* 이론상 한 국가 내의 총수입과 총지출은 같다. 누군가의 지출이 누군가의 수입이 되기 때문이다. 따라서 총수입이 총지출보다 많아지려면 외부 유입 자금이 필요하다.

강박을 일으킨다고 추측한다. "은행이 요구하는 이자율은 우리 경제에서 가장 중요한 가격이다. 즉, 돈의 가격이다. 이자율은 우리가 무엇을 '수익성 있다'고 여길 것인지에 대한 최저 기준을 설정한다. 그래서 경제는 선택권이 없다. 오직 기하급수적 성장을 추구해야 한다."[20]

기업은 대출 이자를 갚기 위해 꼭 이윤을 얻어야 한다. 따라서 이자가 성장의 실제 촉진제라는 것이다. 언뜻 보면 이 논리는 이론의 여지가 없다는 인상을 준다. 그러나 이 관점은 지나치게 개별 기업의 영역에 머물러 경제 전반을 놓치고 있다. 기업경제와 거시경제를 혼동하고 있는 것이다.

개별 기업의 입장에서 대출 이자는 지출이지만, 이 돈은 은행에 비축되지 않는다. 이자는 주로 금융 기관의 지출을 충당하는 데 사용된다. 은행은 이자로 직원들에게 급여를 지급하거나 컴퓨터나 건물 등과 관련한 인프라를 구축하는 데 쓴다. 고객 상담원의 임금으로 지급되면 상담원은 이 돈으로 집세를 내거나 술집에 가서 놀거나 휴가를 떠난다. 이자는 대출을 받은 기업에게는 지출이지만 다른 기업들에게는 수익이다. 경제 전반에서 보면 이자는 다시 경제 안으로 들어가 스스로를 충당하는 것이다.[21]

지속적인 성장을 부추기는 요소가 하나 더 있다. 바로 많은 업계에서 이루어지는 무차별 경쟁이다. 기업은 더 적은 인력으로 더 많은 상품을 생산하고, 경쟁업체에 먹히거나 밀리지 않기 위해 끊임없이 새 기계에 투자한다. 이러한 기술적 진보는 꾸준히 일자리를 없앤다. 그럼에도 대량 실업 사태는 벌어지지 않는데, 경제가 성장하는 동시에 새로운 일자리도 창출되기 때문이다.

자본주의는 광고에서 암시하는 이미지와 다르게 작동한다. 새로운 상품을 소비함으로써 우리의 욕구를 충족시키는 것이 목적이 아니다. 상품은 더 높은 목표를 달성하기 위한 보조 수단일 뿐이다. 최종 목표는 일자리다. 우리는 일하기 위해 일한다. 일자리를 가진 자만이 소득과 안정, 사회적 인정을 얻는다.

미국의 경제학자 존 케네스 갤브레이스는 이미 1958년에 특이한 현상을 지적했다. 경제 위기일 때는 공장 가동률이 낮아 제품이 많이 생산되지 않아도 유감스러워하는 사람이 없다. 줄어드는 제품량이 중요한 게 아니다. 갑자기 자동차가 덜 생산된다고 고통받는 사람은 없다. 대신 경제 위기로 일자리가 사라져 고통받을 뿐이다.[22] 우리는 소비로 인해 죽어간다고 한다. 하지만 이는 잘못된 인식이다. 사실 우리는 생산 때문에 죽어가고 있다. 공동의 목표는 완전 소비가 아니라 완전 고용이다.

그럼에도 상당수의 자본주의 비판론자들은 성장 강박을 '이데올로기적 구조' 혹은 '집단적 신화'라고 여길 뿐이다.[23] 왜냐하면 '경제 성장'은 1950년대가 되어서야 등장한 개념이며,[24] 이전에는 '부', '진보', '발전' 등 다른 단어가 사용되었기 때문이다. 하지만 이러한 언어학적 관찰이 맞다 해도, 사람들이 성장에 관심을 갖기 시작한 것을 단순히 편의상 만들어진 이야기라고 치부할 수는 없다. 오히려 정치권은 뒤늦게 경제적 현실을 인식했다. 1929년에 시작된 세계경제대공황으로 수백만 명이 극심한 빈곤으로 내몰리자 향후 이런 경제 붕괴를 피하고자 했다. 성장 강박은 현실이지 '신화'가 아니다.

하지만 이러한 성장은 쉽게 측정할 수 있는 게 아니다. 핵심

경제 지표인 GDP도 여러 약점을 지녔다. '가정주부의 역설'은 유명하면서 악명 높은 예다. 기업인이 가사도우미를 고용하면 가사도우미의 급여가 GDP에 포함된다. 그런데 이 기업인이 가사도우미와 결혼하면 이제 가사도우미는 무보수로 청소를 하게 되기에 GDP가 감소한다. 반대로, 예전에는 무보수로 처리되었던 활동이 이윤 추구 행위로 바뀌면 공식적인 GDP도 높아진다. 과거에는 아이를 돌보고, 가족을 챙기고, 식사를 차리는 일은 여자들 몫이었다. 하지만 지금은 어린이집, 요양원, 배달 업체 등이 이런 일을 담당하고, 여기에서 발생한 매출은 전부 GDP에 반영된다.

GDP는 현금 흐름에만 집중하기 때문에 맹목적이고, 산출 결과가 냉소적인 느낌을 주는 경우가 적지 않다. 교도소 설립이나 심지어 사고 희생자가 병원에서 치료를 받는 행위도 '성장'으로 간주된다. 2021년에 일어난 아르강 대홍수 피해도 독일 경제에 긍정적인 영향을 끼칠 것으로 여겨졌다. 파괴된 건물들이 재건되어야 하기 때문이다.

GDP는 순수 소비재를 다룰 때 가장 잘 작동한다. 하지만 거대 IT 기업들에게서 나타나듯이 특이한 왜곡 현상도 발생한다. 잘 알다시피 페이스북은 사용자들이 고양이 사진부터 정치 뉴스에 이르기까지 온갖 소식과 사진을 공유하고 교류할 수 있다는 점에서 인기가 많고 막강한 영향력을 지닌다. 하지만 이런 사회적 부가 가치는 GDP에 포함되지 않는다. 대신 페이스북이 창출하는 광고 수입만 GDP에 반영된다. 이탈리아계 미국인 경제학자 마리아나 마추카토는 왜 광고가 실질 국민총생산GNP에 기여하는 것으로 여겨지는지 명확하지 않다고 서술한다.[25] 궁극적으로 이용자들은 광고

는 '미래를 위한 금요일' 운동 동지를 '기후 세대'라고 부른다.[11]

많은 청소년이 자신들에게 미래가 없다고 생각한다. 최근에 노이바우어는 13세 여학생에게서 이런 질문을 받았다. "그냥 저는 당신이 아이를 갖는 것을 상상할 수 있는지 묻고 싶어요" 노이바우어의 말문이 잠시 막히는, 종종 듣는 질문이다.[12] 미국의 한 시위에서 어떤 소녀는 이런 문구가 적힌 피켓을 들고 있었다. "여러분은 노쇠해서 죽겠지만 저는 기후 변화로 죽게 될 거예요."[13] 스위스의 기후활동가 그레타 툰베리는 아이들의 두려움이 어른들의 두려움이 되어야 한다고 생각한다. 2019년 다보스 세계경제포럼에서 그는 가장 영향력 있는 정치인과 경영자 들 앞에서 강력하게 선포했다. "저는 여러분이 희망을 갖기를 원하지 않습니다. 저는 여러분이 공포에 사로잡히길 원합니다. 제가 느끼는 두려움을 여러분도 느끼길 원합니다. 매일. 그래서 행동하길 원합니다. 여러분이 집에 불이 났을 때처럼 행동하길 원합니다. 실제로 그런 상황이니까요."[14] 하지만 기후 위기에 대해 더 이상 설득할 필요 없이 많은 성인이 오래전부터 비관적인 생각을 갖고 있다. 전 세계의 설문 조사 응답자의 절반가량이 인류는 기후 변화 때문에 멸종할 것이라고 답했다.[15]

죽음에 대한 이러한 두려움은 이해 가능하지만, 앞날은 여전히 정확히 예측하기 어렵다. 기후 위기는 복합적이고, 그 영향은 종종 수십 년, 수백 년, 심지어 수천 년 후에야 나타난다. 기후 위기는 지구의 모든 지역과 모든 인간에게 동일하게 영향을 끼치지 않는다. 미국의 작가 조너선 사프란 포어는 이렇게 평했다. "부유한 나라에서 다채로운 경관과 발달된 기술을 누리며 사는 우리 중 다수는 기후 자살을 견뎌낼 것이라는 점은 진실이다. 하지만 영구적인 상처를 입게 될 것이다."[16]

과학계와 언론은 슬금슬금 다가오는 재난에 관한 정보를 제대로 전하는 데 종종 실패했다. 심하게 과장하는 경우도 드물지 않다. 독일 시사지 《슈피겔Der Spiegel》은 1986년 8월에 처음으로 기후 위기 이미지를 표지에 실었다. 쾰른 성당의 절반이 망망대해에 잠겨 있는 사진이었다. 종탑과 지붕만 수면 위로 우뚝 솟아 있고 도시 전체가 물에 잠겼다. 《슈피겔》은 2040년에 대한 어두운 전망을 내놓았다. "함부르크, 홍콩, 런던, 카이로, 코펜하겐, 로마마저 물로 뒤덮이고 바다가 집어삼킨다. 잉글랜드, 스코틀랜드, 웨일스는 각각 섬이 되어 군도를 형성한다… 북극과 남극의 빙하가 점점 더 빨리 녹아 바다가 육지를 완전히 집어삼킨다. 덴마크, 네덜란드, 벨기에, 방글라데시는 더 이상 존재하지 않는다. 미국은 물론이고 중국과 북유럽의 광대한 해안 지역도 물이 덮친다."[17]

이 예측은 터무니없다. 2040년에도 함부르크는 그대로 남아 있을 것이고, 현재 면적의 4분의 1이 이미 해수면 아래에 있는 네덜란드도 20년 후에 여전히 존재할 것이다. 네덜란드인들은 남은 21세기에 대해서도 태연하다. 네덜란드 왕립기상연구소는 금세기에 해수면이 1.2미터 상승할 것으로 예측하는데, 기존 댐으로도 충분히 대처할 수 있다고 한다.[18]

"해수면 상승을 두려워할 필요는 없습니다." 기후연구원 앤더스 레버만도 인정했다.[19] 중요한 건 현재가 아닌 먼 미래다. 지금 우리는 뉴올리언스, 함부르크, 도쿄가 750년 후에도 그대로 남아 있을지, 바다가 집어삼킬지 결정하고 있는 셈이다. 기후 위기는 느릿느릿 전개된다. 인류가 즉시 온실가스 배출을 중단해도 해수면은 2미터 이상 상승할 것이다. 이산화탄소가 1,000년 이상 대기에 남아 지구를 점점 뜨겁게 달굴 예정이기 때문이다.

지구 기온이 0.1도 상승할 때마다 더 많은 위험이 생긴다. 바닷물이 불어나서 더 많은 공간이 필요해진다. 지금까지 바다는 온실가스로 인해 발생하는 열 에너지의 93퍼센트를 흡수해왔다. "지난 25년간 우리는 바다에 36억 개의 히로시마 원자 폭탄을 투입해왔습니다."[20] 중국의 기후연구자 리징 쳉이 산출했듯이 말 그대로 상상조차 할 수 없는 에너지량이다. 1초마다 히로시마 원자 폭탄 약 4개를 바다에 방출한 것이다.

지구가 점점 더워지기에 고산 지대의 빙하는 물론이고 그린란드와 남극 일부 지역의 빙하도 녹고 있다. 핵심적인 티핑 포인트에 거의 도달한 상태. 지구 기온이 2도 더 상승하면 그린란드의 얼음층을 더 이상 살릴 수 없다. 지금 얼음층의 두께는 약 3천 미터지만, 일단 녹기 시작하면 얇아지는 표면이 점점 더 낮고 따뜻한 고도에 위치하게 된다. 그러면 얼음층은 더 빨리 녹는다.[21]

그린란드의 빙하만 녹아도 해수면이 7미터가량 상승할 것이다. 그런데 더 심각한 일도 벌어질 수 있다. 화석 연료를 무제한 연소하면 남극 일부가 바다로 무너져 내려 장기적으로 해수면이 10미터 이상 상승할지도 모른다. 지금까지 10억 명 이상을 먹여 살린 아시아의 비옥한 농경지가 주로 가라앉을 것이다. "만약 한 나라가 국토의 10퍼센트를 내놓으라고 다른 나라를 위협하면 전쟁이 일어나죠." 기후연구원 앤더스 레버만은 말한다. "지구 온난화의 경우도 마찬가지입니다. 땅 일부를 바다에 넘겨야 한다는 사실을 어느 나라도 확실히 깨닫지 못하고 있어요."[22]

해수면은 거의 눈에 띄지 않게 매년 약 3.4밀리미터씩 상승하는 반면,[23] 다른 기후 재난들은 훨씬 더 두드러진다. 특히 폭염과 가뭄이 증가하고 있다. 진정한 기후 보호가 이루어지지 않는다면 2070년에는 약 35억 명이 평균 기온이 29도가 넘는 지역에서 살게 될 것이다. 현재 이렇게 뜨거운 곳은 전 세계 육지의 0.8퍼센트에 불과하며 주로 사하라 지역이다. 50년 후면 아프리카와 아마존의 많은 지역은 거주 불가능하게 되고, 중동은 물론이고 인도, 파키스탄, 태국, 인도네시아, 호주 일부 지역도 너무 뜨거워서 인간이 살기 어려워질 것이다.[24]

현재로서는 이런 최악의 시나리오의 실현 가능성은 낮아 보이는데, 많은 국가가 온실가스 감축을 약속했기 때문이다. 따라서 현재 일반적인 기후 모델은 2050년까지 지구의 기온이 '겨우' 2도, 2100년까지 최소 3도 상승할 것이라고 가정한다.[25] 하지만 이런 예측도 충격적이다. 앞으로 여전히 다양한 티핑 포인트에 도달하게 될 것이며 환경 붕괴는 저절로 가속화할 테다. 한 가지 예를 들겠다. 이제부터 아마존에서 더 이상 나무가 벌목되지 않더라도 아마존의 열대우림은 초원화되고 사바나로 변할 수 있다. 기온이 상승하면, 숲에서 자체적으로 비를 생성해온 물의 순환이 붕괴될 것이기 때문이다. 아마존은 더 이상 이산화탄소를 흡수하지 않고 엄청난 양의 온실가스를 배출할 것이다.[26]

날씨가 더워질수록 옥수수, 쌀, 콩, 밀의 주요 재배지에서 한꺼번에 가뭄이 발생할 위험도 있다. 그로 인한 영향이 얼마나 파괴적일지는 2010년과 2011년의 경험을 통해 짐작해볼 수 있다. 당시 러시아는 폭염에 시달렸다. 건조한 날씨와 대형 화재로 밀 수확량의 약 30퍼센트가 사라지자 러시아 정부는 곡물 수출을 금지했다. 러시아는 세계 최대의 곡물 수출국이기에 전 세계의 밀 가격이 폭등했다. 얼마 후 아프리카와 중동에서는 매일 끼니조차 챙겨 먹기 어려울 만큼 밀이 부족해져서 소요 사태가 일어났다.[27]

하지만 가장 큰 위협은 모든 위험을 알 수 없다는 점이다. 이미 예상보다 심각한 상황이 여러 차례 발생했다.[28] 2019년 여름, 기후연구자들은 충격적인 사실을 발견했다. 바로 캐나다 북극 몇몇 지역의 영구 동토가 2090년에 진행되리라 예상되었던 속도로 이미 녹고 있다는 사실이었다. 또 하나의 위험한 티핑 포인트가 70년이나 일찍 찾아온 것이다. 영구 동토에는 현재 대기에 포함된 이산화탄소 양보다 2배나 많은 탄소가 저장되어 있다. 영구 동토가 녹으면 수십억 톤의 이산화탄소와 메탄이 방출되는 것이다.[29]

메탄은 치명적이다. 이산화탄소가 대기 중에 1,000년 이상 잔류하는 반면, 메탄은 대기 중에 평균 12.4년 머물러 있다가 분해된다. 하지만 메탄의 온실 효과는 이산화탄소보다 25배 강력해서 이 짧은 생애 동안 엄청난 피해를 일으킨다. 유감스럽게도 영구 동토가 녹는 현상은 더 이상 막을 길이 없다. 포츠담 기후영향연구소의 연구원 슈테판 람스토르프는 "메탄은 앞으로 수세기 동안 증가하며 더 이상 통제가 불가능한 온실가스 원천이 될 것"이라고 체념한 듯이 설명했다.[30]

2021년 미국 서부 해안에서 발생했던 열돔 현상도 전혀 예측하지 못했던 일이다. 캐나다의 리턴이라는 소도시에서는 49.6도라는 전례 없는 기온이 측정되었다. 사막에서나 겪을 법한 고온이 갑자기 추운 북쪽 지방에 나타난 것이다. 얼마 후 대형 산불이 났고 리턴도 잿더미가 되었다. 추운 지역에 사는 사람들은 적도에서 아주 멀리 떨어져 있다는 이유로 전 세계적 기온 상승이 자신들에게 영향을 미치지 않을 거라 오랫동안 믿었다. 하지만 기후는 선형적으로 변하며 작은 변화가 생겨도 그 영향은 미미할 거라는 믿음은 착각으로 드러났다. 기후는 복잡한 체계다. 아주 사소한 변화가 엄청난 피해를 남길 수 있다. 캐나다의 폭염으로 기후연구자들은 자신들의 모델이 아직 얼마나 불완전한지 확실히 깨달았다.[31]

    게다가 기본 데이터를 얼마나 신뢰할 수 있는지도 전혀 확실하지 않다. 잘 알다시피 기후 변화는 온실가스가 얼마나 많이 배출되는지에 좌우된다. 그러나 온실가스 배출량은 정밀하게 측정 가능한 게 아니라서 어림잡아야 한다. 공식적으로 인류는 매년 온실가스 500억 톤을 배출하고 있지만 실제로는 80~130억 톤 정도 더 많을 수도 있기에, 기후 붕괴를 막을 시간이 훨씬 조금 남았을지도 모른다.[32]

    그래서 예측이 어렵다. 현재의 추정치에 따르면 2050년에 함부르크는 적어도 현재 스페인의 팜플로나만큼 따뜻해질 예상이다. 베를린과 하노버는 툴루즈와 비슷해지고, 뒤셀도르프는 크로아티아 서부 리예카, 쾰른과 베른은 산마리노, 뮌헨은 밀라노, 비스바덴은 루가노, 자르브뤼켄은 프랑스의 몽텔리마르만큼 따뜻해질 것이다. 빈은 북마케도니아의 스코페만큼 더워질 수 있다.[33]

    이런 새로운 폭염 기록들은 처음에는 그다지 극적으로 들리지 않고 반갑게 느껴지기도 한다. 해마다 독일인 관광객 수백만 명이 리비에라나 크로아티아의 해안에서 뜨거운 햇볕을 즐기기 위해 남부로 여행을 떠나기 때문이다. 미래에는 이런 긴 여행 시간을 절약하여 발트해의 '아드리아'를 즐기게 될지도 모른다. 하지만 그렇게 아름다운 경험이지만은 않을 것이다. 2050년의 변화된 기온 역시 일시적인 것에 불과하며, 우리가 기후를 보호하기 위한 노력을 기울이지 않는다면 기온은 계속 무자비하게 상승할 것이다.

설령 기후 변화를 성공적으로 막아낸다고 할지라도 독일은 많이 변한다. 비가 부족해서 땅이 건조해질 것이다. 독일이 사막화되지는 않겠지만 특히 동독 지역은 초원 지대와 비슷해질 수 있다.[34] 강수량을 명확하게 예측할 수는 없지만[35] 여름은 더 건조해지고 겨울은 더 습해질 것이다. 연 강우량의 총합에는 큰 변화가 없겠지만,[36] 식물은 특히 여름에 물을 더 필요로 하기에 이는 그다지 도움이 되지 않는다. 또, 기온이 상승하면 더 많은 수분이 증발하므로 물 부족 현상이 더 심각해질 테다.

가뭄도 잦아질 것이다. 2018년 여름, 중부 유럽에는 몇 달 동안 비가 거의 내리지 않았고 기온은 평균치보다 3도 높았다.[37] 이렇게 건조한 날씨는 지금까지 존재한 적이 없었지만, 2050년에는 일상적인 일이 되어 2년에 한 번 이런 가뭄이 발생할 것이라고 한다. 현재 경작지의 약 3퍼센트만 관개용수를 공급받고 있는데, 20년 후에는 모든 경작지의 3분의 1에 인공적으로 물을 대야 할 것이다. 하지만 건조한 지역에서는 이미 지하수가 부족하다. "우리는 지금까지 겪어보지 못한 이용 갈등에 휘말릴 것이다." 수문학자 디트리히 보르하르트는 이렇게 예측했다.[38]

비가 내리는 양상도 변하고 있다. 지금까지 독일이나 오스트리아는 대체로 규칙적으로 떨어지는 약한 비에 익숙했지만, 더 따뜻한 공기는 더 많은 물을 저장할 수 있기에 앞으로는 주로 폭우가 쏟아질 것이다. 독일의 저널리스트이자 작가 볼프강 뷔셔는 이렇게 쏟아지는 폭우가 얼마나 폭력적으로 느껴질 수 있는지 묘사했다. "거세게 들려오던 소리는 바로 빗소리였다. 이제 비가 내 머리 위로 쏟아졌다. 여느 때와는 다른 세찬 비였다. 첫 빗방울이 메마른 땅을, 너도밤나무를 마구 때렸고 몇 방울은 나를 쳤다. 어린 시절 우리가 쏘았던 새총 탄알처럼 느껴졌다."[39]

2021년 7월, 독일의 노르트라인베스트팔렌주와 라인란트팔츠주의 일부 지역에서 24시간 동안 1제곱미터당 최대 150리터의 비가 쏟아졌다. 아르강이나 에르프트강 같은 작은 강들의 물이 수 미터 높이로 불어나 계곡과 마을이 초토화되었다. 이 홍수로 184명이 목숨을 잃었고 재산 피해는 300억 유로에 달하는 것으로 추산된다. 과거라면 이런 재난은 기껏해야 천 년에 한 번 발생했겠지만, 이제는 언제든 되풀이될 수 있다.

숲의 미래도 불확실하다. 2018년의 여름 가뭄, 2019년의 폭염, 2020년의 가뭄으로 독일 나무의 2.5퍼센트가 사라졌는데, 독일의 자를란트주보다 넓은 숲이 사라진 셈이다. 서늘하고 습한 기후가 필요한 가문비나무가 가장 심한 피해를 입었다. '산림업의 밥줄'이라 불리는 이 나무는 빨리 자라고 줄기가 아주 곧아서 숲 소유주들에게 특히 인기가 많다. 그러나 이제 가문비나무만 재배하는 삼림은 그다지 많지 않다. 가문비나무들이 폭풍우에 쓰러지고 산불에 타고, 특히 나무좀에 갉아먹혀 많이 사라졌기 때문이다. 이 해충은 항상 우리와 함께 살아왔지만, 건강한 가문비나무는 나무좀이 알을 낳으려는 통로에 송진을 분출해 천적을 물리쳐왔다. 암컷

나무좀이 철마다 알을 낳아서 부화하는 새끼의 수는 무려 10만 마리에 달하는데, 더위와 가뭄으로 가문비나무가 약해지면 나무좀을 막아낼 수 없다.[40] 가문비나무의 죽음은 이미 정해진 셈이다.

가문비나무는 애초에 잘못된 입지에 식수되는 경우가 많지만, 수종의 특성에 맞는 땅에 심은 나무들도 '건조 스트레스'로 죽곤 한다. 삼림 보고서의 평가에 따르면 너도밤나무의 11퍼센트만 '수관이 성기지 않다.' 게다가 거의 모든 수종이 해충의 습격을 받는 중인데 거의 방어하지 못하고 있다. 너도밤나무 줄기에서는 붉은빛 '너도밤나무 점액 유출' 현상이 나타나고, 물푸레나무는 가지마름병으로 죽어가고, 개버즘단풍나무는 나무껍질이 거무튀튀하게 변하는 세균성 식물병, 참나무는 신종 흰가루병에 시달린다. 가시칠엽수에게는 슈도모나스균이 덤벼들고, 야생 과실수는 세균성 불마름병의 위협을 받으며, 오리나무는 난균류의 공격을 받는다.[41] 자작나무와 낙엽송은 특별한 천적이 없는 데도 기온이 높아져 말라 죽고 있다.

독일과 스위스 국토의 3분의 1이 숲으로 뒤덮여 있고, 오스트리아는 무려 47퍼센트에 달한다. 아직 산림 관계자 대부분은 가뭄에 더 잘 버티는 종들이 살아남을 것이기에 숲이 생존하고 재생할 수 있다는 낙관적인 입장을 취한다. "예를 들어, 너도밤나무가 말라 죽으면 서어나무와 피나무가 자랍니다." 생물학자 피에르 이비쉬는 이렇게 관찰했다. "자연은 종종 인간보다 더 현명한 결정을 내리지요."[42] 하지만 숲이 재생 능력을 갖추려면 기후 변화가 멈춰야 한다. 기온이 계속 올라가면 모든 나무에 과부하가 걸린다. "스트레스가 너무 심해지면 1년생 식물이나 초본류, 관목류가 유리해

집니다." 이비쉬는 말한다. "최악의 경우 주로 화본 식물이 자라는 삼림 스텝forest steppe*이 탄생할 수도 있습니다."

숲의 나무만 위협을 받는 게 아니라 과수 재배 농가들도 기후 변화를 두려워하고 있다. 겨울이 따뜻해지니까 유충이 더 이상 죽지 않아서 한때 대수롭지 않게 여겼던 해충들이 기승을 부린다. 사과는 코들링나방의 습격을 받고, 체리는 유럽양벚과실파리에게 좀먹힌다. 하지만 아직까지는 대체할 수 있는 과일나무가 없다. 기후 변화에도 불구하고 독일의 봄에는 서리가 내리기 때문에 지중해 지역의 과수종은 적합하지 않다.

기후 붕괴는 중부 유럽에 급격한 변화를 가져올 테지만 모든 생물이 멸종하지는 않으리라. 날씨가 덥고 건조해져서 오래된 숲들이 사라지고 농경은 어려워질 것이다. 하지만 유럽인이 굶어 죽을 지경에 처하지는 않을 테다. 그래서 유럽에는 일종의 폐쇄적인 '벙커 정서'가 확산될 수 있다. 국경에 빗장을 걸고, 오직 자신만 돌보며, 기후 재난 때문에 지구의 다른 지역들은 사람이 살 수 없는 곳이 되어간다는 사실을 애써 무시하는 것이다.

이런 이기주의적인 낌새는 비도덕적일뿐만 아니라 위험하다. 독일이나 오스트리아가 비교적 큰 피해를 입지 않고 모면할 수 있으리라는 건 그저 예상에 불과하다. 기후는 예측 불가능한 것이며 잠깐 사이에 완전히 뒤집힐 수 있다. 1만 2,700년 전에 중부 유럽에서 일어났던 사건은 이에 대한 경고다. 불과 20년만에 기온이 갑자기 뚝 떨어져서 온난한 기후가 툰드라 기후로 바뀌었다.[43] 그

---

* 숲과 초원이 섞여 있는 지대로, 중위도와 고위도의 적당히 건조한 곳에 위치한다.

때는 지금처럼 날씨가 더워진 게 아니라 추워졌지만, 메커니즘은 동일하다. 몇 가지 티핑 포인트만으로 전 세계 기후가 완전히 뒤바뀔 수 있다. 동식물은 이런 급격한 변화에 적응할 시간이 없을 것이다. 그리고 인간은 긴 먹이 사슬의 최상위 포식자이며 다른 모든 생물이 죽는다면 살아남을 수 없다.

지속적인 성장은 자연과 환경을 파괴하지만, 자본주의가 안정적으로 유지되려면 바로 이러한 성장이 필수적이라는 것이 딜레마다. 그러나 경제와 생태계가 서로 화합할 수 있는 방책이 있다는 모양이다. 바로 녹색성장이다. 이 개념은 경제 시스템은 그대로 놔둔 채 기술을 발전하게 하는 개념이다. 더 이상 화석 연료 에너지가 아니라, 특히 풍력과 태양광 같은 에너지를 이용해야 한다는 것이다.

녹색성장이라는 아이디어는 전 세계의 모든 행동 계획에 등장한다. UN, 세계은행, EU, 독일의 정당 등도 이와 관련한 계획을 발표했다. 2021년 6월, 독일 하원은 2045년까지 기후 중립을 달성해야 한다고 결의했다. 지속 가능한 경제가 어떤 형태를 취해야 하는지에 관한 아이디어도 부족하지 않다. 이미 태양광 패널, 풍력 터빈, 전기차, 열 펌프 등이 실제로 활용되고 있다. 이산화탄소 포집, 녹색수소, 녹색강철, 녹색시멘트, E-케로신 등은 시험 단계에 있다. 한편 일각에서는 원자력 발전의 부활을 적극 주장하고 있다.

유감스럽게도 이러한 긴 목록은 다양한 기술적 가능성만 보여줄 뿐, 현실적인 해결 방안을 제시하지 못한다. 앞으로 각 제안을 구체적으로 분석해보겠다. 그 분석 결과를 미리 밝히자면, 녹색성장은 없다. 이는 망상일 뿐이다.

2부 녹색성장은 존재하지 않는다

9장
결코 사라지지 않는 이산화탄소

녹색성장은 마치 케이크를 실컷 먹어도 살이 찌지 않는 꿈을 떠올리게 한다. 삶에 한계란 없어야 한다. 이미 신체를 비만 위험에서 벗어나게 하는 아주 과격한 방식도 발명되었다. 바로 지방을 흡입하는 것이다. 이와 유사하게, 기후 보호 분야에는 단순히 대기권의 온실가스를 제거하면 된다는 아이디어가 있다.

전문 용어로 '격리sequestration'라고 불리는 이 개념은 이산화탄소를 포집하여 지하 저장소에 보관하는 것을 의미한다. 이 방법은 인류에게 일종의 재보험을 제공해준다는 탁월한 장점을 지녔다. 이산화탄소 배출 방지에 지나치게 많은 노력이나 비용이 든다면 그냥 대기에서 이산화탄소를 흡수해버리자는 것이다. 유감스럽게도 아이디어는 정말 훌륭하지만 실행에 옮기기 어렵다. 실행 가능하다고 해도 소량만 격리할 수 있다. 이러한 필터 기술은 엄청난 에너지를 소모하는 데다 아직 기술적으로 완숙한 단계에 이르지 못했다.

이산화탄소는 위험한 기체다. 기후에 엄청난 피해를 일으키지만 대기에는 극소량만 존재한다. 현재 1백만 개의 공기 입자에는 이산화탄소 분자 약 420개가 존재한다.[1] 그래서 이산화탄소 분자 하나를 걸러내려면 우선 아주 많은 공기를 여과해야 하는데, 이 과정에 어마어마한 양의 에너지가 필요하다.

그럼에도 이산화탄소를 포집하기 위한 다양한 방안이 연구되고 있다. 당연히 지금처럼 계속 화력 발전소를 가동하면서 굴뚝에서 나오는 이산화탄소를 바로 포집해 저장하는 방법이 특히 매력적으로 여겨진다. 석탄 화력 발전소의 경우, 이산화탄소가 배출되는 가스의 14퍼센트를 차지하며 매우 고농축 상태로 존재하고 있다.[2] 그래서 바로 포집하기에 아주 유리한 조건이지만 그럼에도 과도하게 많은 에너지가 투입된다. 이산화탄소를 격리하려면 발전소의 석탄 소비량이 약 30퍼센트 증가한다. 또 이산화탄소를 파이프라인을 통해 최종 처리장으로 보낸 뒤 지하로 주입해야 하는데, 이때 10퍼센트의 에너지가 추가로 소비된다.[3] 게다가 아직 필터 기술의 효과가 뛰어나지 않아서 이산화탄소의 약 60~70퍼센트만 포집할 수 있다.[4]

화력 발전소를 계속 가동하려면 이산화탄소 격리 기술은 선택지에서 제외되어야 한다. 배기가스에서 여과되는 이산화탄소와 거의 동일한 양의 이산화탄소가 다시 생성되기에 결과는 비용이 많이 드는 제로섬 게임일 뿐이다.[5] 이런 깨달음은 씁쓸하다. 막대한 연구 비용이 투입되지 않은 것도 아니기 때문이다.[6] 정부와 석유 기업은 이산화탄소도 일반 폐기물처럼 여과해 안전하게 폐기할 수 있으리라는 희망을 붙들고 거액을 쏟아부었다. 하지만 2018년 독일 정부가 인정했듯이 이러한 희망도 사라졌다. 격리 기술 개발은 "2000년대의 계획보다 훨씬 더디게 진척되었다."[7]

독일은 석탄, 가스, 석유 사용을 중단하고 친환경 재생에너지를 써야만 기후 중립국이 될 수 있다. 그럼에도 '격리'는 장기간 중요한 주제로 남는다. 인류가 기온 상승폭을 1.5도 아래로 제한하는 데 실패할 가능성이 높기 때문이다. 이 1.5도 문턱 너머에 위험한 티핑 포인트들이 기다리고 있으므로 언젠가 이산화탄소 배출 저감에 성공하기만 한다면 도움이 될 것이다. 기후변화에관한정부간협의체IPCC는 이산화탄소를 대기 중에서 직접 포집해 걸러내는 필터 기술이 수익성을 갖출 날이 오리라 확신한다.[8]

이 기술은 직접공기포집DAC 방식이라 불린다. 즉, 1백만 개의 공기 입자 속에 존재하는 420개의 이산화탄소 분자를 찾아내는 것이다. 소위 진공 청소기 원리와 비슷한데, 거대한 여러 팬으로 공기를 빨아들인 뒤 이산화탄소만 걸러내는 막이나 용매를 통과하게 한다. 스위스의 주식회사 클라임웍스에이지Climeworks AG는 이미 이런 설비를 제공하고 있으며 2017년에 첫 직접공기포집 공장을 취리히의 힌빌에 건설했다. 하지만 이러한 분산형 필터 기술은 엄청난 에너지를 소모할 수밖에 없다. 대기 중 온실가스 농도 자체가 아주 낮기 때문이다.[9]

필터 기술에만 결함이 있는 게 아니다. 포집한 이산화탄소를 어디에 보관할지에 관한 문제도 아직 확실하게 해결되지 않았다. 그럴듯한 아이디어 중 하나는 액화된 온실가스를 고갈된 유전油田이나 가스전, 탄광으로 보내는 것이다. 그러니까 탄소를 원래 채굴되었던 장소로 다시 이동시키는 셈이다. 이렇게 순환이 이루어질

9장 결코 사라지지 않는 이산화탄소

수 있다면 완벽할 테다. 이 방안은 아주 매력적이지만 이산화탄소가 석유, 가스, 석탄보다 훨씬 많은 공간을 차지하기에 실패할 수밖에 없다. 각 원료를 태울 때 생기는 이산화탄소의 부피는 원료보다 커서, 석탄을 태울 때는 최대 5.4배, 갈탄의 경우 1.9배, 원유의 경우 4.6배 더 커진다.[10]

따라서 기존 매장지들만으로 온실가스를 수용하기에는 턱없이 부족하다. 게다가 대다수 수평갱에는 틈새가 많아 이산화탄소를 저장할 수 없다. 갈탄의 경우 대체로 노천 광산에서 채굴된다. 그리고 많은 탄광은 최대한 채굴해내기 위해 곳곳을 굴착한 탓에 마치 스위스 치즈처럼 구멍이 숭숭 뚫려 있다.

기후변화에관한정부간협의체가 산출한 바에 따르면, 기존 석유, 가스, 석탄 매장지에 최대 1,100기가톤의 이산화탄소를 저장할 수 있다.[11] 참고로 1기가톤은 10억 톤이다. 현재 인류는 해마다 50기가톤의 이산화탄소를 배출하는데, 그중 절반가량만 바다, 식물, 토양, 습지에 흡수된다.[12] 따라서 지하 매장지를 저장소로 쓸 경우 겨우 44년만에 소모되며, 심지어 전 세계적으로 매년 에너지 수요가 증가하고 있다는 점은 아예 반영되지 않았다.

그래서 이산화탄소 최종 처리장으로 적합하다고 판단되는, 다른 암반층을 급히 찾고 있다. 특히 염수 대수층은 지질학자들의 환상에 날개를 달아주고 있다. 이 대수층은 땅속 깊은 곳[13]에 있고 염수로 채워져 있다. 염수를 얼마간 퍼낸다면 온실가스를 저장할 자리가 생길 수도 있다. 언뜻 들으면 그럴싸하지만 이 방안도 결코 간단하지 않다. 대수층의 염수는 매우 짜기 때문이다. 이 물을 끌어올린 다음 어디에 둘 것인가? 아무튼 하천으로 흘려보낼 수는 없

는 노릇이다.[14]

　게다가 이산화탄소의 재누출을 계속 막는 것도 쉬운 일이 아니다. 가장 안전한 방법은 이산화탄소를 먼저 물에 용해시킨 다음 탄산수 형태로 대수층에 주입하는 것이다. 이렇게 하면 이산화탄소가 떠오르지 않게 붙잡아둘 수 있다. 이 방법은 신뢰할 수 있지만 물을 저장하기 위해 많은 공간이 필요하다는 단점이 있다. 독일 정부는 "우리가 가진 저장 공간에는 상대적으로 소량의 이산화탄소만 저장할 수 있다"고 평가했다.[15]

　자료에 따르면 대수층이 이산화탄소 저장소로서 매우 유망해 보이지만, 적합한 대수층을 찾기도 어렵다. 독일이 좋은 사례다. 이론적으로는 대수층에 93억 톤의 이산화탄소를 저장할 수 있다.[16] 2021년 독일은 7억 6,200만 톤의 이산화탄소를 배출했기에 12년 정도 저장할 수 있는 셈이다.[17] 이러한 대수층은 주로 독일 북부, 북해, 오버바에이른, 뷔르템베르크 동남부에 있다. 하지만 현지 사람들은 자신이 사는 땅의 지하에 이산화탄소를 주입하는 것을 탐탁지 않게 여긴다. 주입된 이산화탄소 때문에 대수층의 압력이 상승하면 그 위의 암반층의 응력이 증가한다. 그런데 암반층은 이미 빈번하게 '손상되거나 변형되어' 구멍이 생겼을 가능성이 있다.[18] 이산화탄소가 다시 새어나간다면 에너지를 써서 포집한 뒤 대수층에 주입하는 의미가 없으리라. 구멍들이 아주 작다 해도 장기적으로는 격리 자체가 완전히 헛일이 될 수 있다.

　게다가 이러한 누출은 치명적인 결말로 이어질 수 있다. 이산화탄소 자체에는 독성이 없다. 하지만 우리는 체내에서 음식물을 연소하며 최종적으로 이산화탄소를 생성한 뒤 밖으로 뿜어낸다. 이 기체가 고농도로 발생하여 산소를 밀어낸다면 위험해진다. 산소보다 무거워서 바람이 없거나 저지대인 곳에서는 지표면 바로 위에 쌓이기 때문이다. 따라서 이산화탄소 저장소CO²-Grab에 누출 현상이 생기면 치명적인 사태가 벌어질 수 있다. 경우에 따라서는 수 미터 높이의 온실가스층이 형성되어 모든 생명체를 없애버릴 수도 있다.[19] 독일 환경 단체들이 끈질기게 투쟁한 결과, 2012년 이후 이산화탄소 격리 조치에 엄격한 제한을 두는 법이 제정되었다. 현재 브란덴부르크주의 케친 등에만 연구 시설을 허용했으며 대규모 저장은 금지하고 있다.[20]

하지만 유럽의 다른 지역들에도 저장소가 있다. 특히 노르웨이는 이웃 국가들이 배출한 이산화탄소를 자국의 해안에서 처리하는 신사업 모델을 추진하고 있다. 전 세계가 탄소 중립을 달성하면 노르웨이는 더 이상 석유와 가스를 팔 수 없으므로 대안이 될 수 있는 자금원을 찾으려고 하는 것이다.

1996년부터 노르웨이는 매년 1백만 톤에 가까운 이산화탄소를 약 800~1,000미터 깊이의 해저에 위치한 슬라이프너Sleipner라는 염수 대수층에 주입해왔다.[21] 하지만 이 저장소에 과연 누출 현상이 전혀 없는지는 아직 입증되지 않았다. 대수층을 지진파로 모니터링한 결과, 주입한 이산화탄소보다 적은 이산화탄소가 감지되었기 때문이다.[22]

그럼에도 노르웨이는 흔들리지 않고 다른 저장소를 개척 중이다. 현재 항구 도시인 베르겐 북부에서 '노던 라이츠Northern Lights'라는 프로젝트가 진행 중인데, 이론적으로는 노르웨이 해안의 저장 용량이 어마어마하다고 한다. 약 8백억 톤에 달하는 이산

화탄소를 저장할 수 있으리라 예상된다. 이는 EU 회원국이 20년 이상 배출하는 양에 맞먹는다.[23]

한편, 대수층이 유일한 선택지는 아니다. 아이슬란드는 이산화탄소를 돌로 변환하는 아이디어를 연구 중이다. 2021년 9월 오르카Orca라는 최초의 시범 시설이 가동에 들어갔다.[24] 이 방안은 매력적이다. 화산섬인 아이슬란드는 면적 대부분이 현무암으로 이루어졌는데, 현무암은 마그네슘, 칼슘, 철을 많이 함유하고 있다. 이산화탄소를 물에 녹인 뒤 지하로 주입하면 현무암과 접촉하여 일종의 백악, 즉 탄산염이 생겨난다. 이런 화학 프로세스에는 2년 정도 걸리며 온실가스는 영원히 화석처럼 굳어져 저장된다.

아이슬란드는 전 세계의 연간 배출량보다 80~200배 많은 이산화탄소를 저장할 수 있다. 게다가 현무암은 세상에서 가장 흔한 암석이다. 그러나 주로 해저에 있고, 독일의 현무암 대량 매장지는 포겔스베르크뿐이다. 하필 이 지역은 프랑크푸르트에 식수를 대량 공급하기 때문에 이산화탄소 저장소로 적합하지 않다.[25]

전 세계에는 이산화탄소를 돌로 바꿀 수 있는 조건을 갖춘 지역이 많다. 다만 유감스럽게도 기술이 준비되지 않았다. 이 기술에는 너무 많은 돈이 들어서 아직은 소규모 시설만 건설되어 있다. 아이슬랜드의 오르카 프로젝트에는 이미 1,500만 유로가 들었지만, 매년 겨우 4천 톤의 이산화탄소만 걸러낼 뿐이다.[26]

현재 인류는 매년 500억 톤의 이산화탄소를 배출한다. 따라서 이 온실가스를 대기에서 제거하려면 오르카 시설이 약 1,250만 개 필요한 셈이다. 이를 위해 현재 오르카 시설에 들어간 비용만큼 돈을 써야 한다면, 필터에만 무려 187조 5천억 유로가 들 것이다.

9장 결코 사라지지 않는 이산화탄소

이런 천문학적인 금액은 조달 불가능하다.

그래서 업계에서는 자본주의의 역사가 반복되길 기대하고 있다. 즉, 기술이 사용될수록 비용이 저렴해지기를. 하지만 이러한 비교에는 결함이 있다. 증기 기관은 즉시 수익을 냈기에 주문량이 꽤 있었고 점점 효율이 개선되었다. 반면 이산화탄소를 걸러내는 기술은 비용이 너무 많이 들어서 상용화되어도 남는 게 없다. 국가의 막대한 재정 지원 없이는 절대 성공할 수 없다. 옥스퍼드대학 연구자들은 이산화탄소 격리 비용이 저렴해질 것이라는 주장에 그다지 낙관적이지 않다. "이 기술이 태어난 지 50년이 지났지만 지금까지 극적인 비용 절감 효과가 없었습니다."[27]

그러니까 '없애버리자'는 방식은 실패했다. 이산화탄소는 단순히 포집해서 제거할 수 있는 게 아니다. 그래서 인류는 화석 연료를 포기하고 친환경 재생에너지를 사용할 수밖에 없다. 하지만 무엇을 기후 중립 행위로 간주할 것인지에 대해서는 여전히 의견이 분분하다. 원자력 발전도 환경 친화적이며 걱정이 필요 없는 미래를 제공하리라고 여기는 나라가 적지 않기 때문이다.

10장
원자력에 대한 오해

현재 많은 독일인이 독일의 원자로 가동 중단이 훌륭한 아이디어 였는지 의심한다. 설문 조사 응답자의 42퍼센트가 탈원전 정책은 실수였다고 답했다.[1] 분위기가 완전히 역전되었다. 원자력 발전소 가동 최종 중단[2]은 쓰나미가 일본의 후쿠시마 원자로를 덮친 후인 2011년 6월에 결정되었다. 당시 독일인의 80퍼센트는 2022년까지 모든 원자력 발전소의 가동을 중단하는 게 옳다고 확신했다.[3]

하지만 기후 위기와 함께 새로운 우선순위가 생겨났다. 원자력은 온실가스를 거의 배출하지 않고[4] 전기를 확실하게 공급하는 장점이 있는 반면, 풍력 터빈과 태양광 패널은 무풍이거나 어두울 때는 전기를 공급하지 못할 수 있다.[5] 게다가 원자로는 사고가 발생하지 않는 한 환경에 끼치는 피해가 적다. 우라늄 채굴은 가스, 석유, 석탄 채굴보다 토양을 훨씬 덜 파괴한다. 에너지 밀도가 1만~1만 6천 배 더 높기 때문이다. 대형 원자력 발전소를 1년간 가동하는 데 필요한 우라늄은 125톤 정도다.

최근 원자력에 대한 관심이 다시 후끈 달아오르기 시작했는데, 이는 핵에너지가 대중과 정당들의 무한한 기대를 불러일으켰던 전후 시기를 연상시킨다. 심지어 독일 정부는 1955년에 원자력부를 설치했고 기독교사회연합CSU 정치인 프란츠 요제프 슈트라우스가 이를 이끌었다.[6] 당시 야당이었던 사회민주당도 전 세계의 "평화와 자유"를 가능하게 할 "새로운 시대가 시작되었다"며 열광했다.[7]

현실은 기대에 못 미쳤다. 원자력 발전 전성기 때도 독일의 상업적 원자로 19기는 전체 에너지 소비량의 13퍼센트밖에 충당하지 못했다.[8] 핵에너지만으로는 절대 독일의 에너지 수요를 충족하지 못한다. 게다가 노후한 원자로들은 굳이 공식적인 가동 중단 결정이 없었더라도 이제는 더 이상 사용 불가능하다. 원자로의 가동 연한은 대개 최소 40년에서 최대 60년이기에 무조건 계속 가동하는 건 위험한 일이다. 노후한 설비 탓에 방사능 누출 사고가 일어날 가능성이 커진다.

따라서 앞으로도 원자력을 계속 사용하려면 원자로를 신설할 준비가 되어 있어야 한다. 하지만 원자력 발전소는 지금까지 수십억 규모의 적자를 내왔기에 에너지 기업들이 국가의 보조금을 받지 않는 한 모험하지는 않을 것이다.[9] 또, 원자로 신설 기간이 점점 늘어나고 있기 때문에 원자로 1기당 적자는 더 커질 것으로 보인다. 2005년에 착공한 핀란드의 원자로 올킬루오토 3호기는 유명한 사례다. 원래 2009년에 가동될 예정이었고 비용은 30억 유로로 추산되었다. 그러나 2022년에야 겨우 원자로를 시범 가동했고 당초 예산보다 4배나 많은 예산이 들었다. 이 모험으로 인해 핀란드

는 더 이상 원자로를 만들지 않을 것이라고 한다.[10]

올킬루오토 3호기는 성공 사례가 될 예정이었다. '유럽 최초의 3세대 가압수형 경수로PWR'*였기 때문이다. 현재 프랑스 플라망빌에 건설 중인 신형 원자로도 같은 유형이다. 원래 2012년에 가동할 예정이었고 비용은 33억 유로로 추산되었다. 그런데 지금까지 투입된 비용만 190억 유로에 달하며 2023년 전까지는 완공이 불가능하다.[11]**

미국도 원자력 발전소 신설 비용이 당초 계획보다 급격히 증가하는 걸 경험했다. 2013년부터 조지아주에 건설 중인 원자로 보글 3호기와 4호기에는 총 140억 달러가 투입될 예정이었다. 하지만 그사이 지출이 증가하여 현재까지 든 비용은 최소 320억 달러로 추산된다. 3호기와 4호기 모두 아직 가동 준비가 되지 않은 상태다.***

원자력 발전소는 유일하게 비용이 꾸준히 증가하는 영역이다. 일반적으로 기술은 더 자주 사용될수록 비용이 감소한다. 그러나 원자력 발전소는 비용이 계속 증가하는 데다 가동 중단 후에 발

---

* 핵 연료를 이용해 냉각재와 감속재인 경수(물)에 고압을 가해 증기를 만든 뒤 그 증기로 터빈을 회전시켜 전기를 생성해내는 방식의 원자로다.

** 플라망빌 3호기는 2024년 12월에 처음 전력망에 연결되었으며, 2025년 여름에 완전 가동을 목표로 했지만 연기되었다. 프랑스전력공사(EDF)는 2025년 가을 말 이전에 완전 가동이 가능할 것이라 발표했다.

*** 보글 3호기는 2023년에, 보글 4호기는 2024년에 상업 운전을 시작했다. 미국은 1979년의 스리마일섬 원자력 발전소 사고 이후로 원자로 신설을 승인하지 않다가 2012년에 약 30년 만에 보글 3, 4호기의 건설을 승인했다. 당초 이 두 원자로는 2016년에 가동할 예정이었다.

생할 비용은 현재 지출되는 비용에 반영되어 있지도 않다.[12] 또, 원자력 발전소의 해체까지는 수십 년이 걸릴 수 있으며 수천 톤에 달하는 방사성 폐기물도 처리해야 한다. 독일에서 이러한 처리 비용의 대부분은 납세자의 몫이다. 독일의 에너지 기업들은 국부 펀드에 일시불로 240억 유로를 납입함으로써 책임에서 벗어났기 때문이다. 사용한 연료봉을 안전하게 저장하는 데 무려 1,760억 유로를 쏟아부어야 하는데도 말이다.[13] 이 엄청난 액수도 조심스럽게 산출한 결과에 불과하다. 지금까지 최종 처리장도 없으며 입지조차 마련되지 않았다.

원자로 신설은 복잡하고 비용이 많이 들기 때문에 전 세계적으로 원자력 발전 분야는 정체 상태에 빠져 있다.[14] 현재 원자력은 전 세계 에너지 소비량의 겨우 5퍼센트만 충당한다.[15] 아주 미미한 수준이다. 따라서 원자력이 화석 연료를 대체하려면 약 1만 5천 기의 원자로가 신설되어야 한다. 하지만 현재 전 세계에 있는 원자로는 약 440기다.[16]

전 세계적으로 원자력 발전에 투자되는 금액이 적기에 신규 원자로가 많이 건설되기를 기대하기는 어렵다. 기껏해야 연간 440억 달러에 불과하다.[17] 이는 엄청나게 큰 금액으로 보일 수 있으나, 2021년 전 세계 에너지 생산에 투자된 자금은 약 8,200억 달러에 달했다. 그중 3,670억 달러가 재생에너지로 흘러들어갔고 나머지는 화력 발전에 투입되었다.[18] 오늘날의 투자가 미래의 에너지를 의미한다. 즉, 이 수치는 국가와 기업이 원자력의 르네상스를 믿지 못한다는 방증이다. 단순히 수지 타산이 맞지 않기 때문이다.

게다가 파국적인 사고가 언제든 발생할 수 있다는 점도 무시하기 어렵다. 원자력의 위험은 무궁무진해서 전 세계의 어떤 보험사도 발생 가능한 모든 결과에 대해 지원하는 보험을 제공하지 않으려고 한다. 후쿠시마 원자력 발전소 사고는 무려 1천억 유로의 손실을 남겼는데, 만약 독일에서 '초대형 원자력 발전소 사고'가 발생한다면 피해액은 무려 6조 유로에 달할 것으로 추산된다.[19]

그럼에도 원자력 발전소 지지자들은 흔들리지 않는다. 이들은 핵 기술이 향상되리라 기대한다. 향후에 전 세계에 소형 원자력 발전소들을 건립하여 에너지를 나눠 생산해내자는 아이디어가 특히 인기를 얻고 있다.[20] 얼핏 들으면 매력적이다. 소형 원자로는 축구 경기장의 2배만 한 크기로, 부품을 표준화하여 컨베이어 벨트에서 대량 생산해낼 수도 있다고 한다. 마침내 원자로도 양산이 가능해져 원자력 전기가 훨씬 저렴해지는 것이다. 억만장자 빌 게이츠는 소형 원자로를 개발하기 위한 회사를 세우기도 했다. 이 소형 원자로는 지하에도 설치 가능하여 테러 공격으로부터 보호할 수 있다고 한다.[21]

지하에 설치하는 소형 원자로라는 아이디어는 초현대적이고 미래 지향적으로 느껴지지만 사실은 아주 오래된 개념이다. 전후에 사람들은 이미 초소형 핵 발전소를 꿈꾸었다. 1956년 독일 사회민주당의 선구적인 사상가였던 레오 브란트는 당원들에게 머지않아 원자로는 상자 하나에 들어갈 만한 크기로 작아지고 비용은 1백만 달러밖에 되지 않으며, 이것으로 온 도시에 전기를 공급할 수 있으리라고 설명했다. 그저 원자로를 땅에 매설한 뒤 "그 위에 자갈을 0.5미터 높이로 덮은 다음, 밖으로 빠져나와 있는 전선을 통해"²² 전력을 공급하면 된다는 것이다. 당시의 주장은 오늘날과 동일했다. 우라늄은 에너지 밀도가 높기에 소량으로도 충분하니 '미니 원자력 발전소'가 가능하다는 것이었다. '상자 속 발전소', 비행기 엔진 추진용 소형 원자로, 심지어 난방용 '베이비 원자로' 같은 아이디어들도 나왔다.²³

잘 알다시피 현실은 달랐다. 소형 원자로가 세워진 적은 한 번도 없으며, 대신 최대 발전 용량이 1,450메가와트인 대형 원자력 발전소들만 건립되었다.²⁴ 원자력 발전에는 특수한 문제가 있기 때문에 대형 발전소가 더 효율적이다. 모든 원자로에서는 맹독성 방사성 폐기물이 발생한다. 소형 원자력 발전소가 전 세계 곳곳에 분산되어 있으면 누가 연료 폐기물을 처리할 것인지, 핵무기화 가능한 농축 우라늄이 누군가의 손에 들어가 악용될 가능성을 어떻게 막을 것인지 등, 다양한 문제 제기가 생겨날 것이다. 게다가 소형 원자력 발전소에서도 환경을 오염시키는 사고가 발생할 수 있다. 어떤 소형 원자력 발전소도 절대적인 안전성을 보장하지 못한다. 그래도 대형 원자력 발전소는 수익으로 막대한 관리 비용을 그나마 감당할 수 있는 반면, 소형 원자로는 그렇게 하기 어렵다. 모든 만일의 사태에 대비해야 한다면, 소형 원자력 발전소는 경제적이지 않다.

첫 건설 프로젝트들은 이러한 회의적인 시각을 뒷받침해준다. 미국의 에너지 기업 누스케일NuScale은 유타주 주민들에게 원자력 전기를 공급하기 위해 소형 원자로 12기를 건립할 예정이었다. 그러나 비용이 42억 달러에서 61억 달러로 폭등하면서 지역의 일부 전력 회사가 이 프로젝트에서 중도 하차했다. 건설 기간도 늘어나서 최초의 소형 원자로는 빨라야 2030년에 가동될 수 있다.[25]

현재 소형 원자로는 전 세계에 딱 2기 있다. 둘 다 러시아산이고 '아카데믹 로모노소프Akademik Lomonosov'*라는 원자력 발전 선박에 탑재되어 있다. 이 원자력 발전 선박은 평범한 배처럼 생겼으며 외딴 도시인 페베크에 전기와 난방을 공급하기 위해 북극해에 정박해 2019년 12월부터 가동되고 있다. 원래 러시아의 핵잠수함 기술을 수정해 만들었기에 처음에 이 프로젝트는 단순해 보였다. 그럼에도 불구하고 건립 기간이 5년에서 12년으로 연장되는 바람에 이 소형 원자로들 역시 막대한 돈을 까먹었다. 게다가 안전성에 대한 논란도 여전하다. 환경보호주의자들은 이 배를 "떠다니는 체르노빌" 혹은 "원자력 타이타닉"이라고 부른다.[26]

그런데 비용만 문제인 게 아니다. 전 세계 우라늄 매장량이 화석 연료를 대체하고 세계 곳곳에 기후 중립 에너지를 공급할 수 있을 만큼 충분하지 않다. 기존 유형의 원자로를 계속 사용한다면 우라늄 매장량은 약 13년 후에 전부 소진된다.[27] 이론상 증식로**를 지어서 우라늄을 더 효율적으로 활용할 수도 있다. 물론 토륨 같은 물질을 사용하거나 바닷물에서 우라늄을 걸러내는 방법도 있다. 하지만 이를 활용하는 기술들은 아직 미완성인 채 남아 있다. 일부는 아직 테스트도 해보지 않았고, 일부는 아직 실험 단계에 있거나

---

* 러시아가 건조한 세계 최초의 해상 부유식 원자력 발전 선박이다.

** 핵 분열 과정에서 방출된 중성자가 새로운 핵 연료를 생성해내는, 핵 연료의 활용률이 높은 원자로다.

과거에 포기되었다. 그래서 이런 기술들 중 향후 수십 년 내에 상용화될 가능성이 있는 것은 하나도 없다. 만일 성공한다고 해도 말이다. 어떤 경우에도 기후 붕괴를 막기에는 너무 늦었다.

게다가 이런 기술들은 기존의 원자로 기술보다 훨씬 비쌀 것이다. 원자력 발전소 낙관론자들은 원자력 발전에 점점 더 많은 돈이 들어가고 있다는 점을 고려해야 한다. 따라서 원자력으로 녹색성장을 달성하기란 불가능하다는 결론을 내릴 수밖에 없다. 원자로 건설에 너무나 막대한 비용이 들기 때문에 에너지는 여전히 부족할 것이다. 그런데 자본주의가 팽창하려면 풍부한 에너지가 필요하다.

원자력 발전은 해결책이 아닐뿐더러 위험하기까지 하다. 녹색성장을 고집한다면 풍력 터빈과 태양광 패널에 주목할 수밖에 없다. 하지만 재생에너지는 실제로 많은 잠재력을 지녔지만, 그것만으로는 충분하지 않다는 게 문제다.

11장
믿음직하지 못한 태양 및 풍력에너지

태양은 빛나고 또 빛난다. 전 세계인이 유럽인의 생활 수준을 누린다고 가정할 때 필요한 에너지보다 약 5,000배 더 많은 에너지를 지구로 보낸다. 따라서 물리적 에너지가 부족한 것은 아니기에 적지 않은 과학자들이 석유상에게 의존하지 않고 에너지를 저렴하게 얻는 날을 꿈꾼다. "재생에너지는 무료로 얻을 수 있지만 화석 연료는 많은 돈을 지불하고 사야 합니다." 모집 라티프 같은 기상학자들은 열광하고 있다.[1] 그의 동료인 스벤 플뢰거가 산출한 결과, 1990년부터 2015년까지 독일은 1조 1,700억 유로라는 막대한 금액을 석유, 천연가스, 석탄을 수입하는 데 "마구 써댔다."[2] 그렇다면 독일이 풍력 터빈과 태양광 패널을 설치해 이 엄청난 금액을 절약해야 마땅한 것 같다. 재생에너지 열광자들은 심지어 이러한 에너지 전환이 '추가 지출' 없이 가능하다고 믿는다. 석유 수입에 지출하던 수십억 유로의 용도만 변경하면 된다고 생각하기 때문이다. "에너지 전환은 산책처럼 쉬워질 것이다." 사회민주당 정치인

안드레아스 베르크는 이렇게 주장했다.³

이런 열광에는 전통이 있다. 이미 19세기에 학자들과 정치인들은 머지않아 태양에너지를 얼마든지 마음대로 모을 수 있을 것이라고 믿었다. 스웨덴계 미국인 발명가 존 에릭슨은 증기력을 대체할 수 있는 '태양열 기계The Solar Machine'를 수년간 연구했다. 영국의 경제학자 윌리엄 스탠리 제번스는 이 태양에너지의 잠재력에 빠진 나머지, 공업 대도시인 맨체스터는 일조량이 너무 적어서 미래가 없을지도 모른다고 걱정했다. "공장들은 지구의 햇볕이 잘 드는 곳으로 이전될 것이다." 그는 이렇게 예측했다. "맨체스터는 필요 없어질 것이다."⁴

독일에도 태양열로 석탄을 대체하는 아이디어에 열광한 사람이 있다. 사회민주당을 창당한 아우구스트 베벨은 1879년 출간한 베스트셀러 『여성과 사회주의Die Frau und der Sozialismus』에서 "북아프리카의 몇 제곱마일이면" 전 독일 제국에 태양에너지를 충분히 공급하고도 남을 것이라는 미래상을 발전시켰다. 베벨은 이 '사막 전력'을 북부로 운송하는 데 문제가 없을 것이라고 가정했다. 또, "원하는 시간만큼" "대량의 에너지"를 저장 가능한 배터리가 있으리라고 생각했다.⁵ 미국의 발명가 토머스 앨바 에디슨도 태양에너지에 베팅할 준비가 되어 있었다. "나는 태양에너지에 돈을 걸겠다. 이 얼마나 대단한 에너지원인가! 우리가 석유와 석탄이 고갈될 때까지 기다리지 않고 즉시 이 에너지에 도전했으면 좋겠다."⁶

그러나 현재까지 재생에너지에 대한 흥분과 기대감은 좌절하기를 반복해왔다. 2020년 태양광 패널이 만들어낸 에너지는 독일 에너지 소비량의 고작 2.3퍼센트를 충당했다. 풍력에너지는 5.4

퍼센트였다.[7] 독일의 태양광과 풍력 발전은 20년 넘게 보조금을 지원받아왔지만 아직도 진정한 에너지 전환을 일으키지 못했다.

에너지 전환이 지지부진한 이유를 단순히 비용 탓으로 돌릴 수는 없다. 태양과 풍력에너지는 점점 저렴해지고 있기 때문이다. 이제 태양에너지 기술의 역사는 70년이 다 되어간다. 그동안 태양광 패널 가격은 99퍼센트 이상 하락했다. 놀라운 일이다.

현재의 태양 배터리는 1953년에 발명되었다. 벨 연구소의 한 물리학자가 실리콘이 기존에 사용한 셀레늄보다 태양에너지를 훨씬 효율적으로 전기로 변환한다는 사실을 우연히 발견했던 것이다. 하지만 이 신기술을 적용하자니 비용이 턱없이 비쌌다. 1와트당 무려 300달러가 든 반면, 기존의 석탄 화력 발전소의 비용은 1와트당 겨우 50센트였다. 상용화 전망은 어두웠고, 벨 연구소는 이 놀라운 신기술이 일종의 장난감으로 전락하게 되리라고 예상했다. 실리콘 배터리를 휴대용 라디오에 장착하는 아이디어를 시험해보기도 했다. 이를테면 해변에서도 로큰롤을 들을 수 있게 말이다.

결국 태양에너지 기술은 군사적 이해 관계 덕분에 살아날 수 있었다. 냉전 시대에 미국과 소련은 우주 개발 경쟁을 했다. 두 강대국은 어떻게 해서든 먼저 우주로 위성을 발사하길 원했다. 일반 배터리로는 길어야 며칠밖에 버티지 못하기 때문에 우주 탐사선에 어떻게 에너지를 공급할지가 가장 중요한 문제였다. 이로써 태양에너지는 다시 화두로 떠올랐다. 1958년 실리콘 태양 배터리를 탑재한, 미국의 연구용 인공위성 뱅가드 1호가 발사되었다. 이 소형 탐사선은 무게가 겨우 1.5킬로그램에 불과했고 크기는 자몽만 했다. 그래서 소련의 공산당 서기장 흐루쇼프는 뱅가드 1호를 '자몽

위성'이라고 부르며 조롱했다. 하지만 뱅가드 1호는 태양 배터리 덕분에 1964년까지 신호를 전송했고, 지구가 완벽한 구의 형태가 아니라는 데이터도 수집할 수 있었다.[8]

우주 탐사 분야에서는 태양에너지에 드는 어마어마한 비용이 큰 문제가 되지 않았다. 아무튼 득이 되었기 때문이다. 태양에너지는 수백만 달러가 투입된 고가의 측정 장치들을 우주에서 작동시키는 전력을 공급해주었다. 얼마 후 모든 위성에 태양 배터리가 탑재되었고 소련의 우주 탐사선도 마찬가지였다.[9] 이렇게 우주 산업에서의 수요가 증가하자 비용이 감소했다. 1976년에는 1와트당 겨우 100달러만 필요했다.[10] 그러나 이때도 태양에너지는 지상에서 사용하기에는 여전히 너무 비쌌다.

그런데 1973년부터 시작된 석유 파동이 차기 변혁을 일으켰다. '블랙 골드black gold', 즉 석유는 더 이상 헐값이 아니었다. 가격이 무려 5배나 폭등한 것이다. 처음에는 원자력 시설을 확충하는 방안이 당연해 보였지만 1979년 3월 미국 해리스버그 원자력 발전소에서 노심 용융이 발생하고, 1986년 4월 체르노빌 원자력 발전소에서 누출 사고가 터지자 원자로는 매력을 잃었다. 원자력 발전소는 매우 위험하다고 여겨져서 이제 석유 의존에서 해방해줄 수 있는 것은 풍력과 태양광뿐이었다. 이미 1979년에 미국 대통령 지미 카터는 백악관에 태양열 발전 설비를 설치해 과시했다.[11]

그러나 상업적으로 볼 때 태양에너지는 여전히 너무 비쌌다. 이러한 허점을 보완한 것이 2000년에 제정된 독일의 재생에너지법 EEG이며 약 100개 국에서 이 법을 모방했다. 이 방안은 과감하면서도 단순하다. 태양광 및 풍력 전기를 우선적으로 공공 전력망에 공급되게 하고 향후 20년간 원가가 보전되는 금액으로 매입해주는 것이다. 그리고 결정적으로 중요한 부분은, 신규 설비에 제공하는 보조금은 매년 5퍼센트씩 줄여서 태양광 설비와 풍력 터빈 제조업체들이 기술의 효율성을 꾸준히 개선하게 만들었다는 점이다. 결과는 모두의 기대 이상으로 좋았다. 1998년에 프로그노스 연구소는 2020년의 태양열 발전소는 1년에 겨우 0.44테라와트시의 전기를 공급할 수 있을 것이라고 예측했다.[12] 하지만 실제 공급량은 무려 116배나 많은 51테라와트시였다.

그러나 국가 보조금의 규모는 결코 작지 않다. 매년 약 200억 유로가 지출된다.[13] 이러한 불가피한 부담은 사실 매우 불공정하게 분배되어 있다. 특히 소득 수준을 고려하면 저소득 가구가 가장 많이 부담해야 하는 구조로 이루어져 있기 때문이다. 이러한 재생에너지 보조금은 소위 '친환경 분담금EEG Umlage'이라는 명목으로 모든 가구가 나누어 부담하는데, 전력을 소비할 때마다 추가 금액이 부과되는 방식이며 2022년 중반까지 존재했다. 모든 소비세와 마찬가지로 이 분담금은 특히 저소득층에게 큰 타격을 주었다. 저소득층은 수중에 있는 돈을 전부 지출하여 빠듯한 살림을 꾸려가기 때문이다.[14] 반면 잘사는 사람들은 소득의 일부를 저축할 수 있기에 소비세의 타격을 덜 입는다. 2015년의 한 통계는 저소득층의 부담이 얼마나 컸는지 여실히 보여준다. 하위 10퍼센트는 순수입의 무려 1.5퍼센트를 친환경 분담금으로 지출한 반면, 상위 10퍼센트의 경우에는 불과 0.2퍼센트에 불과했다.[15]

잘사는 사람들은 자택에 태양광 발전 설비를 설치해 정부가 보장해준 보조금을 챙겼다. 태양광 설비를 설치하면 이익을 보도록 설계한 보조금이었기에 매년 평균 약 5퍼센트의 수익률이 발생했다.[16] 즉, 잘사는 사람들이 이익을 얻도록 가난한 사람들이 비용을 내준 것이다. 이러한 불공정함에 대해 많은 에너지 전환 지지자도 몹시 난처해하며 그냥 사회 불균형을 부정하고 있다. 이들은 많은 태양광 설비가 펀드를 통해 자금을 조달받아 사회 곳곳에 설치되었으며 이 펀드에는 "당연히 자가自家가 없는 세입자들도 참여할 수 있다"[17]고 주장한다. 그래서 마치 가난한 사람들이 가진 문제는 집이 없는 것뿐이라는 인상을 준다. 돈을 잘 버는 엔지니어들은 하위 계층에게 돈이 없다는 것을 상상도 하지 못하는 듯하다. 참고로, 독일 국민의 하위 50퍼센트는 2만 1,500유로 이하의 자산만 소유하고 있으며 빚더미에 오른 경우가 태반이다.[18] 한마디로 태양에너지에 투자할 여력이 없다는 뜻이다.

  에너지 전환 과정에서 사회적 영향이 무시된 현상은 위험하다. 피해를 입은 당사자들은 가난한 자가 부자를 위해 돈을 내야 했다는 사실을 간과하지 않았다. 2018년 독일 환경청의 대표 설문조사에 따르면, 국민의 72퍼센트가 "에너지 전환은 사회적으로 불공정하게" 설계되었다는 인상을 받았다고 한다.[19]

  다시 태양에너지에 대해 설명해보겠다. 현재 태양광 패널의 가격은 뚝 떨어져서, 개인의 주택에 설치된 소형 태양광 발전 설비도 대형 석탄 화력 발전소와 거의 동일한 단가로 전력을 공급할 수 있다.[20] 개방된 곳에 설치된 대형 태양광 발전 장치는 효율이 훨씬 좋다. 일조량이 많은 독일 남부에서는 발전 단가가 1킬로와트시당 3.12~4.16센트, 햇빛이 더 적은 북부에서는 1킬로와트시당 4.27~5.70센트다.[21]

따라서 이제 태양에너지를 저렴하게 얻을 수 있지만 이러한 발전은 독일에서 큰 의미가 없다. 왜일까? 빛의 에너지 밀도가 높지 않은 탓에 태양광 발전 설비에는 넓은 공간이 필요하다는 구조적 문제가 있기 때문이다. 독일에서는 평균적으로 1제곱킬로미터당 하루 3킬로와트시의 태양에너지가 도달한다.[22] 신설된 태양광 발전 설비는 그중 약 16~18퍼센트의 에너지만 모을 수 있을 뿐이다.[23] 1제곱미터당 얻을 수 있는 양이 적기 때문에 되도록 커다란 태양광 패널이 필요해진다.

그렇지만 인구 밀도가 높은 독일에서는 부지가 부족하다. 지붕이 북쪽을 향하고 있지 않다면 별 문제 없이 설치 가능하지만, 그렇지 않으면 최대한 적은 면적을 활용하기 위해 창의력을 발휘할 필요가 있다. 그래서 채석장 호수에 태양광 발전 설비를 설치해 시험해보거나,[24] 수직 벽과 창에 설치 가능한 패널 등이 개발되고 있다.[25] 이제 고속도로나 주차장에도 태양광 발전 설비를 설치할 수 있다. 경작지를 2배로 사용하는 소위 '농업형 태양광 발전 Agrophotovoltaik'도 흥미롭다. 태양광 패널을 높은 구조물 위에 설치해, 위에서는 전기가 생산되고 아래에서는 작물이 재배되게 하는 것이다. 당연히 이 방식은 햇빛이 너무 강해서 작물에 피해를 입힐 수 있는 곳에 적합하다. 초기 시범 경작지에서는 태양광 패널이 그늘을 제공하여 오히려 수확량이 오르는 효과를 보았다. 가장 큰 효과를 본 작물은 샐러리로, 수확량이 12퍼센트나 증가했다. 감자의 수확량도 3퍼센트 늘어났다.[26] 한편, 태양광 발전 설비가 폭우, 우박, 서리를 막아주기에 과수 농장도 잘 보호해줄 수 있는지 시험 중이다. 따라서 이론적으로는, 태양광 발전에 필요한 공간보다 더 많은 곳을 활용할 수 있는 것이다.

    태양광 발전은 매력적인 기술이지만 심각한 단점이 있다. 잘 알다시피 햇빛은 항상 쨍쨍 내리쬐지 않는다. 밤에는 햇빛이 사라지는 데다 철마다 일조량과 햇빛 강도의 차이도 심하다. 독일은 겨울인 12월이나 1월보다 여름인 6월과 7월에 더 많은 태양에너지를 얻는다.[27] 따라서 독일에서 태양에너지는 낮이 길고 밤이 짧은 여름에만 관심의 대상이다. 겨울에 태양광 패널은 에너지를 거의 생산해내지 못한다.

    대신 독일의 겨울에는 유난히 바람이 많이 불기에 부족한 일조량을 얼마간 메울 수 있다. 풍력에너지는 기존의 모든 예상을 뒤엎었다. 원자력 발전 로비스트들은 특히 비관적이었는데, 원자력에 대항할 재생에너지라는 경쟁자가 조만간 나타나리라고 예상치 못했기 때문이다. 1990년, 원자력 정보 단체 케른에네르기 KernEnergie는 풍력에너지는 '기후 조건'으로 인해 절대 독일의 전력 공급량에서 1퍼센트도 차지하지 못할 것이라고 썼다. 그로부터 3년 후 한 광고도 이렇게 말했다. "태양광, 수력, 풍력과 같은 재생에너지는 장기적으로 독일의 전력 수요량의 4퍼센트 이상을 생산해낼 수 없다. 우리는 이에 대해 책임질 수 있는가? 없다."[28] 기존의 전력 공급자들이 내놓았던 이러한 예측은 완전히 빗나갔다. 2021년 독일에서 생산된 전력량의 약 21.5퍼센트가 풍력에너지였다.[29] 태양과 수력에너지, 바이오매스를 합치면 재생에너지는 전력량의 42.4퍼센트를 충당했다.[30]

    이렇게 재생에너지가 뚜렷한 발전을 이룬 건 사실이지만, 친환경 낙관론에 빠지고 에너지 전환이 거의 끝나간다고 믿을 이유는 되지 못한다. 재생에너지로 전력의 절반 정도를 생산해내게 되었지만 독일에서는 여전히 천연가스, 석유, 석탄도 태우고 있다. 지금도 대부분의 자동차는 휘발유나 디젤로 달리고, 비행기에는 케로신을 넣고, 많은 난방기는 가스를 이용한다. 독일이 기후 중립을 달성하려면 산업, 교통, 건물에 쓰이는 에너지도 전부 친환경 에너지로 전환되어야 한다. 하지만 독일의 전체 에너지 수요에서 재생에너지의 비중은 아직 미미하다. 이미 언급했듯이 풍력에너지는 에너지 소비량의 5.4퍼센트, 태양에너지는 2.3퍼센트밖에 차지하지 않는다.[31] 현재 가장 중요한 것은 그중 10퍼센트를 차지하고 있는 바이오매스다.[32] 그러나 바이오매스의 잠재력은 제자리걸음 상태나 다름없다. 옥수수나 유채 등의 에너지 작물을 더 재배할 땅이 부족하기 때문이다. 땅에서는 식량도 재배되어야 한다. 게다가 이러한 단일 재배를 지속 가능하다고 표현하는 것은 눈속임이다. 옥수수와 유채는 살충제, 비료, 물을 엄청나게 소모한다. 벌이나 새는 산업화된 농경 황무지에서는 먹이를 찾을 수 없기에 종의 소멸도 가속화한다.

따라서 향후 더 많은 풍력 터빈이 돌아가야 독일은 기후 중립을 달성할 수 있는데, 모든 주민이 이를 환영하는 건 아니다. 녹색당 소속이자 당시 경제및기후보호부 장관 로베르트 하벡은 취임 시 거센 반발이 있을 거라고 예상했다. "어느 덤불 속에나 화와 싸움이 도사리고 있기 마련이다."[33] 하지만 많은 사람이 즉각 예상하는 만큼 '경관 훼손'에 대한 거부감은 그리 심하지 않았다. 설문 조사에서 80퍼센트 이상이 풍력 발전 시설의 확충을 환영한다고 답변했다. 이미 풍력 터빈이 돌아가고 있는 지역에서도 불만은 놀라울 정도로 적었다. 응답자들은 자신의 이웃의 40퍼센트가 풍력 터빈에 불쾌감을 느끼고 있으리라고 추측했지만, 실제로는 주민의 16퍼센트만 설비에 불만을 내보였다. 심지어 대부분은 더 많은 풍력 터빈이 설치될 거라고 추측했다. 26퍼센트만 새 풍력 터빈을 설치하는 것을 거부했고, 이 응답자들은 주민의 58퍼센트가 추가 설치를 반대하리라고 예상했다.³⁴ 그러므로 반발은 심하지 않으며, 앞으로 점점 더 누그러들 가능성이 있다. 현재 지방 자치 단체들은 새로 설치한 풍력 터빈 1대당 연간 약 2만 5천 유로를 거둬들여 많은 수익을 얻고 있기 때문이다.³⁵

현재 독일에는 3만 개의 풍력 터빈이 설치되었으며 국토의 약 0.5퍼센트를 차지한다. 하지만 실제로 필요한 면적은 약 2퍼센트로, 즉 현재의 4배다.³⁶ 자를란트주의 거의 3배, 헤센주의 3분의 1에 해당한다. 그래도 도로가 차지하는 면적보다는 적은 면적을 필요로 한다. 현재 아스팔트로 덮인 도로는 국토의 2.6퍼센트를 차지하고 있다. 게다가 풍력 터빈이 설치된 땅은 여전히 농업이나 산림 경영 목적으로 사용될 수 있다. 기초 시설과 진입로는 풍력 발전 부지의 아주 적은 면적만 차지하기 때문이다.³⁷

그렇다면 풍력 터빈을 설치하기에 가장 좋은 곳은 어디일까? 바닷가에 두는 것이 가장 그럴듯하다. 잘 알다시피 해안에서는 바람이 강하게 불기 때문이다. 보르쿰, 쥘트, 히덴제 같은 섬의 평균 풍속은 초속 8미터인 반면, 라인그라벤이나 할레처럼 바람이 약한 지역의 풍속은 초속 4미터다. 알프스, 슈바르츠발트, 로트하르 산맥 등의 산바람도 매우 강하다.³⁸ 그런데 풍력 터빈을 바닷가나 산꼭대기에만 설치하면 나중에 독일의 사방팔방으로 이 전력을 수송해야 한다. 따라서 이 방안은 풍력에너지 생산량이 많다고 해도 비용이 매우 많이 든다. 풍속이 더 느린 곳을 활용하는 게 경제적일 테다. 풍력 터빈을 독일 전역 곳곳에 설치한다면 에너지를 나눠 생산할 수 있다.[39]

하지만 아직 독일의 모든 주가 이를 실천하고 있지 않다. 슐레스비히홀슈타인, 헤센, 자를란트, 브란덴부르크만 풍력 발전 단지에 약 2퍼센트의 면적을 할당했다. 반면 작센은 전체 면적의 고작 0.2퍼센트, 바이에른은 심지어 0.1퍼센트만 허가했다.[40]

종종 풍력 터빈은 조류 보호에 해를 끼친다는 이유로 허가를 받지 못했다. 독일자연보호연합NABU은 독일에서 매년 약 10만 마리의 새가 풍력 터빈에 충돌해 사망한다고 추산한다. 하지만 매년 건물의 유리벽에 부딪혀 죽는 새가 1억 마리, 자동차와 기차에 치어 죽는 새가 7천만 마리, 집고양이에게 먹혀 죽는 새가 2천만 마리에 달한다. 이보다 더 치명적인 해를 끼치는 것은 집약적 농업으로, 단일 작물 재배, 농약, 거름은 새의 서식지를 파괴한다.[41]

종합적인 계획을 수립하기란 어렵다. 얼마나 많은 풍력 터빈이 추가로 필요한지 어떠한 합의도 이루어진 적이 없기 때문이다. 여러 연구는 독일이 기후 중립을 달성하려면 육상 풍력 터빈 7천 개가 더 필요하다고 가정한다. 이미 3만 개가 있으니 총 3만 7천 개가 되는 것이다. 한편 최소 6만 7천 개의 풍력 터빈이 있어야 한다고 주장하는 전문가들도 있다. 현재 풍력 터빈 수의 2배 이상이다. 전문가들의 의견이 불일치하는 이유는 2050년 독일이 생산해내야 하는 친환경 전력량을 저마다 다르게 산출했기 때문이다. 몇몇 연구소는 620테라와트시만 필요하다고 주장하는 반면, 1천 테라와트시가 필요하다는 결과를 제시한 곳도 있다.[42] 이는 엄청난 차이다.

모든 예측은 가정에 좌우되므로 이러한 불일치는 불가피하다. 특히, 해외에서 얼마나 많은 친환경 에너지를 수입할 수 있는지, 전기차가 얼마나 효율적일지, 국민들이 소비를 줄이겠다는 각오가 되어 있는지에 대한 예측 등도 필요하다. 연구마다 결과는 다르게 나온다.[43]

풍력에너지를 포기할 수 없다는 점만은 명백하다. 독일에서 풍력에너지는 태양에너지보다 싸다.[44] 그리고 무엇보다 바람은 자주 불어온다. 1년은 8,760시간이다. 1년에 육상 풍력 발전소는 1,960시간 동안 최대 출력으로 가동되는 반면, 태양광 발전소는 910~980시간 정도다.[45] 해상 풍력 발전소는 더 높은 생산성을 보이며 3,820시간 동안 가동된다.[46]

하지만 이렇게 빈약한 최대 출력 가동 시간에서 확인할 수 있듯이, 풍력 터빈과 태양광 패널은 무풍 상태이거나 해가 뜨지 않으면 전력을 정상적으로 생산하기 어렵다. 반면 화석 연료 발전소는 예측이 가능하다. 천연가스와 석탄은 24시간 내내 에너지를 공급하고 언제든 최대 출력을 낼 수 있다.

게다가 바람의 세기는 시간, 날, 계절에 따라서는 물론이고 매해 달라진다. 같은 달이라고 해도 해마다 전력량이 달라진다. 예를 하나 들어보겠다. 2017년 1월 독일의 풍력 터빈이 생산한 전력은 2018년 1월의 절반에 불과했다.[47] 2021년 1월부터 3월까지도 유난히 바람이 약해서 그해 봄의 생산량도 처참했다. 일반 가정과 경제는 지속적으로 일정한 에너지를 필요로 하기에 이렇게 생산량이 오르락내리락하는 상황은 감당하기 어렵다.

특히 두려운 시기는 '추운 둥켈플라우테Kalte Dunkelflaute'[*]가 발생했을 때다. 한겨울에 해도 뜨지 않고 바람도 불지 않는다면 누구나 따뜻하게 난방을 하고 싶기 마련이다. 바로 에너지 전환이 시험대에 오르는 순간이다.[48] 둥켈플라우테는 자주 발생하지는 않지만 여러 날 지속되기도 하기에, 바람이 다시 충분히 불 때까지 그냥 잠시 전력을 끊어버리기란 불가능하다. 독일 전역이 단 1시간만이라도 정전된다면 6억~13억 유로 규모에 달하는 피해가 발생할 수 있다.[49]

독일은 둥켈플라우테의 위험을 감수하면서까지 꼭 친환경 전기를 생산해야 할까? 물론 아우구스트 베벨이 꿈꾸었던 극단적인 대안을 고려해볼 수도 있다. 독일보다 햇빛이 훨씬 강하게 내리쬐고 태양광 발전소 때문에 누구도 불편함을 겪지 않을, 인간이 거주 불가능한 사하라 사막에 패널을 설치하는 것이다.[50] 바이에른주 주민들도 더 이상 풍력 터빈을 설치해야 한다는 강요에 시달릴 필요가 없다. 친환경 전기는 사막에서 생산되어 송전선을 통해 독일로 수송될 것이다. 이 아이디어는 훌륭하지만 필요한 재정을 조달할 수가 없다. 태양광 공학자 폴커 쾨슈닝은 최근 사막 전기가 왜 복잡하고 비용이 많이 드는지 조목조목 따져 계산해보았다.[51]

사하라 사막에도 밤과 낮, 여름과 겨울이 있는데도 사람들은 이 사실을 쉽게 잊는다. 계절적 변동은 독일보다 뚜렷하지 않지만, 북아프리카 1월의 낮도 7월의 낮보다 훨씬 짧다. 따라서 사막에서

---

[*] 둥켈플라우테는 바람이 불지 않고 햇빛도 비치지 않는 기후 현상이다. '조용한 정체'를 뜻하며 주로 겨울에 일어난다.

전력이 생산되어도 어두운 시간대를 대비해 여전히 비싼 비용을 들여 전기를 비축해놓아야 한다.

적어도 모로코에 설치한 태양광 패널의 생산량은 베를린보다 약 80퍼센트 더 많을 것이다. 하지만 이 에너지를 다시 독일로 수송해야 하기에 일이 어려워진다. 한 가지 방법은 고압 송전선을 이용하는 것이다. 그렇지만 전력을 손실 없이 수송하기란 불가능하기에 10퍼센트 정도가 도중에 사라진다.

게다가 사하라에서 독일로 충분한 전력을 수송하려면 약 100개의 송전선이 필요하다. 이는 모로코와 독일 사이에 약 75만 개의 송전탑을 세워야 함을 뜻한다.[52] 따라서 경유국인 스페인이나 프랑스에도 300~500미터 간격으로 송전탑 100개 정도를 세워야 하는데, 이 두 국가는 독일이 에너지 수송을 위해 자연 경관을 해치는 것을 달갑게 여기지 않을 가능성이 크다. 비용도 무시할 수 없는 부분이다. 송전선과 송전탑을 설치하는 데만 대략 1조 유로가 들 것이다. 이 계산에는 북아프리카에 설치할 태양광 패널 비용은 포함되어 있지도 않다.

이론상 지하에 송전선을 매설하는 것도 가능하지만 비용이 너무 많이 들어서 감당할 수 없다. 독일 슐레스비히홀슈타인주에는 남부로 풍력에너지를 수송하기 위해 지중 송전망 '쥐트링크Suedlink'가 건설되고 있다. 이 쥐트링크 프로젝트에는 100억 유로가 들 예정이지만 설치 거리는 '겨우' 700미터밖에 되지 않는다. 그러니 모로코까지 송전망을 건설할 경우에는 약 3,000미터 거리에 송전선 100개를 매설해야 하므로 총비용은 수천억 유로에 달할 것이다.

따라서 육로를 이용해 북아프리카에서 독일로 전기를 수송하는 방안은 제외되므로, 남은 선택지는 선박이나 파이프라인이다. 그러나 사막 전력을 선박에 적재하려면 일단 전기 분해를 통해 수소로 변환해야 한다. 학교 수업 시간에 실험해본 덕분에 많이 알려진 원리다. 우선 물(H_2O)이 담긴 용기에 전극 2개를 넣는다. 양극에서는 산소(O_2)가, 음극에서는 수소(H_2)가 발생한다. 이때 태양광 발전 시설에서 생산한 전기를 쓴다면 이 수소는 완전히 기후 중립, 즉 '녹색'이다. 하지만 분해 과정에서 엄청나게 많은 에너지가 소모되어 결국 약 30퍼센트가 사라진다. 게다가 이 기술은 사막에는 없는 담수에서만 작동하므로 해수를 담수화하는 과정에서 에너지가 또 소비된다.

적어도 수소는 천연가스처럼 다방면으로 활용될 수 있다는 장점을 지녔다. 자동차의 연료로 쓰는 것은 물론, 집에 난방을 하고, 전기를 생산하고, 공업용 초고온의 열을 공급하고, 화학 원료를 전환하고, 에너지를 저장하는 데에도 사용할 수 있다. 게다가 산소와 재결합하면 순수한 물이 되므로 완전히 깨끗하게 연소한다.

하지만 수소의 단점은 매우 많은 공간을 필요로 한다는 점이다. 수소를 운송하려면 고압으로 압축하거나 영하 253도로 액화해야 하는데, 이때 또 에너지가 필요하다. 게다가 북아프리카에는 수소 적하용 터미널이 없다. 수소를 저장할 탱크도 없다. 액화 수소를 탱크에 실어 수송할 수 있는 선박도 전 세계에 단 1척밖에 없다.[53]

파이프라인도 매력적인 대안이 될 수 없다. 북아프리카의 천연가스를 유럽으로 운반하는 가스관이 몇 개 있지만,[54] 이 작은 수송망으로는 녹색수소를 독일까지 운반하기에 충분하지 않다. 파이프라인을 신설하는 과정도 복잡하고 비용이 많이 든다.

이렇게 해서 독일에 수소가 도달한다 해도 다시 전기로 전환해야 한다.[55] 가스 화력 발전소에서 또다시 에너지의 약 40퍼센트가 손실된다. 따라서 종합 결산된 양은 실망스럽다. 최종적으로 많아야 사막 전력의 30퍼센트만 남는다. 사하라의 태양광 발전 시설에서 80퍼센트 더 많은 전력을 생산한다고 해도, 결론적으로는 독일의 태양광 패널이 생산 가능한 에너지량의 절반밖에 얻을 수가 없다. 사막 전력은 과도하게 복잡한 인프라를 요구하기에 수지가 맞지 않는다.

따라서 독일은 국내에서 재생에너지를 생산할 때만 기후 중립을 달성할 수 있다. 이러한 통찰은 반갑지 않은 소식이다. 풍력 및 태양에너지는 공급이 매우 불안정한 데다 둥켈플라우테의 발생 위험도 존재하기 때문이다. 그래서 만일을 대비하여 재생에너지를 비축해놓아야 한다. 이는 새로운 문제다. 화석 연료의 경우 물질 자체가 저장 시설이기도 하기에 별도의 저장 수단이 필요 없다. 수백만 년 전 죽어서 석유, 천연가스, 석탄으로 변한 유기물질이기 때문이다.

게다가 전기는 그대로 저장할 수 없는 탓에 비축이 결코 쉽지 않다. 단순히 자두 1킬로그램을 끓여서 잼처럼 만들어 유리병에 저장하듯이 보관할 수 있는 게 아니다. 먼저 전기를 화학적으로 변환한 후에야 그 에너지를 배터리나 수소의 형태로 오래 보존할 수 있다. 그 과정에서 항상 에너지 일부가 손실된다. 그래서 재생에너지는 저렴하지 않고 비싸다. "태양은 계산서를 보내지 않는다"고 믿는 건 착각이다.[56] 햇빛과 바람은 공짜로 사용할 수 있지만 에너지 전환은 거대한 물량 전쟁이다.

12장
에너지 저장 문제

에너지 전환의 관점에서 밤에 해가 뜨지 않는다는 사실은 매우 유감스러운 일이다. 이 어둠의 시간을 극복하는 게 결코 쉽지 않기 때문이다. 물론 배터리는 낮에 남은 빛을 저장했다가 밤에 다시 내주지만, 그만큼 태양광 전력은 더 비싸진다. 배터리도 함께 가동되어야 한다면 1킬로와트시당 비용이 2배로 뛴다.[1]

    게다가 배터리를 사용하는 데에도 한계가 있다. 배터리는 기껏해야 몇 시간만 사용 가능하다. 가격이 여전히 비싸서 최대한 자주 충전과 방전을 해줘야 비용 효율이 좋아지기 때문이다. 그래야 1킬로와트시당 저장 비용이 크게 부담되지 않는다. 누군가가 여름에 태양광 전력을 배터리에 충전해두었다가 겨울에 다시 사용하려 한다고 상상해보자. 그렇다면 6개월 동안 사용하지 않은 만큼 배터리의 비용 효율은 떨어져 매우 비싼 가격에 전력을 사용하는 셈이 된다.

    그래도 배터리는 꽤 융통성 있게 활용될 수 있다. 향후 전력이 부족해지는 경우에 전기차의 배터리도 전력을 공급하는 데 사용될 것이라고 한다. 자동차 사용 시간은 하루 평균 1시간이므로 사용 외 시간에는 충전과 방전이 가능하다. 물론 전기차 소유자가 마음대로 이동할 수 없다는 단점이 있긴 하다. 사실상 '달리지 않는 자동차'라고 불러야 할 것이다. 따라서 현실적인 시나리오들은 전력망의 전력이 부족할 때 실제 이용 가능한 전기차는 전체의 10퍼센트 정도일 거라고 가정한다.[2]

반면 둥켈플라우테가 길어질 때 배터리는 도움이 되지 못한다. 최근 빌 게이츠는 3일 동안 도쿄에 에너지를 공급하려면 얼마나 많은 배터리가 필요한지 계산해보았다. "답은 1,400만 개가 넘는 배터리다. 전 세계가 10년 동안 생산하는 양을 뛰어넘는다. 구입 비용은 4천억 달러다… 이는 단지 배터리 자체의 자본 비용 capital cost일 뿐, 설치나 운영 등에 드는 비용은 빠져 있다."[3]

하지만 배터리가 단기적인 전력 부족을 메울 수 있는 유일한 기술은 아니다. 또 다른 대안으로 양수 발전이 있다. 기본 아이디어는 매우 단순해서 최초의 양수 발전소는 이미 100년 전에 세워졌다. 전력망에 전력이 많으면 물을 산 위로 끌어올리고, 전력이 부족하면 다시 물을 방류함으로써 발전기와 터빈을 가동한다. 양수 펌프는 상당히 효율이 높아서 소비한 에너지의 약 4분의 3을 다시 얻을 수 있다. 하지만 독일에는 양수 발전에 적합한 입지가 많지 않다. 양수 펌프를 사용하려면 산 속에 거대한 콘크리트 저수지를 만들어야 하는 데다 자연 경관을 심하게 훼손하기에 더 이상 건설하기 힘들다.[4] 현재 독일의 양수 발전 시설들의 용량은 전력망을 몇 시간쯤 안정화할 수 있는 정도다.[5]

최근에는 노르웨이의 베르겐 수력 발전소에서도 전력을 끌어올 수 있는 길이 열렸다. 2021년 5월, 해저 케이블 '노르트링크NordLink'가 독일의 슐레스비히-홀슈타인주까지 연결되었기 때문이다. 이는 매우 좋은 방안이다. 독일 전력망에 풍력에너지가 남아돌면 여유 전력을 노르웨이로 보내 수력 발전소가 에너지를 아껴 쓸 수 있게 해준다. 반면 독일에 풍력에너지가 부족해지면 노르웨이에 비축된 수력에너지를 얻어온다.

이러한 '전력 고속도로'는 양방향으로 운행될 수 있으며, 계산상으로는 독일의 약 360만 가구에 필요한 전력을 제공 가능하다.[6] 이는 상당한 양이지만 독일의 총 가구 수는 약 4,050만에 달하므로 둥켈플라우테 발생 시 전력 공백을 메우기에는 충분하지 않다. 게다가 다른 국가들도 노르웨이의 수력에너지를 끌어오려고 한다. 네덜란드는 2008년부터 이미 해저 케이블 '노르네트NorNed'를 통해 북유럽과 연결되어 있고, 2021년 가을에는 영국과 노르웨이를 연결하는 '노스시링크North Sea Link'가 개통되었다.[7] 따라서 노르웨이의 수력에너지 양에는 한계가 있기에, 주로 전력망의 안정을 유지하기 위한 완충 장치로 활용되고 있다.

소비자들도 자신들의 수요를 전력 공급량에 맞춤으로써 이러한 완충 역할을 할 수 있다. 자주 언급되는 예가 세탁기와 식기세척기다. 소비자들은 지정된 시간에 세탁기나 식기세척기를 돌리는 게 아니라, 전력망에 전력이 많이 남아 있을 때 기계를 돌리는 것이다. 당연히 여유 전력의 사용료는 매우 저렴하므로 소비자들은 생활비를 아낄 수 있다. 다만 전자제품이 언제 전기료가 저렴한지 인식할 수 있어야 이러한 '재고 관리'가 가능하다. 따라서 전자

제품은 디지털 네트워크, 이른바 '스마트 그리드Smart Grid'를 기본적으로 갖추어 이를 통해 가격 신호를 수신해야 한다.[8]

스마트 그리드는 기술적으로 이미 실현 가능하다. 단열이 잘되어 있고 전기식 열 펌프를 갖춘 주택이라면 임시 저장소 역할도 할 수 있게 해준다. 전력이 충분하면 거주자들이 변화를 거의 체감하지 못할 정도로 공간의 온도를 조금 올린다. 전력이 부족해지면 잠시 난방을 꺼서 다시 온도가 1, 2도쯤 내려가게 한다. 지극히 평범한 건물이 에너지 저장소가 되는 셈이다.[9]

산업 분야에도 전력 수요를 탄력적으로 조절할 수 있는 잠재력이 있다. 단열 기능이 훌륭한 냉동 창고는 일정 시간 동안 에너지가 없어도 버틸 수 있다. 알루미늄 제련소는 전력량이 특히 풍부할 때마다 생산량을 늘릴 수 있다.[10] 그러나 이런 아이디어들이 아무리 창의적이어도 '재고 관리'만으로는 장기간의 둥켈플라우테를 충분히 극복할 수 없다.

정전Blackout에 대한 불안은 새롭게 나타난 현상이 아니며 때로는 특수한 이해 관계를 관철하기 위해 악용되었다. 1975년에 바덴뷔르템베르크주 주지사 한스 필빙거는 이렇게 위협했다. "휠 원자력 발전소가 없으면 1980년에 바덴뷔르템베르크주에서는 빛이 사라질 것이다."[11]

잘 알다시피 결국 휠에 원자력 발전소는 지어지지 않았지만 독일의 남서부 지역이 암흑에 빠지는 일도 없었다. 그럼에도 이런 일화들을 근거로 정전의 위험성을 무시해버리면 안 된다. 태양광 연구자 해리 워스가 강조했듯이, 100퍼센트 친환경 전력으로 전환하려면 둥켈플라우테에 대한 대비가 되어 있어야 한다. "1차 에너지(태양광과 풍력) 고갈이 몇 주 동안 지속되는 최악의 경우를 대비한 시스템 저장 용량을 갖추어야 한다. 즉, 겨울에 더 길어질 수 있으며 특히 눈이 쌓이면 심해지는 둥켈플라우테에 충분히 대비해야 한다."[12]

이미 독일 기상청은, 48시간 이상 지속되며 풍력 터빈과 태양광 패널이 정격 출력의 최대 10퍼센트밖에 생산해내지 못하는 둥켈플라우테의 발생 빈도를 산출해보았다. 예측 결과를 살펴보면 언뜻 괜찮아 보인다. 이런 둥켈플라우테는 독일에서 1년에 겨우 두 번가량 발생할 것으로 예상되며, 또한 대체로 전 유럽 대륙에 걸쳐 일어나기보다 국소적으로 발생한다. 전 유럽 대륙에서 동시에 둥켈플라우테가 발생하는 경우는 평균 5년에 한 번꼴이다.[13]

그럼에도 독일에 둥켈플라우테가 발생했을 때 다른 이웃 국가에서는 햇빛이 쨍쨍 내리쬐거나 바람이 세게 불어도 그 국가에서 에너지를 완벽하게 공급받기란 불가능한 일이다. 전력을 전달받을 수 있는 송전선이 없기 때문이다. EU 회원국 간에 새로운 전력망을 구축 중인 '에너지 연합'이 있지만 이 연합의 전력망은 작은 전력 불균형만 조정하기 위해 설계되었다. 에너지 연합은 장기간의 둥켈플라우테를 염두에 두지 않았는데, 이를 위한 고압 송전선이 너무 비싸기 때문이다. 앞서 사막 전력이라는 주제를 다루면서 전 유럽 대륙에 송전선을 설치하는 데 얼마나 많은 비용이 드는지 확인한 바 있다.

따라서 독일은 풍력과 태양에너지로 충분한 전력을 생산할 수 없을 때 스스로 전력을 조달할 방안을 찾아야 한다. 정격 전력의 90퍼센트를 얻을 수 없는 극단적인 둥켈플라우테만 위협적인 게 아니다. 설치 용량*의 절반 미만밖에 활용될 수 없을 때도 에너지 공급은 한계에 부딪힌다. 그리고 이런 상황은 연간 362시간, 대략 총 2주 동안 발생하리라 예상된다.[14]

순수하게 기술적으로만 따져보면 해결책은 있다. 바로 녹색수소다. 사하라에서 친환경 전력을 전부 수입한다면 막대한 비용이 들겠지만, 약간의 비축용 전력만 들여온다면 비용을 충분히 마련할 수 있다. 게다가 일부 전력은 독일에서 생산할 수도 있다. 여름에는 햇빛이 강렬하고 겨울에는 바람이 세게 불어서 간혹 전력망에 지나치게 많은 전력이 남을 때가 있다. 이러한 잉여 전력을 수소로 전환하여 저장하는 장치, 즉 전해조Electrolyzer에 투입하는 것이다. 하지만 효율은 매우 낮아서, 투입된 재생에너지의 35퍼센트만 남는다.[15]

그래서 여전히 현실성이 떨어지는 미래의 프로젝트에 불과하다. 아직까지 녹색수소를 효율적으로 생산할 수 있는 전해조는 없다. 낙관론자들은 2030년에 시제품이 완성 단계에 도달하여 정상 가동할 수 있을 거라고 생각하지만 말이다.[16]

녹색수소의 가격이 더 오를 것은 이미 확실하다. 환경에 유해한 수소가 이미 생산되는 탓에 정확한 비용은 상대적으로 계산하기 쉽다. 화학 산업의 핵심 물질인 수소는 천연가스에서 얻는데, 그 과정에서 이산화탄소가 대량 발생한다. 이렇게 화석 연료에서 나온 수소는 일반 천연가스보다 약 3배 더 비싸고,[17] 이보다 훨씬

---

* 전체 발전 설비가 이상적인 조건하에서 최대한 가동할 때 낼 수 있는 최대 전력의 양을 말한다.

비싼 녹색수소는 가격이 약 10배 높으리라 예측된다.

게다가 아직 전체 경제에 전력을 공급할 수 있는 가스 발전소도 충분하지 않다. 독일이 오직 친환경 전력에 의존해 둥켈플라우테를 극복해야 한다면, 필요한 가스 터빈은 얼마나 되는지에 대한 예측도 완전히 달라진다. 대부분의 연구는 독일 가스 발전소의 설치 용량이 최소 2배, 심지어 3배 늘어나야 한다고 본다. 그렇다면 독일에는 지금보다 더 많은 발전소가 존재해야 하고, 이 새로 생긴 발전소들의 설치 용량에 기존 원자력 발전소와 석탄 화력 발전소의 설치 용량이 더해진다.[18] 그런데 오늘날과 달리, 이 많은 발전소는 대체로 쉬다가 전력이 부족할 때만 가동될 것이다. 연간 362시간만 가동되고 나머지 8,398시간 동안은 유휴 자본으로 떠도는 셈이다.[19] 이 또한 비용을 더욱 증가시킨다.

에너지 전환에는 많은 비용이 든다. 수많은 풍력 터빈, 태양광 발전 설비, 배터리, 송전선, 전해조, 가스 터빈 등이 필요하다.[20] 그런데도 기후보호론자 대다수는 향후 전기료가 "지금보다 더 내려갈 것"[21]이라고 확신한다. 녹색에너지는 인류를 살릴 뿐만 아니라 수익성 있는 사업이 되리라는 것이다. 유감스럽게도 이 주장은 틀렸다.

13장
돈 잡아먹는 에너지 전환

30년 흐에 배터리나 전해조의 가격이 어떻게 될지 아무도 모른다. 누구도 미래를 알 수 없으므로 정확한 예측이란 존재할 수 없다. 오스트리아계 영국인 철학자 칼 포퍼는 이 문제를 멋진 문장으로 표현했다. "만약 우리가 알게 될 것을 예측할 수 있다면 우리는 그것을 이미 알고 있을 것이다."[1] 구체적인 예측이 불가능하기에 기후 논의에서는 어느 정도 가능성이 있는 시나리오를 발전시키는 경우가 일반적이다.

이런 행동은 합당하고 이에 대한 별다른 대안도 없지만, 자기 소망을 마음대로 펼칠 수 있는 기회를 준다는 게 문제다. 그래서 대부분의 시나리오는 지나치게 낙관적이다. 연구자들은 자신의 추측은 반증할 수 없는 것이므로 반론을 겁낼 필요도 없다. 특히 옥스퍼드의 연구자들은 인류에게 뜻밖의 금전적인 축복까지 찾아올 것이라며 즐거워한다. "신속한 녹색에너지 전환은… 수조 달러의 절감 효과를 가져올 것이다."[2] 즉 기후 정책은 돈이 한 푼도 들지 않으며 막대한 이익만 창출해낸다는 것이다.

　　독일의 프라운호퍼 연구소도 비용이 발생한다는 점을 부인하지는 않지만 마찬가지로 안도감을 주는 결과를 내놓았다. 독일의 에너지 전환에 드는 비용은 매년 약 500억 유로에 달할 것이며 독일 국민이 성탄절 선물에 지출하는 비용보다 훨씬 적으리라고 한다. 연구소는 기쁜 듯이 이렇게 밝혔다. "비교 지표로… 2019년 독일의 성탄절 시즌 매출은 약 1,020억 유로로, 이는 에너지 시스템 전환에 필요한 연평균 비용의 2배에 가까운 금액이다."[3]

　　이런 시나리오들은 '동향 추세'에 의존하고 있어서 매우 낙관적이다. 과거에 태양광 발전 설비나 풍력 터빈의 가격이 급격히 하락했으니 저장 기술과 녹색수소에서도 이러한 선례가 되풀이되리라 예측하는 것이다. 실제로 배터리의 경우 뚜렷한 가격 하락 현상을 확인할 수 있다. 1992년에는 저장 용량 1킬로와트당 무려 6,035달러였는데 2016년에는 고작 244달러로 떨어졌다.[4]

　　전문가들도 친환경 기술 가격이 이 정도로 급락한 것에 놀랐다. 역사적 분석 결과가 입증하듯이 거의 누구도 이러한 발전을 예측하지 못했다. 2010년부터 2020년까지를 다룬 과거의 예측 대부분은 태양광 패널 가격이 매년 2.5퍼센트 하락한다는 가정을 바탕으로 삼고 있었다. 하지만 실제 하락폭은 매년 15퍼센트였다.[5]

　　그런데 태양광 패널, 배터리, 풍력 터빈은 흔치 않은 예외일 뿐이다. 대다수 상업용 제품은 이 정도로 가격이 급락하지 않는다. 자전거도, 냉장고도, 자동차도 이렇게 가격이 떨어지지 않았다.[6] 현재 폴크스바겐 중형차의 가격은, 1914년 디트로이트에서 양산된 포드의 T모델보다 99.6퍼센트나 더 저렴하지 않다. 오히려 자동차

가격은 100년 전보다 더 비싸다.[7] 물론 성능이 우수해지고 안정성이 높아졌지만 가격은 떨어지지 않고 오히려 상승했다.

태양광 패널, 풍력 터빈, 배터리의 가격이 이례적인 추세를 보이며 빠르게 하락했다는 사실이 기쁠 수 있다. 그렇지 않다면 에너지 전환에 드는 비용이 너무 커서, 인류는 기후 살인자인 석탄, 석유, 천연가스 같은 화석 연료에 매여 살아야 할 테니 말이다. 그럼에도 무한한 낙관주의는 틀렸다. 비록 오늘날 배터리의 가격이 30년 전보다 훨씬 싸다고 해도 배터리는 여전히 비싸다. 이미 언급했듯이 태양광 발전 설비에 배터리까지 장만하려면 비용이 2배 이상 늘어난다. 전해조도 아직 비용 대비 효율적이지 않다. 친환경 기술 가격이 더 떨어져야 에너지 전환 비용이 줄어들 수 있다. 하지만 유감스럽게도 이러한 추세가 계속될지 확실치 않다. 핵심 원료가 부족해지면 비용이 다시 급격히 상승할 수 있기 때문이다.

현재 태양광 패널과 풍력 터빈은 틈새시장에 불과하다. 전 세계적으로 태양광 발전이 1차 에너지의 0.4퍼센트를 차지하는 반면, 풍력 발전의 비중은 0.8퍼센트다.[8] 아직 전기차도 시장 점유율이 약 1퍼센트다.[9] 전 세계적으로 친환경 기술이 거의 보급되지 않은 것이나 다름없지만, 전 지구적 에너지 전환에 필요한 원료조차 충분할지에 대한 우려가 논의되고 있는 상황이다.

녹색 기술은 지금까지 충분히 공급되어온 철강, 시멘트, 알루미늄은 물론이고, 상대적으로 희소한 광물까지 필요로 한다. 특히 리튬, 니켈, 구리, 코발트, 망간, 흑연, 네오디뮴과 같은 희토류가 이에 해당한다. 비교해보자면, 기존 자동차에는 이러한 원료들이 35킬로그램가량 필요한 반면, 전기차에는 210킬로그램가량 필요하다. 무려 6배나 더 많은 것이다. 풍력 터빈도 공짜로 돌아가는 게 아니다. 설치 용량 1메가와트당 1만 킬로그램이 넘는 양의 광물이 필요하고, 해상 풍력의 경우에는 1만 5천 킬로그램이다. 태양광 패널에는 이 정도로 많은 원료가 필요하지 않지만, 7,000킬로그램은 있어야 한다. 반면 기존 화력 발전소에 필요한 원료는 훨씬 적다. 석탄 발전의 경우 1메가와트당 광물 2,500킬로그램이 필요하고, 가스 발전의 경우에는 고작 1,200킬로그램이 필요하다.[10]

따라서 전 세계가 기후 중립 경제로 전환하면 광물 수요는 폭발적으로 증가할 것이다. 국제에너지기구IEA는 2040년까지 리튬은 42배, 흑연은 25배, 코발트는 21배, 니켈은 19배, 희토류 원소는 7배로 수요가 증가하리라 예측하고 있다. 구리의 수요도 2배 이상 증가할 것이다.[11]

문제는 이러한 원료가 고갈되고 더 이상 찾을 수 없다는 점이 아니다. 지각에는 여전히 풍부한 광물이 존재하겠지만, 이러한 광물을 채굴하는 일이 점점 어려워지고 있다. 2030년까지 리튬 수요가 급증하리라 예상되는데, 기존 광산과 굴착에 착수할 예정인 광산을 모두 동원해도 이 수요의 절반밖에 충당할 수 없다. 그런데 새로운 광산을 개척하는 데는 약 16년 정도 걸린다.[12] 전기차, 배터리, 스마트폰, 랩톱, 태블릿의 필수 원료인 리튬은 부족해질 것으로 예상된다.[13]

게다가 채굴이 이어지다 보면 어떤 매장지든 품질이 점점 떨어지기 마련이다. 이는 경제 논리가 적용되기 때문이다. 처음에는 쉽게 채굴 가능하고 광물 품질이 좋고 수익성이 높은 광석층부터 채굴된다. 최상급 광석층의 매장량이 고갈되거나 수요를 충족하지 못할 때에야 수익성의 측면에서 덜 매력적인 광석층이 개발된다. 이와 관련하여 자주 인용되는 예가 구리다. 칠레는 세계 최대의 구리 수출국이지만, 채굴되는 광석 속 구리 함유율은 불과 15년 만에 약 30퍼센트 감소했다. 구리 함유율이 적어질수록 구리를 얻기 위해 더 많은 에너지와 광석이 필요하기에 생산 비용, 온실가스 배출량, 폐석량이 증가한다. 국제에너지기구는 이런 결론을 내렸다. "이러한 광물 공급의… 위험성은 관리 가능하지만, 실재로 존재하는 위협이다."[14]

이러한 우울한 예측에도 기술낙관론자들은 별다른 위기 의식을 느끼지 못한다. 이들은 무궁무진한 에너지가 공급되는, 무한한 태양광 에너지 제국을 믿는다. 실리콘밸리의 기업인 토니 세바는 이러한 비전을 아주 독특하게 표현했다. "석기 시대가 끝난 것은 더 이상 돌이 없어서가 아니다. 더 나은 기술, 이른바 청동이 나타났기 때문이다… 말과 마차의 시대가 끝난 것은 말이 부족해졌기 때문이 아니다. 더 우수한 기술인 내연 기관이 나타났기 때문이다… 필름 사진의 시대가 끝난 것은 더 이상 필름이 없어서가 아니다… 인터넷이 신문을 죽인 건 더 이상 종이가 없어서가 아니다… 휴대폰이 구식 유선 전화를 대체한 것은 구리가 고갈되어서가 아니다. 지금도 향후 100년은 너끈히 사용할 수 있는 구리가 땅에 매장되어 있다."[15] 즉, 낙관론자들의 메시지는 이렇다. 인간의 창의력은 무궁무진하다. 인간의 지능이야말로 가장 중요한 원료다. 결국 지구는 우리에게 필요한 것을 제공할 것이다.

과거에는 부족해 보였지만 나중에는 남아돌았던 원료들이

존재한다는 사실을 부인할 수는 없다. 특히 1972년에 출간된 베스트셀러 『성장의 한계 The Limits to Growth』는 20세기 후반에 금 매장량이 완전히 고갈될 것이라는 추측을 내놓았다.[16] 2000년은 이미 찾아와 지나갔지만 여전히 우리는 금을 살 수 있다. 그사이 '알려진' 금 매장량이 5배 증가했기 때문이다. 같은 시기에 은 매장량은 3배 증가했고, 심지어 알루미늄 매장량은 25배가량 증가했다.[17]

두 효과가 일어나면 결핍을 과잉으로 바꿔놓을 수 있다. 첫째, 가격이 상승하면 원료를 더 아껴 쓰는 게 이익이 된다. 태양광 발전 설비에서 이런 현상을 관찰할 수 있다. 현재의 태양광 패널에는 과거보다 은과 실리콘이 40~50퍼센트 덜 사용되어 있으며 이는 태양광 발전 산업이 성장하게 만든 요소이기도 하다.[18] 둘째, 원료가 비싸지면 새로운 매장지를 찾는 일이 수익성을 띠게 된다. 좋은 예가 구리다. 1970년에 구리 매장량은 2억 8천만 톤으로 알려졌지만 이후 약 6억 톤이 소비되었다. 현재 사용 가능한 구리 매장량은 약 8억 7천만 톤이다. 소비량에 따라 매장량이 증가한다니 이야말로 패러독스다.[19]

게다가 기술낙관론자들은 희토류 원소가 전혀 희소하지 않다고 지적한다.[20] 맞는 말이다. 전 세계 매장량이 약 1억 2천만 톤으로 추산되는데 현재 매년 약 28만 톤만 소비되고 있다.[21] 이 정도 매장량이면 오랫동안 쓸 수 있을 것이다. 하지만 이 원소들은 자연 상태에서는 나타나지 않고, 항상 다른 광물, 주로 방사성 광물과 결합되어 있다. 이 희토류 원소를 분리하기 위해 산과 염류를 사용하는데 이때 매우 유독한 방사성 폐기물이 남는다.[22] 이러한 처리 과정에도 비용이 많이 들어 가격이 상승한다. 네오디뮴은 2020년

4월~2022년 4월 사이에 무려 4배나 가격이 껑충 뛰었다.[23]

리튬 가격도 불과 1년 만에 10배나 뛰어 2022년 4월에는 1톤당 74,270달러를 경신했다.[24] 그래서 분석가들은 2022년부터 새로운 현상이 나타날 것이라고 전망했다. 배터리 가격이 더 이상 하락하지 않고 상승한다는 것이다.[25] 그토록 신뢰할 수 있어 보였던 추세가 뒤집어진 것이다.

리튬이나 네오디뮴의 가격은 언젠가 다시 하락할 수 있다. 원료 가격은 항상 변동하기 마련이고 투기꾼들의 영향을 많이 받기 때문이다. 그럼에도 저렴한 광물의 시대는 끝났다는 징후가 이미 오래전부터 나타나고 있다. 다시 구리 가격을 예로 들어보겠다. 2000년 초반 구리는 1톤당 1,850달러였으나 2022년 5월에는 9,392달러로 치솟았으며 앞으로도 계속 상승할 가능성이 있다.[26] 세계 경제는 계속해서 더 많은 광물을 소비하지 않고서는 성장할 수 없기에 원료 가격은 엄청나게 상승할 것이다. 지구는 무자비하게 약탈당하고 있다. 이러한 양상은 과거를 돌아보면 명확해진다. 1900년에는 2015년에 소비된 원료의 12분의 1만 필요했다. 그런데 이 소비 속도가 급격히 가속화되었다. 1900년 이후에 소비된 모든 원료의 약 3분의 1이 2002년과 2015년 사이에 소비되었다.[27]

기업들은 특히 많이 부족한 원료를 대체할 방안을 찾으려 애쓰고 있다. 코발트가 들어가지 않는 자동차 배터리 혹은 이리듐을 최대한 적게 사용하는 전해조를 연구 중이다.[28] 이런 식으로 각각의 애로 사항을 다룰 수는 있겠지만 근본적인 악순환은 그대로 남아 있다. 원료에 대한 전 세계적 수요는 꾸준히 증가하고 있다. 하지만 최상급 매장지는 고갈되었고 광석 내 함유량이 감소하면서 동

13장 돈 잡아먹는 에너지 전환

일한 양의 원료를 얻기 위해 더 많은 양을 채굴할 수밖에 없게 되었다. 결국 엄청나게 많은 '죽은 물질'을 옮겨야 하므로 가격 또한 상승한다.

　　재활용도 꾸준한 도움을 주지 못한다. 휘발유나 디젤은 연소되면서 이산화탄소라는 휘발성 쓰레기를 남기는 반면, 배터리나 전해조는 다시 활용할 수 있다는 장점이 있다.[29] 사용한 폐배터리를 일종의 '채석장'으로 재활용*하는 아이디어는 좋지만, 아무리 훌륭한 순환경제일지라도 현실적인 원료 문제를 해결할 수는 없다. 여기에는 여러 이유가 동시에 얽혀 있다. 첫째, 대다수 배터리는 만들어진 지 얼마 안 되어 아직 수명이 다하지 않았다. 따라서 새 배터리를 만들어내기 위해 재활용하기 어렵다. 둘째, 재활용된 원료는 신선한 원료와 품질이 동일하지 않고, 낡은 고철이나 다름없다.[30] 재활용된 원료의 일부만 '기존의 용도'로 사용될 수 있고, 나머지는 '다운사이클링Downcycling'을 거쳐 도로 포장 자재 정도에 쓰일 수 있다. 셋째, 재활용은 공짜가 아니다. 그 과정에서 에너지가 들기 때문에, 따지고 보면 절약이 아닌 경우가 많다. 넷째, 녹색 성장은 결국 경제 성장인데, 이는 전보다 더 많은 원료가 필요함을 뜻한다.[31] 국제에너지기구의 산출 결과에 따르면 2040년에 재활용을 통해 필요한 배터리 원료의 10퍼센트를 충당할 수 있으리라 예측된다.[32] 리튬, 구리, 코발트 부족 현상을 메우기에는 턱없이 부족한 양이다.

　　원료 가격이 상승하면 최종 가격에 반영되기 마련이다. 배터

---

*　폐배터리에서 여러 금속을 추출해내어 다시 사용하는 것을 가리킨다.

리의 경우 광물 비용이 전체 비용의 최대 70퍼센트를 차지한다. 제조업체들은 자신이 일군 성공의 희생자가 된 셈이다. 지난 10년 동안 생산비가 급격히 하락했기에 이제 큰 비중을 차지하는 항목은 원료 가격뿐이며 이것이 배터리 가격을 좌우한다.[33]

원료만 부족해지고 비싸지는 게 아니라 노동력도 부족해질 수 있다. 에너지 전환에는 대규모 건설 사업도 필요하다. 태양광 발전 설비, 풍력 터빈, 열 펌프, 가스 발전소 등을 세워야 하기 때문이다. 녹색당의 의회 원내대표단은 2035년에는 약 76만 7천 명의 기능직 노동자와 엔지니어가 필요하리라고 추산했다. 즉, 이미 인력 부족을 겪고 있는 직업군에서 충원해야 한다.[34] 주택 소유자들은 무슨 뜻인지 이해할 테다. 난방 설치 기사는 지금도 구하기 어렵다. 물론 직업 교육을 확대해 더 많은 인력을 기술 기반의 기후 보호 분야로 유입할 수 있을지도 모른다. 그러나 이렇게 채용된 사람들이 인력 부족과 자신들의 높은 수요를 깨달아 임금이 상승할 것이다.

에너지 전환은 결코 저렴하지 않고 비싸다. 이 결론이 놀랍게 들릴 수 있는데, 많은 기후보호론자가 단순하게 수치만 계산해 제시해왔기 때문이다. 이들은 태양광 발전 설비가 최대 2년 내에 생산과 폐기물 처리 에너지를 상쇄할 만큼의 에너지를 만들어낼 것이라고 한다.[35] 그리고 태양광 모듈의 사용 연한은 최대 20년이기에 그 후 18년 동안은 공짜로 에너지를 제공받을 거라고 얘기한다.[36] 풍력 터빈은 이보다 수익성이 높다. 건설하고 늦어도 11개월 후면 투자한 만큼 본전을 뽑을 수 있고, 그 후 수년간 공짜로 에너지를 얻을 수 있다고 한다.[37] 이렇게 효율적인 사업을 수익성 없다고 할 수 있겠는가?

이 훌륭한 계산은 시스템 비용을 제외하기에 결함이 있다. 독일은 24시간 내내 에너지가 필요하다. 하지만 풍력 터빈과 태양광 발전 설비는 조건이 갖춰졌을 때만 전력을 생산할 수 있다. 그래서 에너지 공백을 메우기 위한 배터리와 수소가 필요한 것이다. 뻔해서 자주 간과되는 사실이 있는데, 저장 장치는 새로운 에너지를 생성하는 게 아니라 보관만 해줄 뿐이며 그 과정에서 많은 에너지가 소비된다는 점이다. 전체 시스템의 관점에서 보면 결국 순수하게 얻는 에너지량은 엄청나게 줄어든다.

에너지 전환은 피할 수 없는 일이지만 풍요로운 삶을 보장하지는 않는다. 재생에너지는 계속 부족하며 비쌀 것이다. 많은 연구 결과는 에너지가 품귀 상품이라는 점을 암묵적으로 인정한다. 모든 연구 시나리오가 어떻게 효율이 증가할 수 있을지에 집중하고 있기 때문이다. 시나리오의 기본 아이디어는 이렇다. 전력이 한정되어 있다면 이를 더 효율적으로 사용해야 한다는 것이다. 이런 생각 자체는 좋지만 헛된 희망이 함께한다.

14장
실현될 수 없는 탈동조화의 꿈

현재 독일은 연간 12,779페타줄이라는 엄청난 양의 에너지를 소비한다.[1] 이 수치는 너무 추상적이라 간단한 비교가 도움이 될 것이다. 이 양은 매년 이집트의 가장 큰 피라미드만 한 소행성 13개가 독일에 충돌할 때 발생하는 에너지량과 같다.[2] 터무니없는 상상이지만, 이를 통해 독일의 에너지 의존도가 어느 정도인지 짐작할 수 있다.

    이렇게 막대한 양의 에너지를 계속 소비한다면 어떠한 기후보호 노력도 실패할 것이다. 재생에너지는 소비량의 극히 일부만 충당할 수 있기 때문이다. 그래서 모든 시나리오는 에너지 소비량을 급격히 줄여야 함을 전제로 삼으며, 대다수 연구는 최소 절반을 줄여야 한다고 본다.[3] 즉, 극단적인 에너지 절약이 요구된다.

    그렇다면 사실 경제도 축소되어야 하는 게 논리적인 결론이다. 모든 기술은 에너지가 꾸준히 공급될 때만 작동하기 때문이다. 물론 대다수 기후보호론자는 녹색성장이 가능하다는 확고부동한

입장을 취하고 있다. 특히 기후중립재단Stiftung Klimaneutralität은 전후의 호황기에 견줄 만한 '경제 기적'을 약속하며 확신에 가득 차 있다.[4]

따라서 일종의 최소 극대화 원칙이 추구된다. 적은 에너지로 더 많은 상품과 서비스를 만들어내자는 것이다. 투입과 산출이 '탈동조화'될 수 있다는 점이 핵심 아이디어다. 마치 조금만 공부해도 좋은 성적을 받을 수 있는 것처럼 행동하는 십 대들을 연상시키는 개념이다.

그럼에도 '탈동조화'라는 아이디어가 완전히 틀렸다고 볼 수는 없다. 실제로 일부 분야에서는 쉽게 에너지를 절약할 수 있기 때문이다. 예를 들면 재생에너지에는 이런 이점이 있다. 풍력과 태양광으로 얻은 전기는 바로 전력망에 공급될 수 있다. 반면 전통적인 석탄 및 가스 화력 발전소는 먼저 연료를 태워 터빈을 가동해야 비로소 전기를 생산하고 공급할 수 있기에 매우 비효율적이다. 재생에너지를 생산할 때는 이러한 소모적인 중간 단계가 생략되는 덕에 1차 에너지 절약 효과가 뛰어나며 약 23퍼센트를 아낄 수 있다고 한다.[5]

에너지 생산의 관점에서만 더 효율적인 게 아니다. 소비자 입장에서도 바로 전기로 변환되면 때때로 편리하게 에너지를 절약할 수 있다. 전형적인 예가 건물 난방용 전기식 열 펌프다.[6] 이 전기식 열 펌프는 냉장고와 작동 원리가 동일한데, 작동 방향만 다르고 더 높은 성능을 발휘한다. 잘 알다시피 냉장고는 내부 열을 밖으로 내보냄으로써 냉각된다. 반면 열 펌프는 주변 공기나 땅의 열을 건물 내부로 들인다. 바닥 난방 시설을 갖추고[7] 단열이 잘되어 있는 경우, 1킬로와트시의 전기로 3~4킬로와트시의 열을 생산할 수 있다. 열 펌프는 단독 주택과 연립 주택은 물론, 아파트 단지에도 설치 가능하다.[8] 모든 적합한 건물에서 이러한 신기술을 활용한다면 일반 가구 전체의 총에너지 소비량을 3분의 1, 혹은 절반가량 줄일 수 있다.[9]

잠시 간단히 정리해보면, 화석 연료 발전소를 폐쇄하고 열 펌프를 도입할 경우 전체 에너지 수요가 31~36퍼센트 줄어들 수 있다.[10] 이 결과는 인상적이지만 충분하지 않다. 대부분의 시나리오는 에너지 소비량이 최소 50퍼센트 이상 줄어들어야 한다고 가정하기 때문이다. 하지만 더 이상 다른 간단한 해결법이 없다. 전기차는 마치 에너지 효율의 기적을 일으킨 것처럼 칭송받지만, 자세히 살펴보면 배터리를 사용하는 전기차에는 큰 미래가 없다는 점이 드러난다. 적어도 개인용 전기차는 그러하다.

이런 예측은 놀랍게 들릴 수 있다. 일상에서 전기차는 무려 64~70퍼센트의 효율을 보이며 많은 에너지를 절약하게 해주기 때문이다.[11] 반면 휘발유 엔진은 효율이 매우 떨어져서 투입된 에너지의 약 20퍼센트밖에 사용하지 못한다. 평범하게 주행할 때도 에너지의 80퍼센트가 손실되는 셈이다. 교통 체증이나 신호에 걸려 멈출 때는 효율이 5퍼센트까지 뚝 떨어질 수 있다.[12] 디젤 차량의 에너지 효율은 그나마 좀 더 낫지만 전기차에는 못 미친다.

전기차가 높은 효율을 뽐내는 반면, 내연 기관 자동차는 폐열을 생산하기에 종종 '움직이는 난방기'라고 비웃음을 당한다. 막대한 자금이 연구에 투입되었음에도 내연 기관 자동차의 효율이 대폭 개선될 수 있다는 희망은 보이지 않는다. 기본 설계 자체에

문제가 있기 때문이다.[13]

따라서 전기차는 팬층을 보유하고 있다. 전기차를 소유한 빌 게이츠도 환호한 바 있다. "나는 전기차를 1대 갖고 있는데 이 차를 정말 좋아한다."[14] 전기차는 소음을 거의 내지 않고 도시를 돌아다닐 수 있다. 하지만 도로 위를 달리는 '기후 보호 수단'이라고 할 수는 없다. 대형 전기차용 배터리를 생산할 때 15~20톤의 이산화탄소가 배출되기 때문이다. 연비가 괜찮은 내연 기관 자동차가 20만 킬로미터 이상 달렸을 때 배출하는 양과 동일할 정도로 어마어마하다.[15] 휘발유 차량이 '움직이는 난방기'일지도 모르나, 이렇게 따져보면 전기차도 기후 보호의 측면에서는 그다지 나을 게 없다. 물론 소형 전기차는 효율이 더 높지만, 휘발유 차량을 제치고 기후 보호 측면에서 이기려면 최소 4만 킬로미터를 주행해야 한다.[16]

전기차와 내연 기관 자동차는 자주 비교되지만, 구동 방식만 비교하는 편협한 관점에서 바라보면 자동차라는 것 자체가 근본적으로 얼마나 비효율적인지 종종 놓치게 된다. 전기차의 경우 중량이 1~2톤에 달하는데 평균 1.3명을 운송한다.[17] 에너지 공급이 절반으로 줄어드는 미래에는 이런 낭비가 불가능할 것이다.

자동차 수는 줄어들어야 한다. 이는 모든 연구의 공통 주장이다. 현재 독일의 자동차는 거의 5천만 대에 달하는데 향후 3천만 대로 줄어야 한다.[18] 그럼에도 독일인들은 길가에서 발이 묶일까 봐 두려워할 필요가 없다. 자동차를 더 효율적으로 활용할 수 있는 방안이 있기 때문이다. 현재 자동차들은 하루 평균 23시간 동안 사용되지 않은 채 그저 주차되어 있다. 하지만 디지털화를 통해 이 자동차들을 지금 당장 필요한 곳으로 안내할 수 있을 것이다.[19] 앞으로 자동차가 자율적으로 주행하며 운전을 제어해야 한다는 아이디어가 특히 많은 인기를 끌고 있다. 오늘날 스트레스를 받으며 운전대를 잡고 있는 사람은 미래에는 운전에 신경을 끈 채 편안하게 커피를 즐기며 방금 온 이메일을 살펴볼 수 있다. 목적지에 도달하면 자동차는 계속 주행하며 다음 승객을 태운다.

이러한 비전은 에너지 절약과 자가용 포기가 즐거운 일이 될 수도 있다고 암시한다. 이에 대해 반박할 것은 없다. 자동차를 소유하지 않아도 행복해질 수 있으니 말이다. 그러나 이런 정교한 모델에서 간과되는 점은, 자동차 수를 줄인다고 해서 녹색성장이 생겨나지 않는다는 점이다. 오히려 이건 녹색축소다.

현재 독일에서는 약 175만 명이 직간접적으로 자동차 업계에 종사하고 있다.[20] 자동차 수가 40퍼센트 감소한다면 많은 사람이 실업자가 될 것이다. 일부 자동차 기업 직원들은 버스 기사로 일하거나 국영 철도 회사 도이체반Deutsche Bahn에 고용될 수도 있겠다. 모든 시나리오에서 근거리 및 원거리 교통량이 급격히 늘어날 것으로 추정되기 때문이다. 하지만 향후 폴크스바겐에서 밀려난 모든 직원이 철도 회사에서 일자리를 구할 수 있을 만큼 철도 기관사가 많이 필요하지는 않을 테다.

대외 수출 증가도 독일의 자동차 업계 일자리를 살리기 위한 선택지가 될 수 없다.[21] 독일의 자동차 수출 물량은 이미 너무 많아서 더 이상 늘릴 여지가 없다. 2020년 독일의 자동차 기업들은 총매출의 64.2퍼센트를 해외에서 벌어들였다. 더는 성장할 수가 없다. 무엇보다, 독일이 가벼운 소형 전기차를 만들어 판다 해도 인기가 없을 것이다. 이런 차는 어느 나라든 만들어낼 수 있기 때문이다. 독일의 자동차 대기업들이 성공한 이유는, 공룡처럼 거대한 구식 기술을 완벽히 다듬었기 때문이다. 이들은 내연 기관 고급차를 전문적으로 생산하는데, 유감스럽게도 이런 차들은 기후 보호에 기여하지 못한다.

    자동차 산업만 유일하게 축소되어야 하는 분야가 아니다. 많은 기후 연구가 항공 문제를 배제하고 있지만 항공 업계의 미래도 불투명하다. 연구자들은 사람들이 향후 발리나 마요르카섬으로의 비행이 중단될 것이라는 사실에 굳이 직면하지 않았으면 싶은 듯하다. 제트 여객기는 기후에 너무나 많은 피해를 주기에 앞으로 사람들은 전 세계와 대륙을 거침없이 날아다니지 못할 것이다.

공식적으로 항공 여행은 독일의 온실가스 배출량의 3퍼센트만 차지한다. 이 수치는 대수롭지 않아 보이지만 유감스럽게도 완벽한 진실이 아니다. 연료가 지상에서 연소되는 경우와 상공 1만 미터에서 연소되는 경우 사이에는 결정적인 차이가 있기 때문이다. 항공기가 항공유를 연소하면 이산화탄소뿐만 아니라 수증기와 그을음도 발생하여 온실 효과를 엄청나게 증폭하는 비행운과 권운이 형성된다. 지구의 열은 더 이상 우주로 발산되지 못하고 이 구름들에 흡수되어 지구로 재방출된다. 따라서 독일이 책임져야 할 기후 피해의 약 10퍼센트는 항공 여행에서 비롯된다.[22]

    특히 주로 잘사는 사람들이 기후에 피해를 주는 케로신을 소비한다. 가난한 독일인은 5년에 한 번꼴로 비행기를 타는 반면, 부유한 독일인은 1년에 세 번 정도 비행기를 타고 훨씬 먼 거리를 이동한다.[23] 전 세계 통계를 보면 이러한 차이가 극명하게 드러난다.

전 세계 인구의 약 90퍼센트는 비행기를 타본 적도 없는 반면, 전 세계 케로신 사용량의 절반 이상은 상위 1퍼센트에 해당하는 제트족jet set이 소비한다.[24]

독일에서 뉴욕까지 왕복 비행 시 1인당 약 2.6톤의 이산화탄소가 발생하고, 독일에서 호주까지 왕복 비행 시에는 약 5.8톤의 이산화탄소가 발생한다.[25] 부자들이 쉴새없이 비행기를 탈 때마다 엄청난 양의 이산화탄소가 생성되는 것이다. 몇 년 전 교통과 환경 연구자 슈테판 괴슬링은 유명 인사들의 비행기 여행을 자세히 조사해보기로 했다. 페이스북과 인스타그램 등의 게시글을 분석하면 되었기에 조사 방식은 아주 단순했다. 결과는 다음과 같다. 1위는 2017년에 최소 350시간을 개인 전용기에서 보낸 빌 게이츠가 차지했으며 그가 배출한 이산화탄소는 1,600톤 이상이었다. 그다음으로 사업가 패리스 힐튼과 배우 제니퍼 로페즈가 각각 1,200톤과 1,000톤의 이산화탄소를 배출하며 2위와 3위를 차지했다.[26]

빌 게이츠는 자신이 기후에 해를 끼치고 있음을 잘 안다. 자책하듯이 인정했다. "나는 큰 집을 소유하고 전용기를 타고 다닌다… 내 탄소 발자국이 어마어마한 건 사실이다." 하지만 스스로 해결책을 찾았다고 생각한다. "2020년부터 지속 가능한 항공유를 구매하고 있다." 그는 이 첨단 바이오 연료가 일반 항공유보다 약 2.5배 더 비싸다고 계산해 보였다.[27] 그러니까 돈으로 모든 기후 문제를 해결할 수 있다는 메시지를 전한 것이다.

이 억만장자는 외롭지 않다. 독일 정부도 항공기에 '지속 가능 항공유SAF'를 도입하려고 한다. 2030년까지 일반 케로신에 최대 2퍼센트의 E-케로신을 섞도록 의무화하고 있다. 하지만 지속 가능 항공유 중 '바이오 연료'가 정말로 '바이오'인지는 의심스럽다. 바이오 연료는 유채, 옥수수, 팜유 같은 단일 재배 작물에서 얻는데 이 작물들은 식량 생산에 필요한 경작지를 차지하기 때문이다. 그래서 바이오매스를 물속에서 생산함으로써 경작지를 보호하기 위해 한동안 해조류에 희망을 걸어왔다.[28] 물론 이 열기는 식었다. 독일항공우주센터DLR는 밝혔다. "해조류 열풍은 끝났다."[29]

게다가 농업 기반 바이오 연료는 사실 기후 중립과는 거리가 멀다. 식물이 흡수한 만큼의 이산화탄소만 다시 배출되기에 추가 이산화탄소 발생이 없다는 장점은 있다. 하지만 여전히 수증기와 그을음이 발생하며 비행운과 권운도 생긴다.[30] 비행기가 주는 피해는 기존의 절반 수준으로 줄어들지만, 해로움은 여전하다. 결국 돈으로는 모든 기후 문제를 해결할 수 없으며 빌 게이츠는 세계 최고의 환경 범죄자일 뿐이다.

인류가 진정으로 기후를 보호하고자 한다면 지상에만 머물러야 한다. 이러한 깨달음은 너무 고통스러워서 녹색당도 외면하고 싶어 한다. "비행은 정말 대단한 성과입니다." 교통 전문가 토니 호프라이터는 열광한다. "비행은 사람들을 서로 이어주고, 문화 교류를 촉진합니다." 그러나 토니 호프라이터도 앞으로 항공기들이 농업 기반 연료보다 합성 케로신(E-케로신)을 사용하게 될 것이라 생각한다.[31]

합성 케로신은 앞서 사막 전력을 설명하며 소개했던 공정과 기술적으로 유사한 방식으로 만들어진다. 태양에너지를 이용해 생성한 수소를 이산화탄소와 결합해 E-케로신을 합성해낸다. 하지만 이 기발한 아이디어의 실행에는 엄청난 양의 전력이 필요한 탓에 E-케로신의 가격은 기존 연료보다 적어도 3배 이상이라는 단점이 있다.[32] 게다가 친환경 기술 비용이 줄지 않고 원료가 부족해진다면 가격은 천정부지로 치솟을 수 있다.

적어도 E-케로신은 바이오 연료보다 그을음과 수증기를 덜 생성하고, 최적의 비행 경로에서는[33] 기후 피해가 심지어 약 90퍼센트까지 감소할 수 있다고 한다. 이는 상당한 성과지만 충분하지 않다. 인류가 기후 재난을 피하려면 넷제로Net Zero*를 달성해야 하기 때문이다. 남은 배출량이 10퍼센트일 뿐이라고 해도 10퍼센트는 여전히 너무 많은 양이다.[34]

심지어 기후보호론자들도 이런 사실을 무시하며, 어떻게 하면 최대한 절약해서 장거리 여행을 할 수 있는지에 관해 선의의 팁을 공유한다. "장기 여행을 권한다. 현지인 입장에서는 관광객이 한 번 와서 오래 머무르든, 세 번 와서 짧게 머무르든 상관없다."[35] 따라서 카나리아 제도를 여행한다면 최소 3주는 머물러야 한다.

하지만 제트 여객기를 이용한 장기간의 느긋한 여행은 해결책이 될 수 없다. 비행기를 타고 여행하고 싶은 사람은, 부유한 독일인만이 아니라 전 세계인이 공평하게 '장기간의 장거리 여행'을 해도 된다는 사실을 인정해야 한다. 수십억 명이 비행기를 탄다면 아무리 각 비행이 적은 피해를 유발한다고 해도 조만간 기후가 붕괴될 것이다.

항공사들은 미래를 원한다면 넷제로를 약속해야 한다는 사실을 이미 안다. 그래서 이들은 2050년까지 완전한 기후 중립을 달

---

* 이산화탄소를 포함한 모든 온실가스의 배출량을 0으로 만드는 것을 의미한다.

성하겠다고 약속했다. "과학 및 기술적 기반은 이미 마련되었습니다." 루프트한자는 자사 홈페이지에서 낙관적으로 광고했다. 하지만 "오늘날 아직 모든 해법이 드러나 있지는 않습니다"라는 단서를 붙였다.[36] 이 몇 마디에서 항공사들도 어떤 방법으로 기후 중립을 완전히 달성할지 갈피를 잡지 못한다는 사실을 알 수 있다.[37]

기후 보호를 원한다면 항공기 여행을 중단해야 한다. 이는 가혹한 일이다. 전 세계를 경험할 수 있다는 것은 일종의 자유이기 때문이다. 게다가 독일에서 약 85만 명이 항공 관련 상업 분야에 종사한다.[38] 독일이 진정 기후 보호를 심각하게 여기고 실행에 옮긴다면 이들은 전부 새로운 일자리를 찾아야 한다.

새 일자리 자체가 부족하지는 않을 것이다. 생태적 농업은 현재의 농업보다 훨씬 많은 노동력을 필요로 하고, 독일의 숲도 기후 변화 때문에 심하게 고통받아 전면적인 재조림이 이루어져야 하기 때문이다. 다만 이러한 구제 조치를 녹색성장이라고 부를 수는 없다. 이런 조치들은 당연히 이루어져야 하지만 자본주의적 부가 가치를 창출하지 못한다. 결국 경제 전반은 축소될 것이다.

항공기가 없어도 대륙 간 교류는 유지될 수 있다. 배가 있기 때문이다. 케냐 직송 신선한 꽃꽂이용 꽃이나 페루 직송 '항공 망고'는 더 이상 구매할 수 없겠지만, 거의 모든 상품을 선박으로 운송할 수 있다. 하지만 선박도 완전히 무해한 것은 아니며, 현재 전 세계 온실가스 배출량의 약 3퍼센트를 차지한다.

전 세계가 친환경 에너지로 전환하면 이러한 배출량의 일부를 감소할 수 있다. 현재 해상 화물의 약 43퍼센트가 석유, 석탄, 천연가스로 운송되기 때문이다.[39] 그런데 해상 무역 상품의 대다수는 여전히 높은 수요를 갖고 있다. 선박은 주로 철, 강철, 곡물, 목재, 인, 보크사이트 등을 운송한다. 비록 이런 물품이 큰 주목을 받지는 못하지만 말이다. 한편 컨테이너는 세계화의 상징으로 부상했는데, 사실 해상 화물의 16퍼센트 정도만 컨테이너에 실린다.[40] 그럼에도 컨테이너가 국제 무역의 상징이 된 것은 우연이 아니다. 컨테이너는 주로 가공 제품을 운반하는 데 사용되며 이 제품들은 전체 상품 가치의 약 60퍼센트를 차지한다.

조선 업계는 2050년까지 기후 중립을 달성하겠다고 약속했다. 그러나 아직 적절한 추진 장치가 개발되지 않아 연구가 더 필요하다. 애초에 배터리는 제외된다. 너무 무거운 데다 해상 운송에 충분한 전력을 공급하려면 배터리로 선박을 가득 채워야 하기 때문이다. 그러면 화물을 실을 자리가 없다. 그렇다면 남은 건 녹색 수소밖에 없다. 태양에너지로 얻은 수소를 메탄올이나 암모니아로 변환하는 것이다. 프라운호퍼 연구소 등이 참여해 이 연료를 이용한 엔진의 시제품을 개발 중이다.[41] 이렇게 기술적인 문제는 어느 정도 해결 가능한 듯하지만, 모든 합성 연료와 마찬가지로 친환경 선박 연료 역시 에너지 소모량이 너무 많고 비싸다.[42]

세계화는 끝나지 않겠지만 변모할 것이다. 고가의 친환경 연료가 도입되면 많은 저가 상품을 먼 국가에서 수입해봤자 남는 게 없다. 항해 비용이 지나치게 높아지면 크루즈 여행이 계속 인기를 끌 거라 기대하기 어렵다. 다만 순수하게 경제적인 관점에서 보자면 크루즈 업계의 손실은 감수할 만할 것이다. 현재 전 세계의 크루즈 선박 수는 겨우 500척이기 때문이다.[43]

따라서 녹색경제는 위축될 수밖에 없다. 모든 자동차에 충분한 친환경 전력이 공급될 수 없고, 항공기는 완전한 기후 중립을 달성할 수 없고, 친환경 선박 연료는 지나치게 고가이기 때문이다. 문제는 여기에서 끝나지 않는다. 산업계도 석유, 천연가스, 석탄과 결별하기 힘들다. 이 연료들은 값쌀 뿐 아니라 화학 공정을 가동하는 데 필요하다. 이런 상황을 설명하기 좋은 예가 철강이다. 철강은 산화철에서 생성되는데, 먼저 산화철 속 산소를 제거해야 한다. 이때 코크스는 두 가지 역할을 한다. 용광로를 1,000도 이상으로 가열시켜주는 동시에 산화철 속 산소와 반응한다. 그리고 순수한 철이 생성되면서 다량의 이산화탄소가 발생한다. 독일 뒤스부르크에 소재한 철강 회사 티센크루프Thyssenkrupp는 매년 2천만 톤의 이산화탄소를 배출한다. 이 철강 회사 하나가 스위스 배출량의 절반 가량을 배출하는 것이다.

한편, 녹색수소가 코크스의 역할을 대신할 수도 있다. 그러면 더 이상 이산화탄소가 아니라 순수한 물이 굴뚝에서 배출될 것이다. 하지만 녹색수소는 에너지 소모가 매우 심해서, 철강 산업을 위해 추가로 1만 2천 기의 풍력 터빈이 필요할 것이다. 참고로 현재 독일에서 가동 중인 풍력 터빈은 약 3만 기라는 점을 기억하길 바란다.

따라서 생산 비용은 상당히 높아지며, 철강 가격은 1톤당 400유로가 아니라 600유로로 오를 것이다.[44] 그럼에도 자동차 운전자들은 더 이상 차를 몰고 다닐 수 없을까 봐 걱정하지 않아도 된다. 적어도 부퍼탈 연구소는 그렇게 말한다. 이곳 기후경제학자들은 중형차의 가격은 거의 오르지 않을 것이며 "비용 상승은 1퍼센트 미만을 맴돌 것이 확실하다"[45]고 안심시킨다.

현재까지 원료비는 제품 가격을 크게 좌우하지 않았고 자동차 혹은 휴대폰 가격을 결정하는 데만 얼마간 영향을 미쳐왔다. 그러나 이러한 패턴을 기후 중립적 미래에 그대로 적용할 수는 없다. 친환경 에너지만으로는 현재 제조되고 있는 전체 생산품을 충분히 만들어낼 수 없다는 게 자명하기 때문이다. 이미 화학 업계는 친환경적 생산으로 전환했을 때 총에너지 수요가 어느 정도일지 계산해보았는데 1년에 무려 685테라와트시라는 결론이 나왔다.[46] 현재 독일 전역이 1년에 소비하는 전력량보다 많다.

이런 에너지의 일부를 해외에서 수입하는 방법도 있지만, 사막 전력이라는 예를 통해 이미 확인했듯이 비용이 저렴하지 않을 것이다. 따라서 화학 산업의 에너지 수요를 실제보다 낮게 계산하는 것이 기후 정책 분야의 기록 경쟁 '스포츠'가 되었고, 결국 372테라와트시라는 수치가 나왔다.[47] 총에너지 수요 685테라와트시의 거의 절반을 줄인 셈인데, 이는 생산량 자체가 줄어야 가능할 것이다. 한편, 녹색경제로 전환되면 일부 제조 공정은 저절로 시대에 뒤떨어진 것이 된다. 생태적 농업에서 화학 비료는 거의 필요 없기에 암모니아 합성은 점점 사라질 것이다. 기초 화학 산업의 일부는 일조량이 많고 친환경 전력이 훨씬 저렴한 국가로 이전할 수도 있다.[48] 무엇보다 사람들은 순환경제, '기계 및 화학적 재활용'에 희망을 걸고 있다. 하지만 아직 전반적인 재활용이 어떤 식으로 가능할지 명확하지 않다. 대부분의 물질은 여러 번 사용되면 품질이 떨어진다. 부버탈 연구소도 계획 중인 재활용 방식들이 아직 충분히 분석되지 않았다고 인정했다.[49] 결국 앞으로도 에너지 수요는 매우 높을 가능성이 있으며, 생산량은 더욱 감소할지도 모른다.

게다가 화학 산업이 완벽한 기후 중립을 달성하기란 애초에 불가능하다. 현재도 전 세계 온실가스 배출량의 약 2퍼센트를 불가피하게 배출할 수밖에 없기 때문이다.[50] 그래서 대기업들은 대기 중 이산화탄소를 포집해 지하에 저장해야 하는데, 이 과정 때문에 비용이 더 증가한다. 화학 산업은 여전히 자신의 기후 중립적 미래가 어떤 모습일지 연구 중이다.[51] 이 업계도 완전히 축소되어야 하며 에너지 수요가 워낙 높기에 녹색성장이 불가능하다는 사실만은 확실하다.

콘크리트를 포기하기 어려운 건설업도 사정이 복잡한 건 마찬가지다. 콘크리트는 가격이 저렴하고 내구성이 우수하며 불에 타지도, 녹슬지도 않는다. 철근 콘크리트는 엄청난 하중을 지탱할 수 있어서 아찔하게 높은 초고층 건물을 짓는 데 쓸 수 있다.[52] 그러나 유감스럽게도 콘크리트는 매우 많은 이산화탄소를 배출하며 이를 막을 방법이 없다. 콘크리트의 주재료인 시멘트는 석회석으로 만들어지는데 석회석을 열 분해하는 과정에서 이산화탄소가 생성되기 때문이다. 시멘트 제조 과정에서 이산화탄소 발생은 불가피하기에 녹색시멘트란 존재할 수 없다.[53] 전 세계 온실가스 배출량의 약 7퍼센트가 시멘트 산업에서 비롯된다.

목재는 이산화탄소를 흡수하기 때문에 매력적인 대안으로 보인다.[54] 오스트리아 빈에는 호호빈HoHo Wien이라는, 높이 84미터인 24층짜리 목재 고층 건물이 세워져 있다. 하지만 이 시범 건설 프로젝트도 100퍼센트 목재만 사용하는 데 실패했다. 건물을 안정적으로 지탱하는 핵심부는 여전히 콘크리트로 만들어졌다.

게다가 전 세계에서 매년 소비되는 46억 톤의 시멘트를 대체할 만큼의 목재도 없다. 지금도 목재는 부족해서 가격이 폭등하고 있다.[55] 공급량은 계속 감소할 것이다. 많은 국가에서 삼림이 경작지로 변경되면서 심각한 속도로 줄고 있기 때문이다.[56]

시멘트를 점토로 대체하는 방안도 관심을 끌고 있다. 점토는 어디에나 널린 데다 쉽게 가공하고 완전히 재활용할 수 있으며 겨울에는 건물을 따뜻하게, 여름에는 시원하게 유지해주기에 수천 년 전부터 모든 문화권에서 건축 재료로 사용해왔다. 하지만 점토는 고층 건물을 짓는 데 쓰이기는 어렵다.[57]

또 다른 방안은 대나무, 목재 섬유, 사탕수수 등을 혼합하여 시멘트 사용량을 줄이자는 것이다.[58] 아이디어는 훌륭하지만 충분하지 않다. 전 세계가 온실가스 배출량을 0으로 만들어 넷제로를 달성해야 하는데, 어쨌든 시멘트가 생산될 때마다 이산화탄소도 그만큼 배출되기에 시멘트 1톤도 해롭다. 이산화탄소를 포집해 지하에 저장한다면 모를까. 시멘트 공장에서 이산화탄소는 고농축 상태로 존재하기에 상대적으로 쉽게 포집할 수 있다. 하지만 여기에 드는 비용은 만만치 않고, 모든 온실가스를 포집하는 것도 불가능하다.[59]

건설 업계는 애초에 완벽한 기후 중립을 달성할 수 없다는 사실과도 싸워야 한다. 건설은 토지를 소비하기 때문이다. 독일에서는 매일 약 60헥타르의 비포장 토지가 도로 포장이나 건물 건설로 인해 사라지고 있다.[60] 하지만 지하수 형성과 이산화탄소 흡수를 위해서는 비포장 토지가 필요하다. 전 세계의 토양과 부식토에는 약 1조 5,000억 톤의 탄소가 저장되어 있는데, 전 세계 삼림이 흡수하는 양보다 3배나 많다. 개발되어 덮인 땅은 붕괴되어 영원히 사라지며, 1센티미터의 부식토층이 생성되는 데는 최소 100년이 걸린다.

그래서 독일은 2030년까지 토지 손실을 0으로 줄이기로 했다. 이는 유엔 지속가능발전목표SDGs에 명시되어 있는 사항이다.[61] 그럼에도 무분별한 토지 개발은 계속되고 있으며, 자가 주택을 향한 소망은 시민의 권리로 여겨진다. 주택 소유 여부가 비판의 대상이 되면 정치적 논의는 금세 히스테릭한 양상을 띤다. 2021년 선거운동 때 녹색당은 원내대표 안톤 호프라이터의 인터뷰 발언으로 그 대가를 톡톡히 치렀다. "단독 주택은 많은 면적, 많은 건축 자재, 많은 에너지를 소비하며 도시 확장을 초래해 교통량도 늘어나게 합니다."[62] 이는 반박할 수 없는 사실이지만 입 밖에 내뱉어서는 안 되는 말이었다. 녹색당은 "금지 조치가 필요한 정당"이며 "재산권에 대한 잘못된 인식"을 가졌다는 등의 비난이 즉시 빗발쳤다. 당시 녹색당 대표였던 로베르트 하벡은 한발 물러나 해명했다. "단독 주택은 독일의 다양한 주거 형태 중 하나입니다."[63]

독일에서 단독 주택의 인기가 높다 해도 모든 가정이 집을 짓는 게 시민의 권리가 될 수는 없다. 모두가 그렇게 하면 토지 소모가 엄청날 것이다. 만약 베를린 시민 전부가 단독 주택에 거주한다면 베를린은 발트해까지 확장되어야 할 것이다.[64]

모든 건물 신축은 환경에 죄를 저지르는 행위다. 소위 생태적 건축도 생태적이라고 볼 수 없다. 패시브 하우스Passive House*는

---

* 주로 태양에너지를 활용해 최소한의 전력으로 적절한 실내 온도를 유지하는 에너지 절약형 건물이다.

전력을 적게 소비하지만, 이런 '친환경' 주택을 지으려면 많은 '회색에너지'가 소비된다. "신축 건물은 절대로 에너지를 절약하지 못한다." 건축비평가 다니엘 푸어홉은 이렇게 평했다.[65] 새로운 '고효율 주택'을 짓는 대신 기존 건물을 개조하거나 보수해서 사용하는 것이 훨씬 효율적이다. 최근 브레머하펜에 자리한 전후 시대 주택들이 리모델링되었는데, 패시브 하우스를 지을 때보다 더 적은 에너지가 쓰였다.[66]

독일이 신축을 포기할 수 있을까? 독일에는 집이 충분하지 않은 것처럼 보인다. 모든 대도시에서 아파트를 구하려고 해도 찾기 어려워 임대료가 폭등하고 있다. 하지만 이건 착시 현상이다. 집이 부족한 게 아니라 잘못 분배되어 있는 것이다. 2020년 독일의 총주택 수는 4,280만 채로 집계되었지만[67] 총가구 수는 4,050만 가구에 불과했다.[68] 단순하게 계산해보면 230만 채가 비어 있는 것이다. 다만 이런 빈 주택이 어디에 있는지 아무도 모른다. 대부분의 지방 자치 단체는 빈집 통계를 관리하지 않기 때문이다.[69]

사용하지 않는 주택 대부분이 농촌 지역에 있다는 것만은 확실하다. 반면 대도시에는 인구 유입이 끊이지 않는데, 도시에도 통계에 잡히지 않은 빈집이 많다. 부동산이 투기 대상이 되었기 때문이다. 특히 부유한 사람들은 '콘크리트 금'으로서 부동산을 매입한다. 경제적으로 안정적인 치과 의사나 변호사가 본과 같은 소도시에 살면서, 베를린에 아파트를 사놓고 때때로 필하모니 콘서트를 보러 오는 경우가 적지 않다. 이런 아파트는 대부분의 시간 동안 빈 상태로 놓고 있지만 나중에 높은 가격에 팔릴 가능성이 있기에 좋은 투자 대상이다.[70] 기대 수익은 거의 자동적으로 달성된다.

빈집들이 공급 부족을 유발해 임대료와 부동산 가격이 오르기 때문이다. 그래서 다니엘 푸어홉은 아파트 소유자들이 꼭 아파트에 실제로 거주하거나 임대해야 한다고 주장한다. "지금까지는 망명 신청자들에게만 실거주 의무가 있었다. 부자에게도 실거주 의무를 적용해 도시 황폐화를 막아야 하지 않을까?"[71]

평균적으로 독일 국민 1인당 47.4제곱미터의 주거 면적을 차지한다.[72] 꽤 넓은 공간이지만, 모두가 이렇게 넉넉한 공간을 누리며 사는 건 아니다. 경제적으로 여유로운 은퇴자들은 넓은 집에서 사는 경향이 있는 반면, 빈곤층이나 젊은 사람들의 가정은 대개 좁은 공간에서 산다.[73] 이 문제는 오래전부터 알려진 데다 새 집이 계속 지어지고 있지만 해결된 적이 없다. 신축만으로는 분명 도움이 되지 않는다. 신축은 환경을 파괴할 뿐이다.

따라서 올바른 방법은, 신축을 포기하고 기존 건물을 에너지 효율적으로 개조·보수하고 주거 공간을 공정하게 분배하는 것이다(좀 더 자세한 내용은 19장 참조). 이 제안은 개인의 의지에 따른 주거 공간 확장이 더 이상 시민의 권리가 아니라는 의미를 담고 있기 때문에 극단적이다. 하지만 더 이상의 토지 손실을 막으려면 다른 해결 방안은 없다. 우리에게는 지하수가 생성되고 이산화탄소가 저장될 수 있는 토양이 필요하다는 점을 기억하길 바란다.

현재 독일의 건축 및 건설 업계에 약 250만 명이 종사한다.[74] 하지만 신축이 없어진다고 해도 일자리를 잃을 위험은 없다. 여전히 거의 모든 기존 건물에 단열 처리를 하고 열 펌프 시설을 설치해야 하기 때문이다.[75] 또한 에너지 전환에는 건설 노동자가 매우 필수적인 존재다. 지금도 풍력 터빈, 태양광 발전 설비, 가스 화력 발전소, 전해조가 부족하다. 이 분야의 생산 및 설치 전문 인력은 턱없이 부족한 상태이므로, 추가 인력은 언제나 환영받을 것이다.

하지만 일자리는 성장이나 소득 증가를 의미하지 않는다. 기후 중립 세계에서는 상품이 더 적게 생산되므로 독일의 경제 실적은 감소할 것이다. 자동차 수는 감소하고, 항공편은 없어지고, 화학제품은 줄고, 주거 면적도 축소되고, 새 사무용 건물이나 물류 센터도 더 이상 지어지지 않을 것이다. 그렇다고 누구도 굶주리지 않을 것이고, 삶은 여전히 아름다울 것이다. 이건 녹색성장이 아니라 녹색축소일 뿐이다.

오직 한 분야만 확장할 수 있고 확장해야 한다. 바로 친환경 에너지다. 하지만 이건 지금까지 우리가 알고 있던 성장이 아닐 것이다. 과거에는 공짜였던 것, 즉 지구상 인간의 '생존'을 하나의 제품으로 생산해내는 것이기 때문이다. 지금까지 우리는 야외에서 생활하고, 농사를 짓고, 담수를 사용하는 데 돈을 내지 않았다. 미래에는 생명을 위협하는 지구 온난화를 막기 위해 해마다 수십억 유로가 필요하다.

따라서 새로운 지출이 발생하지만, 기후 재난을 막기 위해 경제는 축소되어야 한다. 이러한 성장과 환경 사이에서의 갈등은 완전히 새로운 것이다. 지금까지 모든 사회적 지출은 경제 성장을 통해 그 비용을 충당해왔다. 보건 및 학교 시스템에 비용을 지불하기 위해 누구도 무언가를 포기할 필요는 없었다. 이런 시절은 이제 지나갔다. 해결해야 할 과제는 더 많아졌고, 재원은 점점 부족해지고 있다. 포기를 받아들여야 할 때이며 누가 어느 정도까지 절제해야 하는지에 대한 문제가 제기된다. 분배를 둘러싼 갈등은 피할 수 없을 것이다(19장 참조).

많은 기후경제학자가 이런 비관적인 분석을 거부하고 낙관주의를 퍼뜨리고 있다. 이들은 친환경적인 경제 기적을 약속하며 기후 보호가 경제 호황까지 일으킬 거라는 인상을 심어준다. 독일의 에너지 연구 조직 아고라에네르기벤데는 독일의 연간 경제 성장률을 1.3퍼센트로 전망했고.[76] 포츠담 기후영향연구소는 세계 경제가 연간 2.14퍼센트 성장할 것이라는 예측 결과를 내놓았다.[77]

물론 이런 밝은 전망에는 근거가 없다. 연구자들도 인정했듯이 이들은 거시경제적 분석을 생략했다. 아고라에네르기벤데는 이렇게 밝혔다. "기후 보호 조치의 경제적 효과는 정확하게 연구되지 않았다."[78] 프라운호퍼 연구소도 인정했다. "부가 가치 창출과 고용 문제까지 포함한, 거시경제적 종합 분석은 진행되지 않았다."[79] 프라운호퍼 연구소의 전문가들은 연구를 자발적으로 생략하고도, 기후 보호가 경제적으로 유익할 것이라고 거리낌없이 주장한다. 앞서 이미 언급했듯이, 기후 보호 비용은 연간 성탄절 매출보다 더 적게 들 것이라고 한다.

아직 연구되지 않은 내용을 근거로 발언하는 것은 학문적으로 허용되지 않는다. 유감스럽게도 기후경제학자들 사이에서는 일반적인 일이다. 성장과의 결별이 달갑지 않으니 녹색성장을 주장하는 것이다. 겉으로는 그럴듯해 보이는 이런 허위 논리는 친환경주의 정치인 랄프 퓍스의 주장에서도 나타난다. "지구에서의 인간 활동을 극단적으로 줄이는 것만으로, 이를테면 덜 생산하고, 덜 소비하고, 덜 여행하고, 데이터를 덜 생산하여 환경 위기를 극복할 수 있다고 믿는다면 생태학적 '비상 체제'에 놓이게 됩니다."[80] 이 분석 자체는 완전히 옳다. 자신을 제약하는 건 불쾌한 일이다. 하지만 픽스가 바라는 "똑똑하게 성장할 수 있다"라는 논리도 도출될 수 없다.

독일 정부는 엄청나게 많은 기후연구자와 연구소에 재정을 쏟아붓고 있다. 그런데도 아직까지 녹색성장이 현실적으로 실현 가능하다는 신뢰할 만한 증거가 없다. 독일 환경청은 이렇게 밝혔다. "경제 실적을 성장시키는 동시에 지구의 여러 또는 모든 한계를 넘지 않을 가능성에 대한 정확한 분석은 아직 행해지지 않았다."[81] 대신 부퍼탈 연구소의 메타 연구에서 드러났듯이, 성장이라는 주제는 대체로 배제되고 있다. "여러 시나리오에서 생산량 증가는 발생하지 않았지만, 그렇다고 심각한 생산량 감소도 일어나지 않았다."[82]

대다수 연구는 녹색성장이 어떤 식으로든 저절로 이루어질 것처럼 군다. 다시 '동향 추세'에 의존하고 있는 셈이다. 지금까지 자본주의는 모든 위기를 극복해왔고, 따라서 기후 위기 또한 극복할 수 있으리라고 단순하게 받아들이는 것이다. 그리고 이를 경고하는 이들이야말로 매번 틀려왔다고 재미있다는 듯이 지적한다. 지금까지 종종 자본주의의 몰락이 예견되었지만 자본주의는 끊임없이 번성하고 적시에 기술적 해결 방안을 발견해 생존의 어려움을 극복해왔기 때문이다.

이번에도 '디지털화'라는 새로운 기적의 기술이 찬양받고 있다. 디지털화가 기후 붕괴를 막고 녹색성장을 가능하게 만들어줄 것이라고 한다. 그러나 유감스럽게도, 기술 혁신이 현재 우리 삶의 방식을 지켜줄 수 있으리라는 희망은 잘못된 것이다. 과거에 숱하게 제시되었던 종말론들은 틀린 것으로 판명이 났다. 하지만 이번에야말로 자본주의는 정말로 종말을 맞이하게 될 것이다.

15장
기술 혁신과 디지털화가 기후를 구할 수 없는 이유

자본주의의 종말이 올 것이라는 예측은 독창적인 것이 아니다. 자본주의의 역동성은 처음부터 섬뜩할 정도였다. 이 새로운 경제 질서는 태동했을 때부터 종말이 예견되었다. 1776년에 이미 애덤 스미스는 사람들이 끊임없이 경제의 몰락을 주장하는 모습을 조롱했다. "현재 영국의 토지와 노동으로 얻어지는 연간 생산량은 100년 전 찰스 2세가 복위했을 때보다 훨씬 많다. 내가 생각하기에 이 사실을 부정할 사람은 거의 없을 테지만, 이 100년간 늘 다섯 해도 채 지나기 전에 책이나 팸플릿이 출간되곤 했다… 이것들은 국부가 급격히 감소하고, 인구가 줄고, 농업이 방치되고, 제조업이 쇠퇴하고, 무역 거래가 완전히 막히고 있음을 입증하는 체한다."[1]

　　영국의 경제학자 존 스튜어트 밀도 동시대인들의 끊임없는 비관론에 불쾌감을 느꼈고 이들이 잘난 체한다고 여겼다. 1828년에 밀은 이렇게 표현했다. "내가 관찰한 바에 따르면 많은 이가, 다른 사람들이 절망할 때 희망을 갖는 자보다는 다른 사람들이 희망을 품을 때 절망하는 자를 현명하다고 칭송한다."[2]

　　마르크스는 자본주의 체제의 필연적인 종말을 입증하려는 체계적인 이론을 세운 최초의 경제학자였다.[3] 그러나 곧 사회주의자들조차 혁명이 필요하다는 주장을 의심하기 시작했다. 1899년에 이미 사회민주당 이론가 에두아르트 베른슈타인은 노동자들의 처지가 결코 절망적이지 않다고 냉정하게 확인해주었다. 오히려 세무 자료를 보면 많은 프롤레타리아가 더 나은 삶을 누리는 중임을 알 수 있다는 것이다. "가진 자의 수가 줄지 않고 오히려 증가하고 있는 이 상황은 부르주아적 조화론자 경제학자들의 발명이 아니라, 세무 당국이 프롤레타리아 당사자들을 종종 짜증나게 만들면서 캐낸 사실이다."[4] 베른슈타인의 '수정주의Revision'는 동지들 사이에서 영향력을 가졌다. 그는 프리드리히 엥겔스의 절친한 친구이자 유산 관리인이었기 때문이다.

　　노동자들이 자본주의와 화해하는 동안 기업가들에게는 또 다른 걱정거리가 있었다. 당시 이들이 일찌감치 품은 의문은 현재도 유효하다. 탐식하는 자본주의를 끊임없이 먹여 살릴 만큼 원료가 충분할까? 19세기에 루르 지방의 사업가들은 원료가 떨어질까 봐 두려워했다. 철강 기업 대표였던 레오폴드 회쉬는 "세계가 필요로 하는 원철을 제조하기에 충분한 석탄과 코크스가 세상에 남아 있는지"에 관해 논의한 적이 있다고 밝혔다.[5]

　　원료에 대한 불안감은 완전히 진정되지 않았고 점점 걱정이 석유로 쏠렸다. 1970년에 미국의 생태학자 케네스 와트는 이렇게 예견했다. "현재 추세가 지속된다면… 2000년에는 석유가 고갈될 것이다."[6] 잘 알다시피 이 예측은 틀렸다.

자연 파괴의 영향도 점점 더 위협적으로 다가왔다. 당시 미국의 연구자들은 21세기가 되기 전에 "모든 동물종의 75~80퍼센트가 멸종할 것"이라고 예측했다. 《라이프Life》는 "과학자들은 다음과 같은 예측을 뒷받침할 탄탄한 실험적, 이론적 증거를 확보했다. 10년 내에 도시 거주자들은 대기 오염을 견디기 위해 방독면을 착용해야 하고… 1985년까지 지구에 도달하는 햇빛의 양은 절반으로 줄어들 것"이라고 보도했다.[7]

전 세계인이 먹을 식량도 없어질 것처럼 보였다. 1968년 미국의 생물학자 폴 에를리히는 1968년에 발표한 베스트셀러 『인구폭탄The Population Bomb』에서 글로벌 사우스 사람들이 대규모 아사할 것이라고 예측했다. "1970년대와 1980년대에 수억 명이 굶어죽을 것이다." 특히 인도는 끝없이 증가하는 인구를 먹여 살리기 버거울 것이라고 예측했다. "인도는 1980년까지 2억 명의 추가 인구를 부양하지 못할 것이다."[8] 이번에도 정반대의 일이 일어났다. 식량이 줄어들기는커녕 수확량이 남아돌았다. 이후 인도의 곡물 및 쌀 수확량은 3배나 증가한 반면, 인구는 2배 남짓 증가하는 데 그쳤다. 게다가 인도의 경제 실적은 무려 50배 증가했다.[9]

'인구 폭탄'은 터지지 않았다. 더 짧은 줄기와 큰 낟알을 지닌, 고수확을 올릴 수 있는 신품종이 개발되었기 때문이다. 만약 인류가 오늘날에도 1960년대의 구품종을 재배했다면, 증가하는 인구를 먹여 살리기 위해 미국, 캐나다, 중국을 합친 크기의 경작지가 추가로 필요했을 것이다. 그러나 이렇게 큰 경작지가 존재할 리 없다. 실제로 그런 면적도 필요하지 않았다. 생물학적 품종 개량이 대성공했기 때문이다.[10]

폴 에를리히는 과학적 진보를 과소평가했다. 1972년에 발표되어 베스트셀러가 된 『성장의 한계』도 비판을 받았다. 로마클럽Club of Rome[11]은 최초로 컴퓨터 시뮬레이션을 사용해 미래를 모델링하는 연구를 의뢰했다. 그 결과는 암울했다. "세계 인구 증가, 산업화, 오염, 식량 생산, 자원 고갈이 지금 추세를 유지한다면 앞으로 100년 내에 지구는 성장의 한계에 도달할 것이다. 그 결과 세계 인구와 산업 생산 능력이 통제 불가능한 방식으로 급속히 감소할 확률이 높다."[12]

이 100년짜리 예측은 아직 그 기간이 끝나지 않았지만, 중간 시점인 2022년 중반에 많은 기사가 미래 보고서의 고전 『성장의 한계』는 "더 이상 사회적 논의에 기여할 것이 없으며 책장으로 돌아가야 한다"고 신이 나서 보고했다. 이제 "저자들이 끌어낸 결론은 잘못되었음이 입증되었다"고 하면서 말이다.[13]

실제로 여러 예측이 실현되지 않았다. 앞에서 언급했듯이 금 매장량은 최대 29년 후에는 고갈되리라 추정했다. 은은 42년, 구리는 48년, 석유는 50년, 알루미늄은 55년*이었다.[14] 그러나 아직 이 자원들은 고갈될 기미가 보이지 않는다. 다만 저자들은 세부 예측이 틀릴 가능성을 전혀 부정하지 않았다. "한 번 더 강조하건대, 이 컴퓨터 결과물들 중 어느 것도 '예측'을 의미하지 않는다. 우리는 여기에 실린 그래프들, 특히 붕괴 양상을 보이는 그래프들 속 월드 모델처럼 현실 세계가 움직이리라고는 기대하지 않는다."[15]

또한 몇몇 연구는 놀라울 정도로 정확했다. 온실가스 배출이

---

* 당시 각 물질의 알려진 매장량의 5배를 기준으로 계산한 기간이다.

얼마나 위험한지 상세히 평가하기 어려운 시절이었던 1972년에 온실가스 배출량의 증가를 정확하게 예측했다.[16] "지구 기후에 돌이킬 수 없는 변화를 일으키지 않고 배출할 수 있는 이산화탄소나 열오염원의 양이 얼마나 되는지는… 알려져 있지 않다."[17]

그런데 1972년에 이미 저자들은 단순히 과학의 진보에 의존하는 것만으로는 충분하지 않다고 생각했다. 미래 모델링 결과, 미래의 기술적 성과에 대해 낙관적으로 추측해도 2100년이 되기 전에 인간 사회는 붕괴하리라 여겼다.[18]

기술낙관론자들은 이런 운명론을 이해하지 못한다. 그들의 핵심 반론은 이렇다. 인간은 현재를 미래라고 여기는 경향이 있기에 과거에도 과학의 진보는 늘 과소평가되어왔다는 것이다. 이들은 기술 잠재력을 매우 오판한 과거의 우스꽝스러운 일화들을 수십 쪽에 걸쳐 인용해 보일 수도 있다.

몇 가지 사례를 소개하겠다. 1870년에 이미 독일의 많은 엔지니어는 전기의 혁신적 잠재력은 거의 고갈되었다고 확신했다.[19] 전화에 대한 기대도 전혀 없었다. "전화는 단점이 너무 많아 통신 수단으로 진지하게 고려하기 어렵다." 1876년 미국의 전신 회사 웨스턴유니온의 대표 윌리엄 오르텐은 이렇게 평가했다.[20] 한편, 농업경제학자들은 농부들이 기술을 사용하게 되리라 상상하지 못했다. 1893년 호엔하임 농업아카데미는 "가장 일반적인 기계들은 거의 다 발명되었다"고 밝혔다. 당시에는 트랙터나 대형 수확기 따윈 상상조차 할 수 없었던 것이다.[21] 1903년 영국의 정치인 스콧–몬태규는 자동차에 대해 이런 견해를 가졌다. "자동차 도입이 말타기에 영향을 줄 것이라 생각하지 않습니다."[22] 1943년에 "아마 전 세계의 컴퓨터 수요는 5대일 뿐"²³이라던 IBM 회장 토머스 왓슨의 오판도 유명하다. 소형 개인용 컴퓨터의 도래를 예견한 사람도 없었고, 지멘스와 아에게AEG는 1970년대에도 여전히 대형 컴퓨터 사업 연합을 기획했다.²⁴ 컨테이너 혁명도 놀라운 사건이었다. 초기에 이 쇳덩어리 박스는 미국 동부 해안의 철도 수송 부담을 완화하기 위한 것으로만 여겨졌다.²⁵ 1993년경 빌 게이츠는 인터넷의 잠재력을 과소 평가하기도 했다. 1985년 컨설팅 기업 맥킨지도 2000년에 사용되는 휴대폰 대수는 최대 100만 대에 그칠 것이라고 예측했다. 하지만 실제로는 1억 6천만 대에 가까웠고, 현재는 6억 대를 초과한다.²⁶

잘못된 예측 목록은 이렇게나 길다. 그렇다고 이를 근거로 기술적으로 모든 게 가능하다는 결론을 내릴 수는 없다. 우리가 수십 년, 심지어 수천 년 동안 찾았지만 아직 최적의 답을 발견하지 못한 문제가 많다. 인간은 이미 1만 3천 년 전에 충치를 때우는 아이디어를 냈다. 옛날에는 천연 역청, 머리카락, 식물 섬유를 혼합하여 이에 난 구멍을 채웠다. 밀랍, 수지, 암분, 식물의 씨앗 등도 사용되었다. 오늘날에는 주로 세라믹을 사용하지만, 아직도 완벽한 충전재는 존재하지 않는다.²⁷ 또한, 100년 이상 연구 중인데도 불구하고 여전히 이상적인 수면제, 진통제, 진정제도 존재하지 않는다. 마찬가지로 효과가 확실하고 불쾌한 부작용이 없으며 중독적이지 않은 항우울제도 없다.²⁸ 매년 암 퇴치를 위해 수십억 유로가 쓰이고 있지만 아직 많은 암이 정복되지 않은 채 남아 있다.

때로는 기술이 너무 비싸기도 한데, 극히 당연해 보이는 기술조차 그렇다. 수세식 화장실은 지금으로부터 2800년 전에 메소

포타미아에서 발명되었지만, 오늘날에도 지구상의 약 25억 명이 위생 시설을 이용하지 못하고 있다.[29] 일부 극빈자들은 휴대폰을 가졌어도 화장실은 가지지 못했다. 이제 전화 통화비는 거의 들지 않지만, 이러한 통신 기술의 혁명 덕에 하수관 설치 비용이 저렴해지지는 않았다.

기술은 절대적으로 신뢰할 수 없다. 좋은 해결 방안을 찾는 데 실패하는 경우도 있고, 수천 년째 사용되고 있는 발명품조차 여전히 비싼 경우도 있다. 따라서 기술 발전이 기후 재난을 확실하게 막아줄 수 있다는 맹목적인 믿음은 아슬아슬하다.

무엇보다 시간적 차원이 혼동되기도 한다. 재미있는 일화들은 기술의 미래가 늘 예상보다 훨씬 나았다고 암시하려 한다. 그럴 수도 있다. 다만 현재 우리에게는 우연한 돌파구를 기다릴 시간이 없다. 기후 재난을 막으려면 바로 행동해야 한다.

또한 기술이 널리 보급되려면 대개 상당히 오랜 시간이 걸린다. 비록 근시일 내에 획기적인 발명이 이루어진다고 하더라도 이런 친환경 아이디어가 시장에서 상용화되려면 수십 년이 필요하다. 진보는 마치 달팽이와 같다. 최초의 컴퓨터는 제2차 세계대전 말에 발명되었지만 경제 전반의 '디지털화'는 약 55년이 지난 후에야 시작되었다. 오늘날에도 네트워크화가 보편적이지 않다는 사실은, 코로나19 팬데믹 당시 많은 보건 당국이 팩스로 데이터를 전송했던 모습을 보면 알 수 있다.

기후 위기는 지금 우리가 가진 기술로 극복되어야 한다. 물론 현재의 기술력으로는 녹색성장을 추진하기 위한 값싼 친환경 에너지를 얻을 수 없다. 따라서 녹색축소밖에 선택할 수가 없다.

신축을 자제하고, 자동차 수를 줄이고, 화학 제품도 더 적게 생산해야 한다.

이러한 순수하게 양적인 분석은 오직 양만을 고려하기에 종종 '질적 성장'도 가능하지 않을까, 하는 질문을 불러일으킨다. 실제로 많은 제품이 더 적은 재료로 만들어지는데도 성능은 우수해지는 현상을 관찰할 수 있다. 특히 디지털화는 환경에 어떤 악영향도 끼치지 않으면서 컴퓨터 속 가상 세계에서 새로운 성장이 이루어질 수 있게 할 거라는 큰 기대를 불러일으킨다. 하버드 대학의 심리학자 스티븐 핑커는 열정적으로 썼다. "산업혁명에서 비롯된 첫 번째 기계 시대가 에너지로 구동되었던 반면, 두 번째 시대는 이와는 다른 반엔트로피적 자원, 즉 정보에 의해 구동된다."[30]

지식 혁명은 인간을 거의 모든 지상의 필요로부터 해방시켜준다고 한다. 저명한 생태경제학자 허먼 데일리는 30년쯤 전에 이미 이 개념을 허무맹랑하다고 여겼다. "자원을 정보로 대체할 수 있다는 건 망상일 뿐이다. 우리는 고기를 덜 소비하여 환경 부담을 줄일 수 있지만, 레시피를 먹을 수는 없다!"[31] 성장비판론자 니코 페히도 이와 유사한 주장을 했다. "지금까지 휘발유나 케로신 대신 '액체 지식'을 넣고 달릴 수 있는 자동차나 비행기는 존재한 적이 없다."[32] 게다가 지식은 진공 상태에서 확산되는 게 아니라 물질적인 하부 구조가 필요하다. 데일리가 이미 지적했듯이 말이다. "이런 반쪽짜리 진실들은 정보가 물리적인 뇌, 책, 컴퓨터와 분리해 존재할 수 없다는 사실을, 그러니까 뇌는 몸의 지원이 필요하고, 책은 도서관 건물이 필요하며, 컴퓨터는 전기에 의존해 작동한다는 사실을 잊고 있다."[33]

핑커도 전기가 없으면 컴퓨터는 죽은 물질에 불과하다는 사실을 알 것이다. 그럼에도 그는 자원의 저주에서 해방될 수 있는 무한한 잠재력을 보고, 모든 소비 경험과 연결한다. "디지털 혁명은 원자를 비트로 대체함으로써 우리 눈앞에서 세상을 비물질화하고 있다. 예전에 내 음악 컬렉션을 이루었던 수세제곱미터의 바이닐 레코드들은 수세제곱미터의 CD들로 바뀌었고, 결국 MP3라는 무無로 대체되었다. 내 아파트를 흐르던 신문지의 강물도 아이패드에 의해 막혀버렸다."

특히 스마트폰은 자원을 쓰지 않는 소비가 가능할지도 모른다는 상상의 날개를 달아주었다. 핑커는 이렇게 표현했다. "단 1대의 스마트폰이 40여 가지 소비재, 즉 전화기, 자동응답기, 전화번호부, 카메라, 캠코더, 녹음기, 라디오, 알람 시계, 계산기, 사전, 주소록, 달력, 지도, 손전등, 팩스, 나침반—심지어 메트로놈, 야외 온도계, 수평계도 포함된다—을 대체할 수 있다. 이제 더 이상 사용되지 않는 플라스틱, 금속, 종이를 생각해보라."[34]

하지만 이런 예시들은 그럴듯하게 들려도 아무 쓸모가 없다. 바이닐 레코드를 버렸어도 온실가스를 막을 수 없었다. 오히려 그 반대다. 디지털 음악 스트리밍은 멋스러운 오래된 레코드보다 훨씬 많은 에너지를 잡아먹는다. 바이닐 레코드가 지배하던 1977년, 미국의 음악팬들은 연간 14만 톤의 이산화탄소를 배출했다. 하지만 2016년에는 그 배출량이 30만 톤을 기록했다.[35]

스마트폰을 이용해 온라인 스트리밍으로 보는 영화는 훨씬 해롭다. 전화번호부와 지도를 대체한 휴대폰은 이제는 모바일 영화관이 되어 막대한 전력을 집어삼키고 있다. 화상 회의, 클라우드 컴퓨팅, 구글 검색, 소셜미디어도 무해하지 않다. 2025년경에는 디지털 기술이 전 세계 자동차의 이산화탄소 배출량보다 더 많은 양을 배출할 것으로 예상된다.[36]

최초의 휴대폰은 1983년에 출시되었다. 무게는 약 800그램에 달했고, 경찰관이나 백만장자만 소유할 수 있었으며, 할리우드 영화에 자주 등장했다. 영화 〈월 스트리트 Wall Street〉(1987)에서 파렴치한 투기꾼 고든 게코는 이 '벽돌'을 귀에 대고 등장함으로써 자신이 슈퍼 리치임을 암시한다.

지금은 거의 모든 사람이 스마트폰을 살 수 있다. 지금은 게코의 시대보다 약 50배나 가격이 저렴해졌기 때문이다. 기술 발전 덕분에 훨씬 적은 에너지와 원료로 휴대폰을 생산하는 게 가능해졌다. 하지만 궁극적으로 자원이 절약된 게 아니라, 대신 수십억 대의 휴대폰이 생산되었다. 가격이 점점 저렴해졌기에 수량도 기하급수적으로 증가했다.

19세기의 증기력 활용 현상에서 나타났던 리바운드 효과가 여기서도 일어난 것이다. 기계나 제품이 더 효율적으로 생산되면 원료 소비량이 줄어드는 게 아니라, 오히려 더 많은 제품이 만들어진다. 결과적으로 원래는 불가능했던 새로운 성장이 일어난다.

리바운드 효과는 어디에서나 관찰할 수 있다.[37] 모든 컴퓨터 사용자가 이 패러독스를 잘 안다. 처음에는 새 메모리의 용량이 너무 큰 것 같다고 느끼지만 이내 부족해진다. 메모리 용량이 커서 더 많은 데이터를 저장하다가 결국 다시 더 큰 용량을 필요로 하게 되는 것이다.[38] TV의 경우, 가격은 점점 저렴해지고 있지만 화면이 영화 스크린만큼 커지게 되었다. 현재의 냉장고는 더 적은 에너지를 소비하지만 크기는 더 커졌고 와인 냉장고, 냉동고, 제빙기 등과 같은 보조 설비가 늘어났다. 한편 주거 면적 면에서는, 2000년~2015년에 걸쳐 1제곱미터당 필요한 난방 에너지는 15퍼센트 감소했지만, 1인당 주거 면적은 14퍼센트 늘었다.[39]

교통 분야에서도 리바운드 효과는 에너지를 절약하려는 모든 노력을 수포로 돌아가게 만든다. 자동차 엔진의 효율은 나날이 향상되고 있지만 디젤이나 휘발유 소비량은 감소하지 않았다. 대신 지난 15년 동안 신형 자동차의 마력은 29퍼센트 상승했다.[40] 항공기에서도 유사한 경향을 확인할 수 있다. 승객 1인당 필요한 항공유의 양은 감소했지만,[41] 유감스럽게도 항공기 운행 횟수는 증가하고 있다. 2050년까지 전 세계 항공 교통량은 3배 증가할 것으로 예상된다.[42]

심지어 철도처럼 비교적 친환경적인 교통 수단도 리바운드 효과에 맞닥뜨린다. 좋은 예가 2017년에 개통된 베를린과 뮌헨을 잇는 고속열차 노선이다. 총 170억 유로를 투입한 이 노선은 이동 시간을 6시간에서 4시간으로 줄여주었다. 개통 첫해에 이 노선을 이용한 신규 승객은 220만 명에 달했다. 그중 절반은 예전에는 자동차나 비행기를 이용해 오갔다. 하지만 나머지 절반, 즉 하루의 약 3,000명은 이제 고속으로 이동할 수 있다고 하니 베를린과 뮌헨 노선을 이용해보게 된 사람들이었다.[43]

게다가 승객들이 베를린과 뮌헨 노선의 고속열차를 탄다고 해서 실질적인 비행 횟수가 감소했는지도 확실하지 않다. 수도인 베를린행 항공편이 취소되었을 수 있지만 대신 그 빈 시간에 다른 목적지로 가는 항공편이 운행되었을 수도 있다. 아무튼 2017년에 베를린행 노선이 개통되었다고 해서 바이에른 지방 사람들이 비행기를 덜 이용하게 되었는지는 정확하게 파악할 수 없다. 오히려 뮌헨 공항은 꾸준한 성장세를 보였다. 2016년에는 4,230만 명이 뮌헨 공항을 이용했고 2018년에는 4,630만 명에 이르렀다.[44]

정치권에서는 매력적인 '제안'을 내놓아 유권자들이 자발적으로 기후 보호를 선택하도록 유도하는 방식이 인기다. 열차는 국민들의 이용을 유도하려면 이동 속도가 빠르고 운행 횟수도 많아야 한다. 그러나 전반적으로 이동량이 증가하기에 이런 제안은 실패한다. 새로운 열차는 더 많은 교통량을 의미할 뿐, 더 효과적인 기후 보호를 의미하지 않는다.

코로나19 팬데믹이 발발한 뒤에는 재택 근무가 적어도 더 많은 조용함을 가져다줄 거라는 희망이 싹텄다. 그러나 유감스럽게도 직원들이 주로 화상 회의로 소통한다고 해서 교통량이 감소하지는 않는다. 직원들은 사무실에 자주 출근하지 않더라도 추가적인 이동을 하게 된다. 예를 들면, 전에는 출퇴근길에 짬을 내서 장을 보거나 했지만 이제는 따로 나가야 하는 것이다. 게다가 간혹 한 번씩만 사무실에 들러도 된다면 직장에서 멀리 떨어진 곳에 사는 사람도 많아진다. 업무상 이동 횟수는 감소하지만 이동 거리는 길어진다.[45]

자전거 이동에서도 리바운드 효과를 관찰할 수 있다. 원래 자전거는 시내를 교통 소음과 매연에서 벗어나게 해주는 것임에도 말이다. 암스테르담과 코펜하겐은 '자전거 도시'임을 자부한다. 다른 유럽인들은 이 두 도시에서는 자동차가 거의 다니지 않으리라 여기며 감탄한다.[46] 하지만 이 아름다운 이미지는 허상이다. 사실

두 도시의 인구 대비 자동차 수는 베를린보다 많다.

베를린의 전체 이동 거리의 26퍼센트는 사람들이 자동차를 이용해 이동한 거리다. 암스테르담은 31퍼센트, 코펜하겐은 32퍼센트다. 자전거는 암스테르담과 코펜하겐에서 자동차를 밀어낸 게 아니라 도보 이동을 밀어냈다. 두 도시 사람들은 베를린 사람들보다 적게 걸었다. 그런데도 인식이 왜곡되는 이유는 도심만 집중 관찰하기 때문이다. 전국적으로 보면 자동차 주행 거리는 크게 증가하고 있다. 1994년 네덜란드 국민의 자동차 주행 거리는 약 1,270억 킬로미터였지만 2017년에는 1,390억 킬로미터에 달했다. 같은 기간 자전거 이동 거리는 소폭 증가해 141억 킬로미터에서 145억 킬로미터로 늘어났을 뿐이다. 심지어 덴마크의 경우 지난 30년 간 1인당 연간 자전거 이용 거리는 680킬로미터에서 487킬로미터로 감소한 반면, 자동차 주행 거리는 현저히 증가했다.[47]

기술적 효율성에만 매달리면 된다는 생각은 착각이다. 절약된 원료는 곧바로 더 많은 상품을 생산하고 성장을 촉진하는 데 사용되기에, 기술적 효율성은 기후 문제를 해결할 수 없다. 20세기를 돌아보면 이러한 리바운드 효과를 제법 정확하게 수치화할 수 있다. 1900년부터 2005년까지 전 세계 경제 규모는 23배 성장했다. 동시에 자원 소비도 8배 증가했다.[48] 따라서 경제가 자원 소비보다 약 3배 빨리 성장했기에 얼마간 '탈동조화'가 있긴 했다. 하지만 이건 위로가 될 수 없다. 환경을 진정 보호하려면 훨씬 적은 원료를 소비해야 한다. 하지만 성장은 불가능해진다.

리바운드 효과는 녹색성장이 가능하리라는 모든 희망을 산산조각 낸다. 대부분의 연구는 리바운드 효과를 그냥 무시하는데,

부퍼탈 연구소는 이렇게 지적했다. "암묵적으로 리바운드 효과는 약하게 나타난다거나 외부 조건에 의해 피할 수 있는 것으로 암시된다."[49] 경제학적 기후 연구는 과학적 기준을 충족하지 못한다는 사실이 또다시 드러난 셈이다. 새로운 연구가 끊임없이 행해지지만 결정적인 문제들은 배제되어 있다.

따라서 순수한 '질적 성장'이란 존재하지 않는다. 자본주의가 인터넷의 가상 세계에서만 번성하는 지식 사회 형태를 꿈꿀 수 있는 것도 아니다. 오히려 디지털화는 엄청난 에너지를 소비하는 데다, 스마트폰이 등장했다고 해서 기존 소비 패턴은 사라지지 않는다. 여전히 자동차를 운전하는 우리의 귀에 이제 휴대폰도 딱 달라붙어 있을 뿐이다.

하지만 '질적 성장'이라는 개념은 간혹 완전히 다른 의미로 이해되기도 한다. 사회에 중요하면서도 이산화탄소 배출량이 적은 활동을 의도적으로 늘릴 수 있다는 것이다.[50] 특히 돌봄, 교육, 예술 분야에서 말이다. 실제로 독일의 병원과 요양 시설에는 더 많은 인력이 필요하고, 학교에도 교사가 부족하다. 물론 돌봄과 교육에 투자하는 것은 당연하다. 하지만 '질적 성장'이 이루어지는 건 아니다.

대신 일종의 '소비 교환' 현상이 나타날 뿐이다. 독일이 더 많은 돌봄 인력을 고용하거나 더 많은 임금을 지급하기로 결정하면 추가 비용을 메우기 위해 간병 보험료가 인상될 것이다. 그러면 국민들은 지갑이 얇아져, 예를 들면 마요르카섬으로의 여행 등을 자제하게 된다. 반면 돌봄 인력은 임금을 더 받았으니 마요르카섬으로 여행을 갈 수 있게 된다. 결국 마요르카섬으로 여행을 가는 독일인의 수는 동일하게 유지되고, 사람만 바뀔 뿐이다.

다시 말해 '질적 성장'은 존재하지 않는다. 돌봄 인력도 집을 짓거나 자동차 등을 구매할 것이기 때문이다. 특정 직업이 온실가스를 거의 배출하지 않는다고 해도 그 직업 활동의 임금은 대개 기후에 해로운 상품들을 소비하는 데 쓰인다. '질적 성장'은 새로 고용된 교사들이 교육 서비스만 소비하고 그 외에는 아무것도 소비하지 않아야 한다는 뜻이다. 이는 말도 안 되는 생각이다.[51] 성장비판론자 니코 페히는 이 부분을 콕 집어서 요약했다. "이산화탄소 중립적인 유로, 달러, 엔은 존재할 수 없다. 이것들은 물질적인 가치에 대한 권리를 내포하고 있기 때문이다."[52]

게다가 돌봄, 교육, 예술이 순수하게 비물질적이고 온실가스를 배출하지 않는다는 주장도 옳지 않다. 베를린의 샤우뷔네 극장은 최근 자사의 탄소 발자국을 조사했는데, 결과는 충격적이었다. 극장은 엄청나게 많은 이산화탄소를 배출하고 있었다. 해마다 약 100회의 해외 공연을 하기 위해 비행기를 타고 모든 대륙을 날아다니기 때문이다.[53]

녹색성장과 마찬가지로 '질적 성장'이란 존재하지 않는다. 이런 개념들은 현실을 은폐할 뿐이다. 자본주의를 갑자기 '비물질화'해줄 수 있는 기적의 기술은 없다. 따라서 여전히 문제가 남는다. 친환경 에너지만으로는 전 세계 경제를 돌아가게 하기에는 부족하다는 점이다. 지금이야말로 녹색축소를 진지하게 고민해야 할 때다. 이 무거운 주제는 상상조차 하기 힘든 문제를 건드리고 있기에 이제껏 거의 연구되지 않았다. 즉, 성장이 멈추면 자본주의는 붕괴한다는 문제다. 그러나 이미 인용했듯이 "자본주의의 종말보다 세상의 종말을 상상하는 편이 더 쉽다."

3부　　　　　　자본주의의 종말

16장
경제가 붕괴한다면

'축소'라는 단어는 왠지 불쾌하고, 금지와 포기를 연상시킨다. 하지만 끝없는 성장으로부터 벗어나는 것도 해방이라고 할 수 있지 않을까? 많은 기후활동가는 더 나은 미래가 가능하다고 확신한다. "우리는 더 아름답고, 조용하고, 푸르고, 건강하고, 스트레스가 없고, 지속 가능하고, 공정한 세상을 말하고 있다." 태양광 공학자 폴커 콰슈닝은 열정적으로 설명한다. "도시에서 지금보다 훨씬 높은 삶의 질을 누리게 될 것이다. 에너지 공급 체계를 전환함으로써 미래 지향적이고 안정적인 새 일자리를 무수히 창출할 수 있다."[1]

행복 연구는 경제가 성장한다고 만족도가 높아지지 않는다는 점을 입증했다. 1978년 이후 독일과 오스트리아의 경제 실적은 약 2배 증가했지만[2] 만족도는 높아지지 않았다. 과거에도 삶은 충분히 풍요로웠다. 누구도 초여름에만 딸기와 아스파라거스가 나오고 뉴질랜드에서 키위가 수입되지 않는다고 불평하지 않았다.

삶의 의미는 끊임없이 더 많이 소비하는 데 있지 않다. 사회학자 하랄트 벨처가 풍자적으로 표현한 것처럼 말이다. "중병이나 불치병에 걸린 사람은 부고 기사에 '아우디 Q7을 몰고, 아이다 크루즈를 다섯 번 탔으며, 한번은 초호화 크루즈 MS 유로파로 여행했다'라는 문구가 적히기를 원치 않을 것이다." 죽음을 앞둔 사람들은 "훌륭하고, 선량하고, 사랑스러운 인간으로 기억되기를 바란다. 타인과의 관계 속에서 의미 있게 살아왔다고 말이다."[3]

많은 독일인이 자신이 소유한 것들로부터 압박을 느끼며, 이렇게 넘쳐나는 물건들에서 벗어나 자유로워질 수 있는 방법을 다룬 수많은 지침서를 찾는다. 장기 베스트셀러 『단순하게 살아라 Simplify your life』는 이제 다양한 속편이 나와 있다. 그 속편들은 주방, 지하실, 옷장 등을 편안하게 정리함으로써 더 많은 시간을 누릴 수 있는 법을 안내한다. 우리가 사는 풍요로운 소비 사회에서 유일한 희소 자산은 시간이기 때문이다. 잘 알다시피 모든 인간은 죽는다. 그래서 인간이 이 유한한 시간을 필요하지도 않은 물건들을 모으고 관리하는 데 쓰는 건 비합리적인 일이다.

게다가 이런 헛된 재산은 먼저 일해서 얻어야 하는 것이다. 소득이 있는 사람들만 옷장을 잡동사니로 채울 수 있다. 하지만 많은 사람이 일을 하면서 극도의 불행함을 느낀다. 소위 '불쉿 잡 Bullshit Jobs'*을 하고 있기 때문이다. 불쉿 잡이란, 그 일을 하는 종사자 스스로가 쓸모없다고 여기는 일을 말한다.[4] 영국의 한 조사 결과에 의하면 피고용자의 37퍼센트가 자신의 업무를 없애도 되는

---

* 인류학자 데이비드 그레이버의 책 제목으로, 무의미하고 불필요하며 때로는 유해하다고도 여겨지는 일을 의미한다.

것이라 여겼다고 한다. 네덜란드에서는 이 비율이 무려 40퍼센트에 달했다. 대부분이 사무직으로, 종사자들은 꽤 많은 급여를 받았지만 무가치한 일을 한다고 여기며 불만족스러워했다.[5]

따라서 해결 방안은 자명해 보인다. 덜 소비하고 덜 일하는 것이다. 그렇다면 이 많은 불쉿 잡을 아무도 그리워하지 않을 것이고, 모두가 자신의 삶에서 중요한 것을 즐길 더 많은 시간을 가지게 된다. 이렇게 해서 재활용[6]이 가능한 만큼만 소비하는 순환경제가 탄생한다. 이러한 기후 중립적 삶은 어떤 모습일지에 대해, 성장 비판적 입장을 취하는 탈성장Degrowth 운동은 친절하게 묘사해왔다. 지역과 제철 상품만 사용하고, 친구들을 직접 만나고, 직접 수리하고, 직접 옷을 만들어 입는 것이다.[7]

이러한 '공유경제Share Economy'에서는 자동차, 잔디 깎는 기계, 드릴, 장난감, 책, 반죽기 등 많은 일상용품을 이웃과 공유한다.[8] 아무도 즐거움과 휴가를 포기할 필요가 없다. 오히려 비행기를 타지 않아도 장거리 여행을 할 수 있는 충분한 시간이 생길 것이다. 화물선을 타고 여유롭게 중국까지 여행할 수도 있다.

이런 기후 중립적 소비 세계는 낭만적이고 옛 시절로 돌아간 듯한 느낌을 주지만, 결코 전근대로의 회귀를 의미하지 않는다. '푸르른 불러비'*를 꿈꾸는 게 아니다. 탈성장 운동 역시 자본주의가 발전시키고 생활을 편리하게 만들어준 기술들의 가치를 인정한다.[9] 세탁기나 컴퓨터 같은 것은 계속 존재해야 한다. 특히 이미 인

---

* 불러비는 아스트리드 린드그렌의 동화책 『떠들썩한 마을의 아이들(Barnen i Bullerbyn)』에 나오는 소박하고 여유로운 마을 이름이다.

터넷상에서는 공유경제를 실현하려는 노력이 널리 퍼져 있다. 인터넷 이용자들은 무료로 리뷰를 작성하거나 위키피디아에 글을 적고, 동영상을 올리거나 새로운 소프트웨어를 함께 만든다. 이때 중요한 건 돈이 아니라 인정과 공동체다.[10]

그러나 기후 중립적 소비 세계가 아무리 아름답게 들려도, 이 또한 자본주의에 의해 따라잡힌다. 미국의 사회학자 줄리엣 쇼어는 카우치서핑Couchsurfing과 에어비앤비Airbnb에 큰 희망을 걸었다. 사람들이 사용하지 않는 주거 공간을 서로에게 제공하면 모두가 무료로 휴가를 보낼 수 있다고 생각한 것이다.[11] 친환경 진보 사상가인 쇼어는 당시 이 아이디어가 상업화되고 에어비앤비가 수십억 달러 규모의 기업으로 성장하리라고는 상상도 못 했다.

게다가 공유경제는 사람들이 종종 주장하는 것만큼 결코 새롭고 혁명적인 개념이 아니다. 사람들은 이미 오래전부터 물건을 나눠 쓰고 교환하는 아이디어를 실행해왔다. 역사가 아주 오래된 도서관의 작동 원리는 이제 '북셰어링Book Sharing'이라는 새로운 용어로 불린다. 많은 임대 주택에는 공동 세탁기가 있는데, 이미 오래전부터 농민들은 농기계를 공동 사용하기 위해 협동 조합을 설립했다. 벼룩 시장을 통해서는 어린이 의류, 생활용품, 캠핑 장비 등이 거래되어왔다.

물건을 나누어 쓰거나 교환해도 성장에 해가 된 적은 없었다. 여기서 또 리바운드 효과가 일어나기 때문이다. 부모가 벼룩 시장에서 아이 옷을 판매하면 새로운 물품을 살 돈이 생긴다. 카우치서핑이 에어비앤비를 거치지 않고 무료 숙소를 제공한다고 해서 반드시 상업 활동이 줄어드는 건 아니다. 절약한 숙박비가 더 자

주, 더 멀리 여행하는 데 쓰일 수 있기 때문이다.[12]

즉, 리바운드 효과를 없애려면 공유경제만 도입한다고 되는 게 아니다. 동시에 소득이 줄어야 새로운 성장을 불러일으킬 자금도 줄어든다. 그래서 당연하게도 탈성장 운동은 상업적 임금 노동의 규모를 절반으로 감소해야 한다고 주장한다.

하지만 성장비판론자들이 쉽게 무시하는 문제가 하나 남아 있다. 경제가 축소되면 금세 혼란에 빠진다는 사실이다. 소득이 감소하면 위기는 통제력을 잃고 모든 분야를 좀먹는다. 많은 독일인이 마침내 자동차가 기후를 죽이는 주범이라는 사실을 깨닫고 이제부터 절대로 자동차를 사지 않겠다고 각자 개인적으로 결정했다고 상상해보자. 그러면 독일의 자동차 업계에 직간접적으로 종사하던 175만 명이 실업자 신세가 된다. 이제 이 전직 노동자들에겐 술집에 가거나 슈퍼마켓에서 장을 보거나 집을 수리할 돈이 없어진다. 결국 술집 주인, 상점 주인, 기술자의 소득도 줄어들어 이들의 소비 또한 제한될 수밖에 없다. 이렇게 해서 경제는 급속도로 추락한다(7장 참조).

이 혼란스러운 경제 위축이 평화롭게 진행될 거라고 상상해서는 안 된다. 1929년 이후의 세계경제대공황은 사람들이 일자리, 소득, 희망, 장래성을 잃으면 얼마나 위험해지는지 보여주었다. 이들은 포퓰리스트 지도자를 선택하는 경향이 있다. 독일에서는 1933년 히틀러가 정권을 장악했다.

성장비판론자 대부분은 자신의 비전을 방법이라 여기는 오류를 범한다. 순환경제는 단지 목표일 뿐만 아니라, 자본주의의 과도기에서 기후 중립 세계로 가는 길을 터준다고 본다. 줄리엣 쇼어는 자신이 생각하는 형태의 공유경제를 이렇게 설명했다. 바로, 순환경제가 완벽하게 자리 잡을 때까지의 과도기적 전략이다. "진정으로 지속 가능한 체제를 마련하려면 시간이 오래 걸린다. 생태적 재생과 기술 혁신이 필요하기 때문이다."[13]

환경은 잘 보살핌을 받아 회복되어야 하고 친환경 기술이 더 저렴하고 우수해진다면 훨씬 도움이 될 거라는 쇼어의 주장은 분명 옳다. 하지만 빠진 부분이 눈에 띈다. 바로, 거대한 환경 문제를 만들어낸 원인이 자본주의임에도 불구하고 경제가 전혀 언급되지 않는다는 점이다.

대개 자본주의에 대해서는 더 깊이 생각하지 않는다. 자본주의 비판론자들은 자본주의를 마치 하나의 케이크처럼 생각하기 때문이다. 하나의 케이크에서 절반을 버린다 해도 여전히 남은 조각들을 가질 수 있다는 식이다. 마찬가지로 성장비판론자들은 소득을 절반으로 줄인 뒤 나머지를 공평하게 분배하자고 한다. 하지만 자본주의는 마음대로 조각낼 수 있는 케이크가 아니다. 소득이 감소하면 거의 아무것도 남지 않을 때까지 계속 감소한다. 위축되는 자본주의는 따가운 햇볕 아래 놓인, 바닥에 구멍까지 난 '컵 아이스크림'과 가장 닮았다. 열기에 아이스크림이 녹을 뿐 아니라, 남아 있던 끈적거리는 아이스크림도 땅속으로 스며들어 영원히 자취를 감춘다. 결국 원래 아무것도 존재하지 않았던 듯 모든 게 사라진다.

자본주의는 하나의 사물도, 하나의 상태도 아닌, 역동적인 프로세스다. 자본주의는 성장하지 않으면 곧바로 축소된다. 물론 경제 위기가 반복적으로 찾아오지만, 기업가들이 언젠가 성장세가 회복되리라 믿고 계속 투자하기에 극복되고 있다. 그러나 정치적으로 성장이 억압받고 장기 위축이 예상되면, 기업 입장에서는 새 장비를 구매하거나 직원을 고용해도 이득이 없다. 경제 위축은 혼란스럽게 지속된다.

이런 딜레마에서 벗어나기 위해 일부 환경이론가는 일종의 '살라미 자르기 전략'을 내세운다. 즉, 아무도 알아채지 못할 만큼 아주 얇게 살라미를 자르듯이 아주 작은 변화를 조금씩 추진해나가는 것이다. 환경법 전문가 펠릭스 에카르트는 이렇게 썼다. "내 생일 파티의 뷔페에 치즈 하나를 덩어리째 내놓으면 고스란히 남아 있게 될 것이다. 하지만 치즈를 작은 조각들로 잘라놓으면 사람들이 전부 먹는다. 같은 치즈인데도 말이다… 이처럼 한입 크기 조각들 덕분에 살이 찐다, 안 찐다의 경계가 흐려진다… 그런 의미에서 보면 살라미 자르기 전략은 정치인과 기업이 개혁을 추진할 때도 얼마간 적합하다."[14] 사회학자 하랄트 벨처도 "가급적 작은 상태 변화"를 제안했다. "이것은 '대전환', '거대한 유토피아', '거대한 혁명'과는 매우 다른 시적 감성을 지녔다."[15]

부정할 수 없는 사실은, 자본주의를 살라미처럼 조금씩 아주 작은 조각들로 잘라내며 축소할 수 있다면 아주 편할 거라는 점이다. 하지만 유감스럽게도 자본주의는 소시지도 아니고 케이크도 아니다. 자본주의가 역동적인 체계라는 사실은 거듭 강조해도 모자라지 않다. 소득이 아주 미미하게 감소한다 해도 매년 반복되면 견뎌내기 어렵다. 자본주의는 성장에 의존하기 때문이다. 지속적인 성장이 없어지면 혼란스러운 붕괴로 이어진다.

이 분석이 다소 추상적으로 느껴질 수 있다. 하지만 진정한 기후 중립을 이룬 독일을 상상해보면 좀 더 생생해진다. 명백한 미래부터 얘기해보자면, 모든 공항은 폐쇄될 것이다. 비록 E-케로신을 연료로 사용한다고 해도 비행기는 여전히 유해하다. 지구를 뜨겁게 달구는 비행운을 남기기 때문이다. 현재 거의 85만 명이 독일의 항공 업계에 직간접적으로 종사하는데, 이들 모두에게 새 일자리가 필요할 것이다.

앞서 설명했듯이 자가용의 미래도 밝지 않다(14장 참고). 대신 버스와 철도는 더 자주 운행될 것이므로 작은 마을 거주자들은 발이 묶여 오도 가도 못하는 신세가 될 걱정은 하지 않아도 된다. 반면 자동차 기업들이 소수 지역에 몰려 있으므로 종사자들은 힘들어진다. 자동차가 더 이상 대량 생산되지 않는다면 이런 문제가 바로 제기될 것이다. 슈투트가르트 지역은 어떻게 되는가? 볼프스부르크와 브라운슈바이크 지역은 어떻게 되는가?

지속적인 기후 보호 정책은 산업계에만 변화를 일으키는 게 아니다. 경제가 위축되면 많은 서비스업도 사라진다. 예를 들면 이렇다. 어차피 상품이 희소하고 구매자가 보장되어 있다면 홍보를 할 필요가 없어질 것이다. 광고 대행사, 박람회 물류업체, 광고 그래픽 디자이너 등은 더 이상 할 일이 없어진다. 신문사나 구글은 광고가 없어지면 재정을 마련할 방도가 불분명해진다.

마찬가지로 생명 보험도 쓸모없어질 것이다. 매달 소액의 보험료를 납부하다가 나중에 큰 수익을 돌려받는다는 원리는 누구나 안다. 하지만 이러한 수익은 경제가 성장할 때만 가능하다. 경제가 위축되면 더 이상 잉여금이 생기지 않고, 보험 가입자가 이미 납부한 금액의 가치도 떨어진다.

은행도 붕괴할 것이다. 잘 알다시피 은행의 핵심 사업은 대출이다. 그러나 대출금은 경제가 성장할 때만 상환될 수 있다(7장 참조). 생산이 줄어들면 더는 대출을 받으려는 사람이 없어지고 은행은 경제 기반을 잃게 된다. 고객의 현금을 관리하는 소규모 기관들이 살아남을지도 모르겠지만, 이러한 계좌 관리 업무는 은행의 수입에 큰 도움이 되지 않는다. 은행은 대출 거래로 이윤을 얻기 때문이다.

마찬가지로 주식, 이자, 통화, 원자재에 투기하는 투자 은행도 끝을 보게 될 것이다. 이러한 금융 카지노는 지금까지도 대체로 불필요했기에 사라져도 큰 피해가 생기지는 않을 것이다.[16] 하지만 현재 수십만 인구가 직간접적으로 이 일로 먹고산다. 대형 은행 직원뿐만 아니라 경제 전문 법률가나 세무사 등도 해당한다. 금융 종사자 대부분은 금융의 중심지인 프랑크푸르트에 거주하기에 이번에는 이런 문제가 제기될 것이다. 금융 기관이 밀집한 라인-마인 지역은 어떻게 되는가?

산업체, 은행, 보험사가 무너지면 주식과 저축도 가치를 잃는다. 독일 닥스DAX 주가 지수도 폭락할 것이다. 비행이 중단되면 항공기 제조사 에어버스Airbus와 MTU의 주식은 완전히 가치를 잃는다. 금융 기업인 도이체뵈르제Deutsche Börse, 도이체방크Deutsche Bank, 알리안츠Allianz, 하노버리Hannover Rück, 뮌헨리Münchner Rück의 주가도 핵심 사업 영역을 잃으면 곤두박질칠 것이다. 여객과 화물이 철도를 통해 수송되면 BMW, 포르셰, 메르세데스-벤츠, 폴크스바겐, 콘티넨탈 등의 완성차 제조사에도 그늘이 드리워진다.

다른 기업들은 살아남겠지만 기후 중립적으로 제품을 생산할 수 있는 친환경 에너지가 부족해서 커다란 매출 손실을 입을 것이다. 특히 화학 기업인 바스프BASF, 바이엘, 린데Linde, 브렌탁Brenntag, 코베스트로Covestro, 헨켈Henkel, 심라이즈Symrise를 비롯하여 건축 자재 대기업 하이델베르크체멘트HeidelbergCement가 이 문제에 봉착한다.

닥스 상장 기업의 절반은 에너지 전환을 전혀 극복하지 못하거나 완전히 축소된 상태로 살아남을 것으로 보인다. 하지만 생존에 필요한 제품을 생산하는 기업들은 기후 중립적 전환에 덜 타격을 입을 것이다. 프레제니우스메디컬케어Fresenius Medical Care, 프레제니우스Fresenius, 머크Merck, 퀴아젠Qiagen, 자토리우스Sartorius, 지멘스헬시니어스Siemens Healthineers 같은 제약 및 건강 기업이 이에 해당한다. 우편과 통신 기업의 최소한 일부는 계속 필요할 것이다.

에스에이피SAP, 지멘스, 인피네온Infineon 같은 디지털 및 기술 기업의 노하우는 에너지 전환에서 중요하기에 이들은 일부 분야에서 이득을 볼 것이다. 경제 전반이 친환경 에너지를 사용하면 에너지 대기업인 RWE와 에온E.ON의 사업은 확장될 것이다. 그럼에도 지멘스나 RWE 등의 잠재적 이득은, 금융 기업, 완성차 제조사, 화학 기업 주주 들이 감수해야 할 막대한 손실을 메워줄 수 없다. 결국 주식 시장의 시가 총액은 급속도로 추락할 것이다.

금융 업계는 에너지 전환에 의해 발생하리라 예상되는 '녹색 수익'에 지나치게 열광한다. 하지만 경제가 축소되면 수익은 생겨날 수 없다. 기후 보호는 컨설팅 기업 맥킨지가 열광적으로 주장하듯이 '긍정적인 비즈니스 사례'[17]가 아니라, 처음에는 엄청난 손실을 낼 것이다.

이러한 손실은 우선 부유층에게 영향을 미친다. 독일 국민의

17.1퍼센트만 주식을 보유하고 있기 때문이다.[18] 그럼에도 고소하게 생각할 타인의 불행이 아니다. 에너지 전환은 조금이라도 저축해놓은 돈이 있는 모든 사람을 흔들어놓을 것이다. 일반 예금액의 가치조차 떨어지기 때문이다. 현재 독일 국민이 보유한 금융 자산은 약 8조 유로인데, 만약 재화 생산량이 계속 감소한다면 이 자산의 가치를 지켜줄 만한 충분한 실물 가치가 존재하지 않게 된다.[19]

매출과 소득이 감소하면 당연히 국가의 수입도 줄어든다. 그런데 세수가 감소하면 친환경 에너지 전환에 쓸 자금을 조달하기 어려워진다. 이것이 딜레마다. 경제가 축소되어야만 기후 중립을 달성할 수 있는데, 바로 그 경제 축소 때문에 에너지 전환이 재정적으로 거의 불가능해지는 것이다. 그래서 녹색당의 랄프 퓍스는 비꼬듯이 이렇게 말했다. "제로 성장은 단 하나의 문제도 해결하지 못하며 단지 새로운 문제를 만들어낼 뿐이다."[20]

녹색성장이 의심의 여지 없이 더 편한 길이라고 생각하겠지만, 유감스럽게도 이는 환상이다. 부퍼탈 연구소는 환경에 부담을 주지 않으려면 독일 국민 1인당 원료 소비량이 얼마나 줄어야 하는지 계산해보았다. 현재 독일에서는 연간 1인당 30톤의 원료가 소비되는데, 이를 8톤으로 줄여야 한다.[21] 즉, 거의 75퍼센트를 절약해야 한다는 뜻이다. 이렇게 되면 성장은 불가능하다.

이런 수치들은 충격적일 수 있으며, 자본주의가 종말을 맞이한다면 '석기 시대로 돌아가야 한다'는 두려움도 널리 확산되고 있다. 그러나 이런 걱정에는 근거가 없다. 아무도 다시 동굴에 들어가 살게 될 거라고 불안해할 필요가 없다. 성장비판론자들은 기후 중립적 삶도 충분히 아름다울 수 있다는 것을 명확하게 보여주었다. 해결되지 않은 문제는 단 한 가지, 어떻게 하면 국민이 패닉에 빠져 독재자가 권력을 장악할 빌미를 줄 심각한 위기를 유발하지 않고 이러한 생태적 순환경제를 이룰 수 있는지다.

안정감은 인간에게 필요한 것이자 인간이 원하는 것이다. 기후활동가 루이자 노이바우어도 이를 깨달았다. 그는 항상 지인들에게 이런 질문을 던졌다. "미래를 생각하면 어떤 것이 떠오르나요?" 그런데 답은 그가 예상했던 것과 전혀 달랐다. "많은 사람이 안정적인 수입, 경제적으로 감당할 수 있는 집, 아이들이 놀러 나가도 걱정할 필요가 없는 살기 좋은 환경을 갖는 것이 소원이라고 했다. 우리는 혼란스러웠다… 우리가 세계 사회Weltgesellschaft가 치닫고 있는 재앙에 대해 고민하는 동안, 주변의 많은 사람이 자신의 소득, 집, 사는 동네를 염려했다."[22]

자본주의가 종말을 맞이한다면 사람들이 그토록 갈망하는 안정이 위협을 받는다. 수백만 명이 일자리와 저축액을 잃게 될 것이기 때문이다. 그래서 모든 국민이 자신이 무엇으로 먹고살 수 있을지, 앞으로 어떻게 될지 매 순간 명확히 알고 있어야만 기후 보호가 성공할 가능성이 있다.

이 전환에 대해 탈성장 운동은 아무런 해답을 제시하지 못한다. 순환경제를 추구하지만 동시에 그 비전 자체를 방법으로 여기기 때문이다.

일부 성장비판론자들은 이 운동에 아직 허점이 있다는 점을 인정한다. 지속 가능한 경제를 연구하는 경제학자 팀 잭슨은 아직까지 탈성장 사회를 위해 잘 고안된 거시경제 모델이 없음을 인정했다.[23] 이 지적은 대수롭지 않게 들릴 수 있지만 실은 폭탄 선언이다. 경제학적 모델링 없이 자본주의를 포기하는 건 불가능하기 때문이다.

원래라면 거시경제학자들이 나서서 어떻게 하면 기후 중립적 사회로 나아갈 수 있을지 설계해야 한다. 그러나 현재까지 경제학자들의 성과는 미미하다. 유감스러운 일이지만 결코 우연이 아니다.

17장
경제학자들의 실패

대다수 경제학자는 기후 보호를 추진하는 데 문제가 전혀 없다고 생각한다. 이들은 경제가 축소될 수 있다고 생각하지 못하기에 녹색성장이 가능하다고 확신한다. 자본주의가 종말을 맞이하면 이들의 이론은 전부 무너질 것이다. 이들은 기후 중립 세계에서 얼마나 엄청난 '수익'을 기대할 수 있는지 멋대로 지어내고 있다.[1]

거시경제학자는 크게 두 부류, 케인스학파와 신고전학파로 나눌 수 있다. 케인스학파는 이름에서 알 수 있듯이, 1936년 『고용, 이자, 화폐의 일반이론The General Theory of Employment, Interest and Money』을 발표한 영국의 경제학자 존 메이너드 케인스에게 뿌리를 두고 있다. 이 이론은 성장 확보라는 목적을 가졌다. 1929년 이후의 세계경제대공황은, 자본주의가 정치적으로 통제되지 않으면 심각한 혼란을 피할 수 없음을 입증했기 때문이다. 그래서 케인스는 '유효 수요 이론'을 발전시켰다. 경제 위기의 시대에는 정부가 빚을 내서 경기를 부양해야 한다는 것이다.[2] 이와 같은 정책은 최근 코로나19 팬데믹 때 실제로 시행되었다. 독일 정부는 단기 근로자와 기업을 지원하기 위해 약 5천억 유로를 동원했다.

케인스학파는 경제 위기를 극복하는 데 크게 공헌했다. 즉, 이론의 핵심에 성장이 있기에 지속적인 축소가 어떻게 이루어질 수 있는지에 대해서는 해답을 전혀 제시하지 못한다. 생산 감소란 개념은 이들의 이론 속에 존재하지 않는다.[3]

한편 신고전학파는 '시장'을 출발점으로 삼는다. 시장이 경제를 조절하며 국가는 최소한의 역할만 해야 한다고 주장한다. 이렇게 경제 이론이 '시장'을 중심에 두는 것을 많은 이가 직관적으로 당연하다고 느낀다. 사실 모든 사람이 매일 밖에서 물건을 구매하기 때문이다. 그래서 시장에서 교환되는 것은 완제품이라는 사실이 눈에 잘 띄지 않는다. 하지만 이렇게 최종 생산품에만 관심을 가지면 실제 생산 과정은 금세 초점에서 멀어진다. 신고전학파의 이론에서 투자, 신용, 대형 은행, 기술, 에너지는 거의 아무 역할도 하지 않는다. 하지만 실제로는 이런 것들이야말로 자본주의의 핵심을 이룬다.[4]

신고전학파는 특히 '균형'을 중시한다. 가격이 수요와 공급을 일치하도록 만들어 시장이 균형을 이루게 된다는 것이다. 예를 들어 감자 생산량이 너무 많으면 남아 도는 감자를 구매할 사람을 찾을 때까지 가격이 계속 떨어진다.

신고전학파는 마치 경제가 단순한 물물교환으로만 이루어지고 산업화는 아예 존재하지 않았다는 듯한 모델을 그린다. 이들은 마치 사과와 배만 거래되는 허구의 중세 시대의 작은 주말 시장 같은 사회를 묘사한다. 이러한 이론은 빈약하기 짝이 없지만, 수학적으로 공식화해 포장할 수 있기에 경제학자들에게는 더없이 매력적이다.

신고전학파는 정적인 균형을 설명하려고 하기에 자본주의의 역동성을 이해하지 못하며 탄탄한 성장 이론도 발전시킬 수 없다.[5] 그럼에도 이론의 바탕에는 경제가 성장한다는 전제가 암묵적으로 깔려 있다. 항상 균형을 이루는 '최적의 시장'은 상품량이 줄어드는 상황에서는 존재할 수 없기 때문이다. 그렇게 되면 급속도로 인플레이션이 전개될 위험이 있다.

기후 보호를 위해 비행 횟수를 제한하는 경우를 상상해보자. 좌석이 거의 없으니 바로 티켓 가격이 오를 것이다. 결국 부자들만 비싼 티켓을 차지하고 나머지 사람들은 땅에 머물러야 한다. 만약 비행 횟수만 제한된다면 이런 불공정이 극복될 수 있을지도 모른다. 하지만 기후 중립 세계에서는 경제 전반이 축소되어야 하기에 분배 문제는 끊임없이 제기될 것이다. 그때는 '시장 메커니즘'으로 도달할 수 있는 공정한 '균형'은 존재하지 않게 된다.

케인스학파와 신고전학파는 최저 임금, 국가 부채, 수출 흑자 등 거의 모든 경제 주제에 대해 팽팽하게 대립하며 논쟁한다. 그런데 기후 정책에 대해서는 의견이 완전히 일치한다. 두 학파 모두 녹색성장을 믿으며 가격 메커니즘을 이용해 환경 문제를 해결할 수 있다고 여긴다.

이들의 핵심 발상은, 기후 파괴 행위가 더 이상 무료로 행해져서는 안 된다는 것이다. 기업과 소비자는 탄소 배출로 인해 발생하는 손해를 금전적으로 배상해야 한다. 즉, 환경에도 가격을 매겨야 하며, 이를 위한 다양한 모델이 마련되어 있다. 탄소세, 탄소 배출권, 국가의 단계적 화석 연료 가격 조정 등이다. 그러나 이 모델들의 미세한 차이점[6]은 부차적인 문제다. 대다수 경제학자는 가격 유도 효과를 활용하고자 하기 때문이다.[7]

이들의 주장은 이렇다. 탄소세가 높아지면 기후 보호가 저절로 수익성 있는 일이 된다. 친환경 기술에 대한 투자가 결국 돈을 절약하는 일이 되기 때문이다. 반대로 화석 연료 소비는 비싼 탄소세를 지불해야 하기에 수익성을 떨어뜨리는 일이 된다. 이런 방식으로 기업의 창의력을 자극하면 온실가스를 감소시킬 수 있는 최선의 방법을 찾게 된다.

'시장의 힘'을 이용하는 것은 얼핏 굉장히 세련되어 보인다. 국가가 기후 정책을 추진하기 위해 경제에 끊임없이 개입할 필요가 없기 때문이다. 정부는 어느 업계가 온실가스를 얼마나 배출해도 되고 어떤 기술을 사용해야 하는지 상세히 규정할 필요가 없다. 탄소세는 배출량을 가장 빠르고 저렴하게 줄일 수 있는 곳이 저절로 감축하게끔 만들 것이다.[8]

동시에 탄소세는 체처럼 작용하여 쓸모없는 상품을 걸러낼 것이다. 상품 효용에 비해 가격이 너무 비싸지기 때문이다. 하랄트 벨처는 "스마트 워치, 사과씨 제거기, 캡슐 커피 머신" 같은 것들이 다시 시장에서 사라지기를 기대한다.[9]

하지만 이런 방법이 아무리 세련되어도 탄소세에만 의존하는 건 위험하다. 온실가스로 인한 피해를 정확하게 계산하는 것이 불가능하기 때문이다. 예를 들어, 비가 너무 적게 내려서 습지대가 점점 줄어들고 있다고 해보자. 그렇다면 그로 인해 서식지를 잃고 죽어가는 두꺼비들의 가치는 얼마일까? 이건 결코 돈으로 환산할 수 없다.

온실가스로 인한 피해가 막대하기에 탄소세를 최대한 높게 책정해야 한다는 점은 자명하다. 독일 환경청에 따르면 1톤당 적어도 195유로는 되어야 한다. 하지만 현재 독일이 이 목표를 달성하기란 불가능해 보인다. 교통과 난방용 에너지에 대한 탄소세가 2025년까지 겨우 55유로로 오를 예정이기 때문이다.

그래서 기후보호론자들은 스위스와 스웨덴을 부러워한다. 스위스의 경우, 화석 연료에 대한 국가의 조정세가 현재 이산화탄소 1톤당 무려 120프랑이고,[10] 스웨덴은 1톤당 114유로다.[11] 이 수치만 보면 환경 낙원인 것처럼 보이겠지만 두 국가에서도 혼란스러운 현상이 나타나고 있다. 공식적인 탄소세가 독일보다 4배 높은데도 스위스와 스웨덴은 세계 환경 보호 순위에서 독일보다 뒤처져 있다.[12] 스위스와 스웨덴 역시 자원을 엄청나게 소비하는 고소득국이다.[13] 이렇게 높은 탄소세가 왜 효과가 없는 걸까?

공식적인 탄소세만 살펴보는 것부터가 잘못이다. 국가 간 비교가 왜곡되지 않으려면 모든 에너지세를 반영해야 한다. 잘 살펴보면, 독일은 적어도 연료에 많은 세금을 부과하고 있음을 알 수 있다. 예를 들면, 독일에서는 디젤 1리터당 47.04센트의 에너지세가 부과된다.[14] 디젤 1리터가 2.65킬로그램의 이산화탄소를 배출하기에 1톤당 177.50유로의 탄소세가 부과되는 셈이다. 휘발유의 경우, 1리터당 65.45센트가 부과되고 2.37킬로그램의 이산화탄소가 배출되므로, 탄소세는 1톤당 276.16유로다. 이는 독일 환경청의 추정치보다 훨씬 높은 금액이다.

독일이 예외적인 나라인 게 아니다. 다른 유럽 국가들도 연료에 많은 세금을 부과한다.[15] 따라서 높은 에너지세가 강력한 유도 효과를 갖고 있다는 이론이 맞다면, 많은 유럽인이 자동차를 버리고 버스를 이용해야 한다. 하지만 자동차를 포기하는 현상은 어디에서도 나타난 적이 없다. 따라서 가격 메커니즘은 시장의 힘을 믿는 많은 기후보호론자가 생각하는 것처럼 간단한 해결법이 아닌 듯하다.

　　게다가 독일에는 특수한 문제가 있다. '업무용 차량 혜택'[16] 제도는 많은 직원이 회사 비용으로 지나치게 호화로운 고급 승용차를 구매하도록 부추긴다. 이러한 기후 파괴 행위에 독일은 매년 31억 유로를 지출하며 사실상 자국의 자동차 대기업들을 배불리 먹여주고 있다.[17] 그럼에도 독일의 도로 위에서 발생하는 이 기후 재난을 저가로 제공하는 업무용 차량 탓이라고만 단정 지을 수는 없다. 다른 유럽 국가에는 이러한 구매 지원 정책이 없는데 그곳 운전자들 또한 차에 심하게 집착하기 때문이다. 많은 국가의 자동차 1대당 탄소 배출량은 독일보다 낮지만,[18] 자동차 교통에서 배출되는 온실가스가 감소한 적이 거의 없는 현상은 똑같이 나타난다.

　　대다수 사람에게는 가격이 전부가 아니기 때문에 환경세의 유도 효과에는 한계가 있다. 자동차의 경우 단순히 비용만 중요한 게 아니다. 많은 소유주에게 자동차는 성공, 자유, 쾌락을 상징하는 갈망의 대상이기 때문이다.

　　무엇보다도 대다수 운전자에겐 비싼 에너지세를 내는 게 어려운 일이 아니다. 세금은 깊은 우물 속으로 사라져 썩는 게 아니라 경제를 통해 계속 순환되기 때문이다. 자동차 소유주들은 주유할 때 거금을 써야 하지만 그들이 낸 세금은 다시 국가가 일자리와 소득을 창출하는 데 쓴다. 결국 경제 속에서 유통되는 돈의 양은 예나 지금이나 똑같다.

　이처럼 에너지세는 에너지 소비에 제동을 걸기 어렵다. 전체 수입을 감소시키는 게 아니라 기껏해야 소득을 살짝 재분배하는 것에 불과하기 때문이다. 특히 현재 다양한 형태로 논의되는 '에너지 보조금' 제도에서 이 효과는 명백하게 드러난다. 국가가 탄소세를 직접 쓰지 않고 국민에게 분배하여 모두가 동일한 금액을 받아가는 것이다. 이렇게 되면 애초에 에너지를 적게 소비하는 빈곤한 가정은 혜택을 입는 반면 부유한 가정의 부담은 커진다. 이러한 재분배는 매우 공정해 보이지만, 결국 가족이 여행을 가고 자동차를 타고 인터넷 스트리밍을 하는 데 쓰는 돈의 총량은 전과 똑같다.[19]

　만약 탄소세가 항공유에도 적용된다면 개인이 비행기를 타고 마요르카섬으로 여행을 가는 비용은 더 비싸질 것이다. 그럼에도 대다수에게는 이 비싼 티켓값을 지불하는 데 어려움이 없을 테다. 여전히 에너지 보조금 또는 환급 혜택을 받을 수 있기 때문이다. 결국 이전처럼 많은 독일인이 마요르카섬 등지에서 일광욕을 즐길 수 있다. 다만 그 사이에 거대한 세금 회전목마 하나가 연결되어 있을 뿐이다.

　하지만 경제학자들의 생각은 다르다. 이들은 탄소세가 에너지 소비를 감소시킬 거라 생각한다. 세금이 독일 전체의 가격 구조를 바꿔놓는다는 것이다. 즉, 마요르카섬행 항공편 티켓값이 오르는 반면, 팔츠숲이나 발트해행 기차 여행 비용은 줄어든다. 기차는 에너지를 적게 소모하고 이산화탄소를 거의 배출하지 않기 때문이다. 경제학자들은 독일 휴양객이 더 이상 마요르카섬이 아니라 발트해에 면한 메클렌부르크로 여행을 가고, 트래킹 애호가는 네팔이 아니라 가까운 알프스를 찾으리라 예상한다.

많은 관광객이 가장 저렴한 여행 상품을 선택하고 기특하게 발트해로 여행을 떠날 거라는 예측이 완전히 틀렸다고 볼 수는 없다. 그렇다고 해서 이런 구두쇠들이 이산화탄소를 훨씬 적게 배출한다고 할 수도 없다. 리바운드 효과가 나타날 가능성이 크기 때문이다. 기차 여행 비용이 저렴하니 여행을 훨씬 더 많이 다니고 싶은 마음이 생길 수 있다. 팔츠숲만이 아니라 로마, 코펜하겐, 파리에도 가고 싶지 않을까. 게다가 에너지 보조금이 있으니 구두쇠들은 절약하면서 나름의 방식으로 인생을 즐기려 할 것이다. 결과적으로 탄소 배출량은 조금 줄어들겠지만 결코 넷제로를 달성하지 못한다.

경제학자들은 독일인이 계속 더 많이 소비하기를 두 손 들고 환영할 것이다. 그렇지 않으면 경제는 추락하고 주류 경제학파들은 이에 대응할 어떤 모델도 갖고 있지 않기 때문이다. 다시 마요르카섬 여행 사례로 돌아가보자. 발레아레스 제도로 가든 발리섬으로 가든 모든 비행은 기후에 매우 큰 해를 끼치기에 탄소세가 극도록 높게 책정되어야 한다. 티켓이 너무 비싸져서 아무도 비행기를 타지 않으려고 할 정도로 말이다. 그렇다면 현재 직간접적으로 독일의 항공 업계에 종사하는 85만 명의 근로자들은 어떻게 되는가? 경제학자들은 이런 문제에 대해 전혀 언급하지 않는다.

따라서 향후에도 탄소세는 너무 낮게 유지될 거라고 확신을 갖고 내기할 수 있다. 앞으로도 탄소 관련 부과세들에는 온실가스 위험이 반영되지 않을 것이며, 경제 성장을 저해하지 않을 만큼 온

건한 수준의 금액으로 유지될 것이다. 하지만 대다수 경제학자는 이러한 모순을 알아차리지 못하는데, 그 이유는 애초부터 이들이 녹색성장을 믿고 있기 때문이다.

    국가 간 비교도 '가격 유도 효과'를 믿는 게 얼마나 어처구니 없는 일인지 뚜렷하게 보여준다. 앞서 언급했듯이 말라위는 1인당 연간 탄소 배출량이 겨우 0.1톤이다. 이러한 '지속 가능한 생활 방식'이 실현되고 있는 이유는 남아프리카가 독일보다 훨씬 많은 탄소세를 부과하고 있기 때문이 아니다. 사실 말라위에는 탄소세가 전혀 없다. 그곳 사람들은 너무 가난해서 자동차를 몰거나 비행기를 타고 휴가를 갈 수 없을 뿐이다. 이들에게는 지구 전체를 파괴할 만큼의 소득이 없다.

    부유한 소수가 일으킨 기후 변화 때문에 전 인류가 고통받는 건 너무 불공평하다(자세한 내용은 19장 참조). 부유한 나라들이 계획도 목적도 없이 어설프게 탄소세 제도를 주물럭거린다면 이런 상황에는 결코 아무런 변화가 없을 것이다.

    기후보호론자들은 종종 경제학자들이 자신들이 만든 모델 속에서만 움직인다는 사실을 이해하지 못한다. 그래서 심각한 오해가 발생하는데, 특히 화석 연료 보조금 지급 여부에 관한 오해가 자주 발생한다.[20] IMF는 전 세계 석탄, 석유, 천연가스의 '보조금'을 5조 9천억 달러로 추산했다. 전 세계 경제 실적의 6.8퍼센트에 해당하는 금액이다.[21] 따라서 적지 않은 기후보호론자들이 이러한 '보조금'은 실제 돈이며 이를 환경 보호에 쓴다면 에너지 전환이 해결될 거라고 생각한다. 물론 이렇게 많은 자금은 없다. IMF는 아주 넓은 의미의 보조금 개념을 적용하고 있으며, 대개는 실제 돈이 아니다.

IMF는 환경 피해나 건강 피해 등의 사회적 비용이 가격에 반영되어 있지 않으면 '보조금'을 지원받는 것으로 간주한다. 예를 들어, 독일에서는 대기 오염으로 매년 43,407명이 조기 사망한다.[22] 하지만 이러한 사회적 비용은 독일 에너지 가격에 반영되어 있지 않다. IMF는 이를 간접 보조금으로 여긴다.

한편, 에너지원에 따라 다른 세금이 부과되는 바람에 생겨난 추가 '보조금'도 있다. 앞서 언급했듯이 디젤에는 47.04센트가 부과되는 반면, 휘발유에는 65.45센트가 부과된다. 디젤에는 실제로 많은 세금이 부과되고 있음에도 휘발유만큼 높지는 않으니 IMF는 보조금을 지원받는 것으로 간주한다.

IMF의 정의가 도대체 어느 정도까지 타당한지에 대해서는 논쟁의 여지가 있다.[23] 하지만 독일 정부가 국민들이 석유를 소비하도록 지원하고 있지 않다는 점은 확실하다. 완전히 정반대다. 2021년 독일은 디젤과 휘발유에 부과한 에너지세를 통해 무려 330억 유로를 징수했다.[24] 즉, 정부는 석유 덕분에 큰 수입을 올렸다.[25] 물론 디젤에도 휘발유만큼의 높은 세금을 매겨도 문제없으며, 그렇게 하면 추가로 82억 유로를 거둬들이리라 예상된다.[26] 따라서 지금까지 국가가 화석 연료 교통에 엄청난 자금을 투입해왔다고 생각한다면 오해다.

반면, 실제 자금은 에너지 전환에 투자되었다. 태양광 설비와 풍력 터빈의 소유자들은 전력 공급에 대한 보조금을 받아야 수익을 낼 수 있다.[27] 열 펌프, 전기차, 패시브 하우스도 공공 보조금이 보장되어야 구매자를 찾을 수 있다. 친환경 기술이 더 효율적으로 발전하도록 장려하는 건 옳은 일이다. 하지만 그 비용은 저렴하지 않다.

시장 지향적인 경제학자들의 결정적인 실수는, 친환경 에너지를 수요가 증가하면 생산량을 마음대로 늘릴 수 있는 일반 상품으로 간주한 점이다. 그래서 '가격 신호'만 있으면 풍력 터빈과 태양광 패널을 확충할 수 있다고 생각한다. 탄소세가 높게 책정되면 화석 에너지 가격이 상승하니 모든 기업과 가정이 열을 올리며 친환경 전기로 갈아타게 되리라는 것이 이들의 아이디어다. 하지만 친환경 에너지는 마음대로 생산량을 늘릴 수 있는 것이 아니며 계속 부족한 상태로 남을 것이다(13장과 24장 참조). 물론 경제학자들은 이런 물리적, 기술적 팩트를 다루지 않고 가격의 세계에만 머물러 자신들의 주장을 고집한다.

이제 논쟁은 암초에 걸려 두 진영은 한 치의 양보도 없이 팽팽하게 대립하고 있다. 친환경 에너지가 충분히 공급되지 못할 가능성이 있는데도 많은 정치인, 기후연구자, 경제학자는 녹색성장에 희망을 걸고 있다. 반면 성장비판론자들은 소득과 소비가 감소되어야 한다고 주장한다. 그런데 이들 모두 수백만 명이 빈곤과 절망의 나락으로 빠질 수 있는 심각한 경제 위기를 어떻게 피할지에 대해서는 구체적인 대책이 없다.

따라서 혼란을 초래하지 않으면서 경제를 축소할 수 있는 아이디어가 요구된다. 다행히 인류 역사 속에 모범 사례가 있다. 하필이면 1939년 이후 영국의 전시경제가, 기후 중립 세계를 질서 있게 추진하는 데 영감을 주는 사례다. 물론 당시의 조치를 그대로 모방하는 것은 어리석은 일이다. 현재 우리는 그로부터 한 세기가

지난 시대를 살고 있으며 기후와 전쟁을 치르는 중이 아니다. 하지만 지속 가능한 미래를 위해 우리가 교훈으로 삼을 만한 몇 가지 유사점이 있다.

오해할 만한 부분이 있으므로 몇 가지 확실히 짚고 넘어가겠다. 이 책에서 다루는 건 1939년 이후 영국의 전시경제뿐이다. 인류 역사에서 전시경제가 영국에만 있었던 게 아니다. 최근 푸틴의 잔인한 우크라이나 침공 행위는 모든 군사적 충돌이 경제에 극적인 결과를 초래할 수 있음을 입증했다. 게다가 하나의 전쟁에서도 다양한 경제 재편 모델이 존재할 수 있다. 제2차 세계대전 당시에 영국과 미국뿐만 아니라 히틀러와 스탈린도 고유의 전시경제 체제를 갖추었다.

모든 전시경제가 친환경적 전환을 위해 참고하기에 적합한 것은 아니다. 그러나 1939년 영국의 전시경제는 여러 요인이 뒤섞여 있어 흥미로운 참고 사례가 된다. 첫째, 영국은 민주주의 국가였으며, 윈스턴 처칠은 민주주의 체제 내에서 합법적으로 총리로 임명되었다. '에코 독재'는 두려움의 대상이지만 영국이 보여주었듯이 민주주의 사회도 위기에 맞서 단호하게 행동할 수 있다.

둘째, 영국은 침략 전쟁을 한 것이 아니며 히틀러를 방어해야 하는 쪽이었다. 원치 않는 위기 상황에 처한 데다 이를 뒤늦게 깨달았다. 영국은 오랫동안 '유화 정책'을 통해 히틀러를 회유하고 전쟁을 막으려 했다. 현재 우리는 기후 변화와 관련해 비슷한 경험을 하고 있다. 뒤늦게 심각성을 느꼈고 이제는 행동을 취해야 하는 상황이다. 셋째, 영국은 군수품을 생산해내기 위해 짧은 시간 내에 기존 경제를 크게 축소해야 했다. 따라서 축소경제를 조직하는 방법을 영국으로부터 배울 수 있다.

성장비판론자들은 종종 타인을 괴롭히는 데서 기쁨을 느낀다는 식의 비난을 받는다. "감독은 금지 조치를 생각해내는 사람들에게 즐거움을 준다." 《빌트Bild》의 기자 네나 쉥크는 독일이 "금지 조치의 국가로 변할 수 있는" 날이 다가온다며 한탄한다.[28]

하지만 유감스럽게도 금지 없이는 불가능하다. 모두가 무제한 소비하지 않을 때만 우리의 생활 방식은 친환경적이 될 수 있다. 따라서 제2차 세계대전을 참고하는 건 적절하다. 이는 친환경적 순환경제를 구축하기 위해 희생이 필요함을 확실히 보여준다. 절제만이 생존을 보장해준다. 마치 전쟁에서처럼.

18장
1939년 이후의 영국의 전시경제

문제를 해결해야 할 때 '전쟁'을 언급하는 건 특이한 일이 아니다. 이미 빈곤과의 전쟁, 마약과의 전쟁, 암과의 전쟁이 선포된 바 있다. 하지만 이때 '전쟁'이라는 단어는 단지 비유일 뿐, 최선을 다해 노력해야 함을 강조하는 것이다.[1]

코로나19 팬데믹 때도 군사적 비유가 흔했다. 당시 미국 대통령 트럼프는 기자 회견에서 이렇게 말했다. "우리는 보이지 않는 적과 전쟁을 치르고 있습니다." 프랑스 대통령 마크롱 역시 팬데믹을 '총동원령'이 필요한 전시 상황이나 다름없다고 봤으며, 영국의 엘리자베스 2세 여왕은 의료 종사자들을 "전선에 있는" 사람들이라고 표현했다.

이 시기에 제2차 세계대전과의 비교는 단순한 비유가 아니었으며, 몇몇 국가에서는 심지어 전시 시대의 법령이 재가동되었다. 예를 들어 트럼프는 1950년 한국전쟁 때 제정되었던 국방물자생산법DPA을 다시 끄집어내어 자동차 기업 제너럴모터스에게 인공호흡기를 생산하도록 명령했다. 과거에 탱크가 생산되었듯이 이제는 마스크와 백신이 '바이러스를 물리치기 위한 무기' 역할을 맡게 되었다.[2] 그리고 전시 때처럼 국가가 직접 모든 중대한 사안을 결정했다. 불과 며칠 만에 학교와 음식점은 문을 닫았고, 직장인들은 재택 근무를 했고, 대규모 구제 방안이 세워졌고, 국경 일부는 폐쇄되었다. 돈은 더 이상 문제가 아니었다. 오직 팬데믹을 '물리치고 승리하는 것'만이 중요했다.

국가는 원하는 대로 행동할 수 있었다. 기후보호론자들도 이를 이해했다. 이들도 기후 위기와의 싸움을 제2차 세계대전에 비유하는 경향이 있다. 2018년에 이미 기후변화에관한정부간협의체는 전 세계의 '총동원'[3]을 원했고, 노벨경제학상 수상자인 조지프 스티글리츠도 이를 주장했다.[4]

기후보호론자들은 제2차 세계대전 당시 연합군이 독일과 그 동맹국들을 물리치기 위해 무기를 얼마나 발빠르게 생산해냈는지 감탄한다. 그리고 이제 이와 유사한 속도로 풍력 터빈, 태양광 패널, 전기차가 생산되어야 한다고 본다. 하지만 연구자 대다수는 영국보다 미국에 관심을 보여왔다. 1941년 12월 일본이 진주만을 공격한 이후, 미국은 별 기반도 없는 상태에서 거대한 무기 공장들을 만들어냈기 때문이다. 불과 6개월 만에 미시건에 비행기 공장들을 지었고, 매일 B-24 리버레이터 폭격기 24대를 생산해냈다. 비행기 1대당 무려 122만 5천 개의 부품과 31만 3,237개의 리벳이 필요했는데도 말이다.[5]

마찬가지로 '리버티 화물선'을 규격화하여 건조한 것도 매우 인상적이다. 이 화물선은 대서양에서 독일 잠수함의 습격으로 인해 발생하던 손실을 메우기 위해 만든 선박이었다. 처음에는 25만 개 부품으로 이루어진 배 1척을 건조하는 데 약 8개월이 걸렸다. 그러다가 나중에는 약 5일 만에 건조하기도 했다.[6]

동시에 기존 공장들은 용도가 변경되었다. 난방 장치 제조 회사는 헬멧을 만들었고, 속옷 대신 위장망, 계산기 대신 권총, 청소기의 먼지 주머니 대신 방독면이 생산되었다. 자동차 시트 대신 낙하산이 제조되었으며, 자동차 기업들은 기관총, 대포, 항공기 엔진, 전투기, 탱크, 대전차 무기를 생산했다.[7]

1942년~1945년에 걸쳐 미국 정부는 1789년~1941년 동안 소비한 예산보다 더 많은 돈을 지출했다. 그리고 함선 8만 7천 척, 비행기 30만 대, 장갑차 및 탱크 10만 대를 비롯하여 440억 발의 탄약을 생산해냈다. 당시 미국 대통령 루스벨트조차 이러한 '생산의 기적'에 놀랐다.[8]

이 거대한 물자 전쟁은 성장을 대폭 촉진했다. 현재 많은 기후보호론자가 미래에 관해 유사한 낙관적 비전을 펼치고 있다. 미국의 환경운동가 빌 맥키번은 이렇게 열광한다. "지구 온난화를 막기 위한 준비는 제2차 세계대전이 그랬던 것처럼 막대한 사회적, 경제적 이익을 창출할 겁니다."[9] 필리핀의 경제학자 로렌스 델리나도 "무기력한 비관론"을 배제하고, 전시경제를 통해 기후 보호를 "사회적, 기술적, 정치적, 경제적, 문화적 전환의 최대 기회로 규정하는 가장 낙관적인 전략을 설계"할 수 있는 올바른 방법을 찾았다고 믿는다.[10]

기후보호론자들 사이에서 미국의 전시경제가 인기 있는 이유는 광범위한 영역에서 큰 고통 없이 진행되었기 때문이다. 전시에 미국 사회는 자동차나 나일론 스타킹 대신 탱크와 낙하산용 실크 등을 생산해야 하는 제약을 받았다. 하지만 지나치게 많은 것을 포기하지는 않았다. 1인당 매주 1킬로그램이 넘는 고기를 소비했다. 이는 현재 독일인의 주간 평균 고기 소비량과 같다.[11]

실제로 군비 확장을 위한 재정도 무리 없이 마련할 수 있었다. 비록 경제 실적의 42퍼센트를 군비로 소모했지만,[12] 전체 경제는 그보다 훨씬 빠르게 성장했다. 미국의 경제는 총 90.5퍼센트 성장했고,[13] 심지어 캐나다의 경제는 100퍼센트를 넘어 2배나 성장했다. 즉, 전쟁 중에 북미는 더 부유해졌다.

그러나 당시 미국의 성장은 믿기 어려울 정도로 어마어마했기에 북미의 전시경제를 그대로 모방하는 것은 녹색경제의 미래가 될 수 없다. 현재의 친환경 에너지는 저렇게 넘쳐난 물자를 만들어 낼 수 없다. 물론 우리는 풍력 터빈, 태양광 패널, 열 펌프, 전해조, 전력망, 철도, 배터리 등에 최대한 투자해야 한다. 이런 면에서 보면 제2차 세계대전 당시 미국의 총동원령과의 비교는 적절하다. 하지만 급격하고 막대한 성장은 일어날 수 없다.

따라서 미래 모델로 삼기에는 영국의 전시경제가 더 적합하다. 실제로 영국에서는 군대를 위한 생산 여력을 마련하기 위해 민간 생산을 급격히 축소해야 했다. 영국 경제 실적의 약 50퍼센트가 전쟁을 위해 소모되었지만[14] 이 시기에 경제는 거의 성장하지 않았다. 1939년부터 1945년까지 겨우 27퍼센트 성장했을 뿐이다.[15] 영국은 북미와 영연방으로부터 물자와 무기를 조달할 수 있었지만 수입품만으로는 평상시의 생활 수준을 유지하기에 충분하지 않았다.[16] 전쟁은 국가의 기반을 갉아먹었다.

대부분의 영국인에게 제2차 세계대전은 뜻밖의 사건이었다. 영국의 남부 해안에서 자란 침팬지 연구자 제인 구달은 그곳에서 전쟁의 시작을 경험했다. "이곳에서 나치를 막을 수 있는 수단은 철조망뿐이었습니다. 영국은 전쟁을 치를 준비가 되어 있지 않았지요. 그럼에도 우리는 나치에 정복당하지도, 항복하지도 않은 유일한 나라였습니다. 나는 어린아이였을 뿐이지만 한 가지 사실을 마음에 깊이 새겼어요. 언제나 희망이 있다는 것을요."[17]

영국은 어떠한 경우에도 다시는 전쟁을 하고 싶지 않았기 때문에 오랫동안 히틀러를 무시해왔다. 제1차 세계대전이 너무 끔찍해서 "두 번 다시 일어나서는 안 된다Never again"는 것이 영국의 모토였다. 1914년~1918년에 걸쳐 무려 1,650만 명이 목숨을 잃었으며 그중 72만 3천 명은 영국인이었고, 군인 23만 명은 영연방 출신이었다.[18] 게다가 전쟁 비용도 어마어마했다. 세계경제대공황은 막대한 손실을 남겼고, 국가의 재정 부담을 완화하기 위해 1934년까지 국방비의 4분의 1이 감축되었다.[19]

하지만 영국의 상류층 일부는 히틀러를 끔찍한 인간으로 여기지 않았던 것도 사실이다. 특히 고위 귀족들은 어떻게 '질서를 마련하고' '공산주의의 위협을 물리치는지' 관찰하기 위해 '제3제국'을 자주 방문했다. 영국의 엘리트들은 자국에서도 볼셰비키 혁명이 일어날지 모른다는 공포감에 사로잡혀 있었다. 영국에 등록된 공산당 회원은 기껏해야 6천 명에 불과했는데도 말이다. 하지만 1918년에 러시아 황가가 몰살된 사건은 이들에게 큰 충격을 안겨주었고, 독일과 이탈리아의 파시즘은 보루로서 환영받았다.[20]

영국의 주요 정치인으로 꼽히는 보수당 소속 총리 스탠리 볼

드윈은 1936년에 이렇게 표현했다. "우리 모두 동쪽으로 전진하길 원하는 독일의 욕망을 알고 있다. 히틀러가 동쪽으로 진군하더라도 가슴이 아프지는 않을 것이다… 유럽에서 전쟁이 일어나야 한다면 볼셰비키와 나치가 전쟁을 일으키는 게 좋다고 생각한다."[21] 볼드윈은 공산주의와 나치를 똑같이 거부했으나, 이런 그도 히틀러의 세력이 영국의 생존을 위협할 정도로 커질 것이라고 상상하지 못했다.

자유당 소속 총리 데이비드 로이드 조지는 이보다 더 심해서, 1936년 베레히테스가덴에 있는 히틀러의 베르크호프 별장을 방문해 그를 "현대의 가장 위대한 독일인"이라고 찬양했다. 고국에서도 아첨을 아끼지 않으며 히틀러를 "독일의 조지 워싱턴"이라고 칭할 정도였다.[22] 로이드 조지는 '제3제국'이 과거의 미국처럼 떠오르는 젊은 민주주의 국가 같다고 암시했던 것이다.

영국의 비밀정보국은 히틀러의 군비 확장에 관한 정보를 가장 많이 보유했지만, 오랫동안 영국 정부는 독일이 단지 '국가적 단결'의 회복을 꾀하고 있을 뿐이라 여기며 방심했다. 1936년에 히틀러는 베르사유 조약과 로카르노 조약에 의해 진입 금지되었던 비무장 지대 라인란트를 점령했다. 하지만 영국은 무심했다. 국방 장관 더프 쿠퍼는 독일 대사 요아힘 폰 리벤트롭에게 독일이 자국 영토를 다시 점령하든 말든 관심 없다고 솔직하게 표명했다.[23] 1938년 3월 히틀러가 오스트리아를 점령했을 때도 비슷했다. 대다수 영국인에게 이 '합병'은 두 독일 민족이 자연스럽게 통합하는 것처럼 보였다.[24]

1938년 히틀러가 수데텐의 독일 합병을 요구하여 '수데텐 위기'가 발생했을 때에야 영국은 정신이 바짝 들었다. 과거에 합스부르크 왕국에 속했던 산악 지대 수데텐은 제1차 세계대전 이후 체코슬로바키아의 일부가 되었다. 이번에도 영국은 주민 다수가 독일어를 사용하는 이 지역이 독일에 속하기를 원하는 상황 자체는 이해할 수 있었다.[25] 다만 수데텐이 분리된다면 체코슬로바키아는 국가로서 살아남기 어려웠다. 국경의 이 산악 지대에는 체코슬로바키아의 많은 공장과 최고의 경작지가 위치했고, 산맥 자체가 자연스럽게 방어선 역할을 하면서 확충되는 요새와 병영으로 무장되어 있었다. 수데텐이 없으면 체코슬로바키아는 독일에 무방비로 노출될 수밖에 없었고 히틀러는 바로 이를 노렸다.

그런데도 영국은 1938년 9월에 뮌헨 협정에 서명했다. 독일은 체코슬로바키아의 다른 지역의 주권을 존중해야 하며 수데텐은 점령해도 된다는 협정이었다. 1939년 3월 15일 독일의 장갑차가 프라하로 진군했을 때에야 영국인들은 독일에게 속았다는 사실을 깨달았다.[26] 그해 9월 1일에 히틀러가 폴란드를 기습 공격하면서 제2차 세계대전이 시작되었다.

돌이켜보면, 당시 영국 총리 체임벌린이 오랫동안 히틀러의 목표는 제한적이라 믿고, 체코슬바키아를 독일로 합병시키지 않겠다는 히틀러의 약속을 진실이라고 여겼던 것은 순진해 보인다.[27] 하지만 당시에는 히틀러가 또 다른 세계대전을 꾸미고 있다는 사실을 상상하기 힘들었던 듯하다. 히틀러가 패할 것이 분명했기 때문이다. 독일은 전 유럽을 정복하기에는 가난했다.

1939년까지 히틀러는 260만 명 규모의 군대를 급조했다. 하지만 다수 병사가 거의 무장되지 않은 상태였고, 종종 제1차 세계대전 때 사용하던 기관총을 갖고 전투에 임했다. 한때 54개 부대 중 기계화 부대는 15개뿐이었고, 나머지는 행군을 하거나 말을 타고 전투에 나섰다. 전쟁사학자 죙케 나이첼이 평했듯이, 독일이 동원한 3,600대의 전차는 최신형 전차와 싸우기에는 대체로 약했다.[28]

반면 영국은 당시 군사 대국이었다. 세계 최고 수준의 함대와 항공기 생산량을 자랑했다. 육군의 규모는 작았지만 제법 기계화되어 있었다.[29] 대다수가 걸어서 이동하지 않았으며 무장된 전차를 이용했다.

그러나 문제점도 있었다. 영국의 역사학자 데이비드 에저턴이 지적했듯이 전쟁 초기에 영국 무기의 일부가 말을 듣지 않았다. 영국은 최신 무기를 중요하게 여겼지만, 이 무기들은 훌륭하게 작동하지 않았다. 대형 폭격기를 갖춘 함대를 보유했지만 1940년부터 1941년까지 독일에 거의 피해를 입히지 못했다. 야간 공습을 각기 위해 고가의 방공 시스템도 갖추었지만 1941년까지 별 효과를 보지 못했다. 다시 말해, 최신 무기가 부족한 게 아니라 너무 많이 갖추었다는 게 영국의 문제였다.[30]

어쨌든 생각보다 전쟁이 길어지자 영국은 막대한 돈을 들여 무기 성능을 개선하고 보완해야 했다. 1940년 9월, 영국군 지도부는 1942년에는 승리를 거둘 것이라고 믿었다.[31] 하지만 예상과 달리 고통스러운 시간은 이때로부터 5년이나 더 지속되었다.

제2차 세계대전이 시작되자 사람들은 제1차 세계대전 때 저질렀던 실수들을 최대한 피하려고 했다. 제1차 세계대전 때는 대부분의 결정이 즉흥적으로 내려졌는데, 나중에야 총력전에는 포괄적인 계획이 필요하다는 사실을 깨달은 것이다.[32] 그래서 1939년에 영국은 더는 귀중한 시간을 허비하지 않고 바로 일종의 '민간 주도 계획경제'를 수립했다. 국가가 무엇을 생산할지 정하지만 기업은 여전히 개인 소유였다. 회사, 공방, 식당, 상점은 국영화되지 않았고, 여전히 소유주는 사업체 운영 방안을 스스로 결정했다.

따라서 영국의 계획경제는 당시 스탈린 치하 소련의 사회주의와는 근본적으로 달랐다. 소련식 중앙 통제식 계획경제에서는 모든 기업이 국가의 소유이며, 국가는 공장이 나사못 하나 생산하는 과정까지 모두 통제했다.

반면 영국 정부는 원료, 대출, 노동력을 배분하는 방식으로 기업을 간접 통제했다.[33] 특히 노동력이 너무 부족해서 기업은 정부로부터 인력을 할당받아야 생산을 할 수 있었다. 그래서 소위 '인력예산Manpower Budget'은 정부의 통제 도구가 되었다.[34]

계획경제 기관들에도 많은 '인력'이 필요했다. 신설된 식량부만 해도, 1940년 4월에 이미 직원 3,500명을 고용 중이었으나 1943년에는 그 수가 3만 9천 명으로 늘어났다. 그럼에도 이런 거대한 관료 기관들이 국민의 일상과 동떨어진 독자적인 세상 속에서 운영되지는 않았다. 각 기관마다 전문가와 기업인이 많았기 때문이다. 정부는 경제학자, 과학자, 엔지니어, 기업인을 의도적으로 고용했다.[35]

처음에는 계획을 수립하는 데 필요한 수치들이 부족했다. 당시에는 국민경제 전체를 파악하는 회계 체제가 없었다. 그렇기에 국민을 굶기지 않으면서 얼마나 많은 무기, 항공기, 전차를 생산할 수 있는지 아무도 몰랐다. 이러한 지식의 부족함을 메우기 위해 GDP가 개발되었으며, 이것이 바로 영국의 전쟁 무기라고도 할 수 있었다. 영국의 GDP 도입은 대성공을 거두었고 나중에 거의 모든 국가가 수용하게 되었다. GDP는 경제 실적과 성장률을 측정할 수 있었기에 경제에서 가장 중요한 통계 지표로 발전했다(7장 참조).[36]

GDP 덕분에 영국은 산업 생산 능력의 66퍼센트를 군사력 증강에 써야 한다는 사실을 정확하게 계산할 수 있었다.[37] 그러니까 민간인이 사용할 수 있는 물자는 거의 없었다. 게다가 독일의 폭격으로 1백만 채가 넘는 주택이 파괴되면서 더욱 많은 물자가 필요해졌다.[38] 또한 영국은 자급자족하기보다는 식량의 최대 70퍼센트를 수입에 의존해온 탓에 식료품 공급도 줄여야 했다.[39] 이제 선박들이 식료품 운송이 아니라 무기와 군수 물자를 운반하는 데 쓰인 것이다. 식량은 귀중한 선적 공간을 차지할 뿐이었다.[40]

당국은 어떤 식료품을 몇 칼로리 정도 수입해야 하는지 정확하게 계산해보았다. 1,000세제곱피트의 선적 공간에 8만 3천 칼로리의 설탕, 10만 칼로리의 지방, 5만 6천 칼로리의 곡물을 실을 수 있었다. 하지만 신선한 달걀을 선적할 경우 1만 2천 칼로리 정도만 운송할 수 있었다.[41] 따라서 신선한 달걀은 수입 중지되었고 건조시킨 달걀 가루가 발명되었다.[42]

제2차 세계대전 동안 영국인들은 하루에 2,800칼로리를 섭취했기에 딱히 배를 곯지는 않았다.[43] 이는 충분한 양이었다. 현재 독일의 건강보험공단은 남성에게 일일 최대 2,400칼로리, 여성은 1,900칼로리를 섭취할 것을 권장하고 있다.[44]

하지만 양이 질을 보장하는 건 아니다. 고기, 치즈, 지방, 설탕, 차, 비누 등은 턱없이 부족해서 배급을 통해 제공되었다. 그렇다고 이런 희귀 물품이 진정 부족하지는 않았다. 일주일에 최소

540그램의 고기가 제공되었고, 군 관련 종사자들은 1.2킬로그램의 고기를 공급받았다.[45] 다만 건강한 성인에게 우유와 달걀은 거의 제공되지 않았으며, 어린이, 임산부, 수유를 하는 여성에게만 제공되었다.

한편 감자, 밀가루, 빵은 배급 대상이 아니었다.[46] 생선, 가금류, 사냥한 고기, 내장, 과일도 제한 품목이 아니었다. 이런 것들은 쉽게 상하거나 특정 시기에만 얻을 수 있거나 공급량이 충분하지 않아서 전 국민에게 배급을 보장할 수 없었기 때문이다.

물론 통조림, 비스킷, 초콜릿, 사탕, 말린 과일 등의 간식은 당연히 부족했다. 이런 것들을 나누는 데 포인트 제도가 적용되었다. 국민은 어떤 제품에 몇 포인트를 소비할지 개인적으로 결정할 수 있었다. 정부는 전체 공급 현황에 따라 특정 상품에 필요한 포인트 수치를 조정했다.[47]

이런 포인트 제도는 가구와 의류에도 적용되었다. 물자와 노동력을 절약하기 위해 의자나 접시는 동일한 형태로 생산하도록 규격화되었다. 의류에도 엄격한 규정을 적용해 불필요한 장식은 금지되었다. 여성 의류에는 최대 주머니 2개와 단추만 달 수 있었다.

영국의 수량 및 가격 통제는 엄청난 인기를 끌었다. 1941년에 정부가 확인했듯이 배급제는 "국내 전선에서 가장 큰 성공을 거둔 것 중 하나"였다. 국가가 강제한 평등주의가 오히려 축복이었음이 입증되었는데, 공교롭게도 전쟁 중에 하층민은 이전보다 오히려 더 잘 먹고 잘 살았다. 평화롭던 시절에 영국 국민의 3분의 1은 충분한 칼로리를 섭취하지 못했고, 나머지 20퍼센트는 얼마간 영양실조 상태에 놓여 있었다. 그러나 전쟁 중에 국민은 그 어느 때보다 건강했으며, "특히 갓난아이와 학생의 건강 상태가 좋았다."[48]

모든 영국인이 똑같이 받았기에 배급제의 인기는 높았다. 하지만 부가 더 이상 의미가 없다는 것은 절반의 진실이었다. 여전히 상류층은 생선이나 사냥한 고기 등과 같은, 배급으로 제공되지 않는 것을 사는 데 필요한 돈을 가진 데다 고급 레스토랑에도 갈 수 있었다.[49] 하지만 훗날 이러한 불공정은 잊혔다. 전쟁은 "계급과 신분의 격차가 희미해지고 이름 없는 자들도 왕자만큼 귀한 존재가 된" "공동체 의식의 시대"로 미화되었다.[50]

당시 소비는 매우 단기간에 3분의 1로 감소했다.[51] 이러한 엄청난 축소와 전환은 영국의 전시경제를 오늘날에도 매력적인 모델로 만든다. 기후를 살리려면 독일의 소비도 이와 유사하게 급격히 감소해야 한다. 하지만 감자와 빵만 먹고 1년에 옷 2벌만 살 수 있었던 시절로 돌아갈까 봐 걱정할 필요는 없다. 이렇게 우울한 일은 일어나지 않는다. 지난 80년 동안 독일 경제는 10배나 성장했다. 이 엄청난 부의 절반만 남는다고 해도 우리는 여전히 1978년도 수준만큼의 부를 누릴 수 있다.[52]

그 시절을 직접 살았던 사람은 영화 〈스타워즈Star Wars〉가 상영되어 극장에 관객이 가득하고 아르헨티나가 월드컵에서 우승한 일을 기억할 것이다. 아이들은 '보난자' 자전거를 타고 젤리처럼 늘어나는 끈끈이 장난감을 갖고 놀았다. 그때나 지금이나 삶은 크게 다르지 않았지만 좀 더 여유로웠다. 지금처럼 주말마다 비행기를 타고 마요르카섬으로 여러 번 여행을 가는 대신, 1년에 한 번 자가용을 몰고 3주간 이탈리아로 여행을 떠났다. 기후 중립 세계에서는 기차를 타고 떠나겠지만 휴가를 보내는 것은 여전히 당연한 일일 것이다.

　　순환경제는 아름다울 수 있다. 공유경제는 재활용 가능한 만큼만 소비하면서도 안락하게 살아가는 삶에 대한 매혹적인 비전을 제시해왔다(16장 참조). 목표는 명확하지만 방법이 없을 뿐이다. 심각한 경제 위기 없이 역동적으로 성장하는 자본주의와 결별 가능한 방안을 제시한 계획은 지금까지 존재한 적이 없다. 하지만 영국의 전시경제는 그러한 모델을 제공할 수 있다. 민간 주도 계획경제가 어떻게 생산을 질서 있게 감소시켰는지, 그 후 희소한 물자를 어떻게 배급해 사회적 평화를 유지했는지 잘 보여준다.

　　오늘날 계획과 배급제에 대한 이미지는 상당히 부정적이다. '자유 시장'을 신뢰하지 않는 사람은 타인을 괴롭히려는 사람으로 여겨진다. 한 인터뷰에서 녹색당의 안톤 호프라이터는 분개하며 말했다. "자동차로 어느 정도의 거리를 이동해도 되는지 할당량을 받아야 하는 겁니까? 고기 배급표라도 있어야 한다는 말입니까? 이건 허무맹랑한 주장이에요. 우리는 자유로운 사회에 살기 때문에 다행히도 그런 제도가 없습니다."[53]

　　많은 사람이 '자유 시장'과 국가의 개입은 서로 화합할 수 없는 철저한 대립 관계에 있다고 생각한다. 이는 착각이다. 자본주의 체제 내에도 항상 기업[54]과 정부에 의한 계획이 존재해왔다. 영국의 전시경제가 잘 작동할 수 있었던 까닭은, 극단적으로 새로운 것을 도입했기 때문이 아니라 자본주의에 이미 내재된 것을 급진적으로 확장했기 때문이다. 평상시에도 국가는 핵심적인 역할을 하고 있으니 기후를 구하기 위해 언제든 일종의 전시경제 체제로 전환할 수 있다.

19장
우리는 미래에
어떻게 살게 될 것인가

"저는 정부에서 나왔고 당신에게 도움을 드리려고 합니다I'm from the government and I'm here to help. 영어에서 가장 끔찍한 아홉 단어이지요." 이는 미국 대통령 로널드 레이건이 했던 말로, 현재 전 세계적으로 만연한 국가에 대한 혐오가 압축적으로 잘 표현되어 있다. 시장은 자유와 능률의 보루이지만 국가는 방해만 할 뿐이라고 여겨진다.

최근의 코로나19 팬데믹 때 입증되었듯이 이 관점은 완전히 틀렸다. 2020년 3월 팬데믹이 유럽을 덮쳤을 때 증시는 패닉에 빠졌다. 독일의 닥스 지수는 40퍼센트 폭락했고, 정부가 개입하여 수십억 유로를 경제에 투입하지 않았더라면 훨씬 크게 하락했을 것이다. 즉, 국가가 없었다면 '시장'은 더 이상 존재하지 않았다.

국가는 위기 극복을 위해 싸울 뿐 아니라 기술 진보를 위해서도 애쓴다. 신자유주의자들은 '자유 시장'만이 혁신을 일으킬 수 있다고 고집하지만[1] 사실 오늘날 거의 모든 중요한 발명은 국립 연구소에서 나왔거나, 공적 보조금을 지원받아 이루어진 것이다. 인터넷은 물론이고 태양광 패널도 마찬가지다. 수년 전부터 국가가 mRNA 전달 기술 연구를 지원하지 않았더라면 효과가 있는 코로나19 백신도 없었다.

디지털화의 아이콘인 스마트폰도 국가가 없었더라면 절대 발명될 수 없었을 것이다. 애플 창업자 스티브 잡스는 의심할 여지 없는 천재였지만 그가 직접 기술을 연구한 것은 아니었다. 그의 업적은 기존 지식을 결합해 새로운 상품을 만들어낸 것이다. 아이폰의 핵심 요소인 터치 스크린, GPS, 리튬 이온 배터리 등은 이미 국립 연구소에서 개발된 것들이었다.[2]

대다수 억만장자는 자신이 국가에서 무엇을 얻었는지 잘 안다. 빌 게이츠는 마이크로소프트를 포함한 PC 산업은 미국 정부가 더 작고, 더 빠른 마이크로 프로세서 개발에 투자하지 않았더라면 이렇게 큰 성공을 거둘 수 없었을 것이라고 인정했다.[3] 투자의 귀재 워런 버핏은 수년간 슈퍼 리치들이 더 많은 세금을 내야 한다고 주장해왔다. 그의 수입의 상당 부분이 사회 덕분이기 때문이다.[4]

국가가 민간경제를 통제하는 것은 새로운 일이 아니다. 19세기에 러시아 제국과 프로이센 왕국이 전신선을 지속적으로 발주하지 않았더라면 오늘날의 글로벌 기업 지멘스는 이미 문을 닫았을 것이다.[5] 또한 오늘날의 항공기도 국가가 100년 이상 계속 기술에 투자하지 않았더라면 존재하지 않았을 것이다.[6]

'자유 시장'을 강조하는 사람들은 민간 기업 또한 경제의 일부분에 불과하다는 사실을 쉽게 잊는다. 사실, 영리 기업에 의존하지 않아야 더 효율적인 경우가 많다. 학교, 도로, 철도, 건강보험,

상수도, 전력망 등과 관련된 공공 서비스는 국가가 책임져야 더 잘 운영되고 가격도 저렴하다.[7] 법정 건강보험 제도를 갖추고 있지 않아서 의료비가 심각하게 비싼 미국 보건 시스템은 '자유 시장'의 비효율성을 보여주는 대표적인 사례다. 1인당 의료비가 다른 고소득국들의 평균 의료비보다 2배가량 높다. 하지만 이 엄청난 금액은 헛되이 쓰이고 있다. 미국의 평균 수명은 스웨덴보다 3년 더 짧다.[8] 미국인들도 보건 시스템에 불만이 매우 많으며, 훨씬 가난한 쿠바, 인도, 베트남 국민들보다 자국 시스템을 훨씬 덜 신뢰한다.[9]

기후 위기도 국가가 개입해야만 해결될 수 있다. 친환경 에너지는 가만히 있으면 저절로 생기는 게 아니다. 태양광 설비, 풍력 터빈, 열 펌프, 새로운 전력망, 충전소, 에너지 저장 장치, 녹색 수소, 철도와 대중교통 시설의 확보 및 확충은 국가가 통제하고, 연구하고, 자금을 투입하고, 보조금을 지원해야만 가능한 일이다.

대다수 기후보호론자도 경제를 친환경적으로 전환하려면 포괄적인 계획이 필요하다는 점을 인정할 것이다.[10] 핵심은 배급제다. 하지만 녹색성장을 믿는 이들은 자발적인 절제를 요구할 필요가 전혀 없다고 생각한다. 대신 모든 소원을 충족해줄 친환경 에너지를 넘치게 만들면 된다는 것이다.

배급제가 너무 인기 없는 나머지 성장낙관론자들도 일종의 할당제에 의존하고 있다는 사실이 눈에 잘 띄지 않는다. 이들은 단지 다른 이름으로 부를 뿐이다. 바로 탄소 예산CO2-Budget이다.[11] 탄소 예산이란 각국이 얼마나 온실가스를 배출해도 되는지를 의미한다. 이 예산 정책은 정확하고 공정하다. 먼저 지구의 평균 기온이 1.5도 혹은 1.75도만 상승하게 하려면 인류의 온실가스 배출량은 얼마 정도에 그쳐야 하는지 계산한 뒤, 잔여 탄소 배출량을 전 세계인에게 균등하게 할당한 것이다. 계산 결과 독일은 늦어도 2035년까지는 기후 중립을 달성해야 한다. 반면, 국민 1인당 연간 1.8톤의 탄소만 배출하는 인도는 독일보다 탄소 예산을 느리게 소진할 것이다. 따라서 인도는 2090년까지 지속 가능한 체제로 전환하면 된다.[12]

목표도 이미 확실하다. 1인당 연간 탄소 배출량이 1톤 이하인 국가는 기후 중립을 달성한 것으로 간주된다. 자연이 일부 이산화탄소를 흡수하기 때문에 탄소 배출량을 완전히 0으로 줄일 필요는 없다.

현재 많은 국가가 이러한 '1톤 제한'을 준수하고 있으며, 배출량이 이 수치를 훨씬 밑돌 때도 종종 있다. 아프가니스탄, 앙골라, 방글라데시, 베냉, 부르키나파소, 부룬디, 캄보디아, 카메룬, 차드, 에티오피아, 중앙아프리카공화국, 코모로, 콩고공화국, 콩고민주공화국, 코트디부아르, 지부티, 엘살바도르, 감비아, 가나, 기니, 기니비사우, 아이티, 온두라스, 케냐, 키리바시, 북한, 라이베리아, 마다가스카르, 말라위, 말리, 모리타니, 모잠비크, 미얀마, 네팔, 니카라과, 니제르, 나이지리아, 파키스탄, 파푸아뉴기니, 르완다, 세네갈, 시에라리온, 소말리아, 남수단, 수단, 스리랑카, 타지키스탄, 탄자니아, 토고, 우간다, 바누아투, 예멘, 잠비아, 짐바브웨 등이 이에 속한다.[13]

반면 주요 환경 범죄국들은 소수다. 1위는 석유 부국 카타르로, 1인당 연간 32.4톤을 배출한다. 바레인, 브루나이, 쿠웨이트, 오만, 사우디아라비아, 아랍에미리트의 배출량도 바람직하지 않다. 미국, 캐나다, 호주도 1인당 약 15톤을 배출하며 막대한 양의 에너지를 소비하고 있다. 유로존 국가의 1인당 배출량은 6.5톤, 일본은 8.7톤, 중국은 7.4톤이다.[14]

기후 위기에 대한 책임은 가난한 나라들이 아닌, 부유한 나라들에게 있다. 그럼에도 글로벌 사우스는 소위 '인구 과잉' 상태라며 환경 문제를 일으킨 주범으로 몰리고 있다. 하지만 아프리카의 인구가 0이라고 해도 작금의 기후 위기 상황 자체에는 변화가 없을 것이다. 이 지역의 탄소 배출량은 거의 없는 수준이기 때문이다.[15] 문제는 사람이 너무 많은 게 아니라, 너무 많이 소비하는 사람들이다. 독일 주간지 《차이트Die Zeit》의 저널리스트 베른트 울리히는 이를 콕 집어서 한 문장으로 표현했다. "문제는 인구 과잉이 아니라 과소비 인간Über-Menschen이다."[16]

실제 수치는 충격적이다. 전 세계의 상위 10퍼센트 부자들이 전체 탄소 배출량의 48퍼센트를 내뿜는 반면, 하위 50퍼센트에 속하는 사람들이 내뿜는 양은 12퍼센트에 불과하다.[17] 가난한 사람들은 기후 변화에 기여한 바가 거의 없음에도 불구하고 가장 가혹한 피해를 입는다. 가뭄과 폭염은 특히 아마존, 아프리카, 인도, 파키스탄, 인도네시아에 극심한 영향을 줄 것이다.

전 세계 상위 10퍼센트 부자의 평균 연소득은 약 87,200유로에 달한다.[18] 독일은 부유한 나라로 알려져 있지만, 모든 국민이 전 세계 상위 10퍼센트의 초고소득층에 속하지는 않는다. 국민의 하위 50퍼센트의 평균 연소득은 15,200유로에 불과하다.[19]

소득은 매우 불평등하게 분배되어 있으며 이는 탄소 배출량에서도 바로 드러난다. 독일의 상위 1퍼센트 부자 1인당 연간 무려 117.8톤의 온실가스를 배출한다. 상위 10퍼센트 부자의 평균 연간 배출량은 34.1톤이다. '중산층'은 12.2톤, 하위 50퍼센트는 겨우 5.9톤을 배출한다.[20] 부자들이 가난한 사람들보다 무려 20배나 많은 탄소를 배출하는 것이다.

이렇게 극단적인 불평등이 존재하는데도 독일 부유층의 태반이 이를 알지 못한다. 오히려 정반대다. 고소득자일수록 자신의 환경 의식이 뛰어나다고 여기는 경향이 있다. 이들은 유기농 채소와 에너지 절약형 램프를 구매하지만, 정작 자신들이 호화롭게 살고 자주 비행기를 탄다는 사실을 전혀 인식하지 못한다. 독일 환경청이 확인했듯이 부자들 사이에는 '자신은 자원을 아껴서 사용한다'는 인식이 널리 퍼져 있다고 한다. 환경청은 이러한 환경 의식을 지닌 고소득자들이 주로 같은 계층의 사람들과만 비교하기에 가난한 계층은 훨씬 적게 소비할 것이라는 사실을 짐작조차 못 한다고 추정했다.[21]

안톤 호프라이터가 누구나 원하는 만큼 소비 가능한 "자유로운 사회"를 찬양할 때 이 주장은 매우 민주적으로 들린다. 그러나 사실상 호프라이터는 모든 가난한 자를 희생해서 세계를 파괴하고 있는 부자들의 행위를 훌륭하다고 인정하는 셈이다. 이러한 극단적인 불공정함은 호프라이터가 녹색성장이 가능하다고 주장하기 때문에 눈에 잘 띄지 않는다. 그는 무절제한 소비를 지속 가능하다는 이유로 허용한다.

녹색성장이 망상에 불과하다면, 남은 건 배급제뿐이다. 배급제는 기후보호론자들의 계산에 맞추어 구현되어야 할 것이다. 즉, 모든 지구인이 1년에 1톤 이상의 탄소를 배출해서는 안 된다. 그런데 말라위의 경우에는 앞으로 발전할 여지가 충분하다. 국민들이 연간 평균 100킬로그램의 탄소만 배출하고 있기 때문이다.

　　북반구의 고소득국들, 특히 이곳 부자들이 포기해야 한다. 독일 부자들은 매년 117.8톤의 탄소를 더 이상 배출할 수 없게 된다면 당연히 고통스러워할 것이다. 지금까지의 헤픈 생활 양식을 버려야 하기 때문이다.

　　경제적으로 여유로운 사람들에게 반가운 전망은 아니기에 일부 연구자들은 일종의 중도적인 방안을 제안한다. "모든 개인에게 개인 탄소 계정을 부여한다. 연간 2톤까지 공짜로 소비하고 이를 초과하면 비용을 지불하는 것이다."[22] 이는 좋은 의도에서 나온 제안이지만 오히려 기후 보호를 방해할 수 있다. 부자들에게 탄소 배출권을 구매하는 일은 전혀 어려운 일이 아닌 데다, 다시 지나치게 많은 온실가스가 배출되는 결과로 이어질 수 있기 때문이다. 무엇보다, 누구나 포기해야 하는 상황에서 부자들만 제외된다면 기후 보호 프로젝트에 대한 신뢰 자체가 사라질 수 있다.

　　전시에 영국의 배급제는 모두에게 적용되었기 때문에 순조롭게 수용되었다. 정부는 눈에 보이는 계급 격차가 얼마나 위험한지 정확하게 파악했다. 영국의 소설가 조지 오웰은 1941년 발표한 『사자와 유니콘The Lion and the Unicorn』에 이렇게 썼다. "롤스로이스를 탄 여인은 괴링의 폭격기 함대보다 사기를 떨어뜨린다."[23]

　　모두가 똑같이 부담을 질 때만 기후 보호는 가능해진다. 그렇다면 모든 독일인이 각자 1톤의 탄소만 배출하면 괜찮을까? 현재 이 질문에 대한 명확한 답은 없으며 앞으로 친환경 기술이 얼마나 효율적으로 발전할지에 달려 있다. 친환경 기술이 공급하는 녹색에너지가 많을수록 생활은 더 편해질 것이다. 녹색성장은 가능하지 않지만 오늘날 경제 활동의 많은 부분이 유지될 수 있다. 독일인들은 여전히 여행을 다니고, 스마트폰을 사용하고, 독서를 하고, 레스토랑에 갈 수 있다.

하지만 더 이상의 비행기 여행은 없고, 자동차도 거의 돌아다니지 않고, 부동산 소유도 배급제로 바뀌어야 한다. 토지 손실을 멈추려면 주택, 세컨드 하우스, 별장, 사무실, 상업 지구가 새로 생기는 추세를 막아야 한다. 현재 독일에 있는 모든 건축물을 전 국민이 충분히 이용할 수 있게 해야 한다.

가축도 기후에 큰 피해를 끼치므로 육류 소비를 제한해야 한다. 집약적 농업은 현재 전 세계 온실가스 배출량의 21~37퍼센트를 차지하고 있다. 특히 소, 염소, 양과 같은 반추 동물은 메탄을 방출하기에 매우 유해하다. 현재 지구상에 약 10억 마리의 소가 있는데, 하루에 성체 소 한 마리가 앞뒤로 뿜어내는 메탄의 양은 최소 300리터에 달한다. 이 막대한 양을 가늠하려고 독일 보건부 장관 카를 라우터바흐는 간단한 계산을 해보았다. "소 한 마리가 1년 동안 배출하는 가스로 겨울에 4인 가구가 한 달 동안 난방을 하고 온수를 쓸 수 있다."[24] 메탄은 평균 12년이라는 짧은 기간 동안 대기에 머무르지만 이산화탄소보다 약 25배나 강한 온실가스 효과를 발휘하기에 큰 피해를 일으킨다.

게다가 가축을 사육할 때 메탄뿐만 아니라 아산화질소도 발생하는데, 아산화질소는 이산화탄소보다 무려 300배나 더 유해하고 대기에 약 100년 동안 머무른다. 현재 이 미량 가스의 대기 중 농도는 0.0000334퍼센트에 불과하지만, 이렇게 적은 양으로도 지구 온난화의 약 7퍼센트를 유발한다.[25] 특히 경작지와 목초지에 질소 비료를 과도하게 많이 뿌릴 때 아산화질소가 새어나온다. 일부 가축도 배설을 통해 질소 비료를 스스로 생산해낸다. 하지만 이 질소 비료가 결코 '바이오' 비료가 되지 않는 이유는, 분뇨 속에 포함된 질소가 아산화질소로 전환될 수 있기 때문이다.

고기는 사치품이다. 계산에 따라 차이는 있겠지만, 1칼로리의 열량을 얻으려면 식물에서 나온 10칼로리 정도의 열량이 필요하기 때문이다. 이렇게 비싼 사육 방식은 바뀔 수 없다. 가축은 우선 생존하는 데 사료를 소비하고 살찌는 것은 그다음 일이기에 사료의 대부분이 낭비되는 셈이라고 할 수 있다. 따라서 가축에게 곡물 사료를 주기보다는 인간이 곡물을 섭취하는 편이 훨씬 효율적일 것이다. 그러나 정반대의 현상이 벌어지고 있다. 글로벌 사우스도 점점 부유해져서 푸짐한 고기 식사를 할 수 있게 되었다.

새로운 목초지와 사료용 경작지를 만들기 위해 계속해서 삼림이 벌목되고 있다. 베어진 나무는 더 이상 이산화탄소를 흡스할 수 없기에 기후 위기는 가속화한다. 특히 아마존 지역에서 벌목이 자주 이루어지고, 이제 브라질에는 사람만큼이나 많은 소가 산다.

집약적 농업은 기후 위기를 악화할 뿐 아니라, 담수 자원을 파괴하고 낭비하며, 부식토를 파괴하고, 수많은 종을 멸종시킨다. 특히 곤충들의 급격한 죽음은 걱정스럽다. 과거에는 장거리 운전을 하고 나면 차 앞유리창에 두껍게 낀 곤충의 사체들을 긁어내야 했다. 이제 그런 시절은 사라졌다. 독일에서 날아다니는 곤충의 생물량이 75퍼센트 감소했고, 전 세계 모든 곤충 종의 3분의 1이 멸종 위기에 있다.[26]

곤충이 없는 세상은 상상도 할 수 없다. 곤충은 모든 꽃식물의 약 90퍼센트와 주요 작물의 75퍼센트에 수분受粉을 해준다. 이런 자연의 서비스가 없었더라면 모든 식량의 3분의 1은 존재하지 않았을 것이다. 곤충의 '노동'을 돈으로 환산하면 연간 2,350억~5,770억 달러에 달한다. 이 자그마한 육각류 생명체들은 식량 생산을 가능하게 한다. 섬유, 의약품, 바이오 연료, 건축 자재 생산 또한 꽃들을 돌아다니는 곤충의 수분 행위에 의존한다.[27]

곤충이 사라지면 모든 생태계는 무너진다. 전 세계 조류가 약 4억~5억 톤의 곤충을 먹고 살며, 양서류, 어류, 작은 포유동물도 곤충을 먹고 산다.[28] "곤충의 감소는 하나의 극적인 드라마이지만, (아직은) 비극이 아니다."[29] 환경학자 요제프 제텔레는 이렇게 지적한다. 곤충이 살아남을 수 있으려면 농업 방식이 바뀌어야 한다. 더 이상 단일 재배를 하거나 농약을 사용하면 안 된다.

하지만 친환경 농업은 더 많은 경작지를 필요로 한다. 화학 비료를 많이 사용하지 않기에 헥타르당 수확량이 적기 때문이다. 하지만 인간이 곡물을 가축에게 먹이지 않고 직접 먹는다면 추가 경작지를 확보할 수 있다. 이런 식으로 순환 구조가 형성된다. 즉, 친환경 농업을 원한다면 고기에도 배급제를 적용해야 한다.

고기를 완전히 없애버리는 게 아니라, 배급하는 것이다. 누구도 철저한 채식주의자가 되어 좋아하는 그릴 소시지를 영영 포기할 필요가 없다. 가끔은 가금류, 돼지 고기, 스테이크를 먹어도 된다. 가축이 완전히 사라질 필요도 없다. 전 세계 가용 면적의 3분의 2는 애당초 경작지로 적합하지 않기 때문이다. 이런 곳에서는 인간이 소화할 수 없는 풀만 자라기에 결국 가축을 거쳐서 섭취할 수밖에 없다. 게다가 소들은 넓은 초원에 뿔뿔이 흩어져 있다면 기후 보호에 도움을 줄 수 있다. 소들은 이렇게 방목될 때 직접 방출하는 메탄보다 더 많은 이산화탄소를 토양에 저장되게끔 돕는다. 소들이 배출한 분뇨는 목초지의 거름이 되어 풀이 더 잘 자라는데, 동시에 소들이 밟고 누른 풀이 땅 속으로 파묻히는 과정에서 풀이 흡수한 이산화탄소도 토양에 저장된다. 또한 가축의 분뇨는 다른 동물들의 서식지이기도 하다. 소 1마리가 배출하는 분뇨를 통해 해마다 총 합계 중량 100킬로그램 이상의 곤충 무리가 태어난다.[30]

배급제는 불쾌한 느낌을 준다. 그러나 어쩌면 지금보다 삶이 더 즐거워질 수도 있다. 공정함은 사람을 행복하게 만들기 때문이다. 빈부 격차가 줄어든 사회는 더 여유롭고, 더 건강하고, 더 너그러워진다. 전 세계의 연구 결과들에서도 입증되었듯이 하류층만이 아니라 상류층도 이러한 긍정적인 분위기의 혜택을 입는다. 상류층도 공정한 사회에 소속되어 있을 때 더 오래 살았다.[31]

오해를 피하기 위해 설명을 덧붙이겠다. 배급제는 희소한 물자를 공정하게 분배하는 것을 의미한다. 하지만 모든 국민에게 매달 최대 1,500유로를 지급하는 보편적기본소득BGE을 의미하는 건 아니다.[32] 이러한 기본소득 지급을 바탕으로 하는 모델들은 명시적이든 암시적이든 경제가 계속 성장한다는 것을 전제로 삼는다. 그렇지 않으면 모든 국민에게 그렇게 큰 금액을 지급할 수 없기 때문이다. 보편적기본소득 지지자인 철학자 리하르트 다비트 프레히트도 이렇게 밝혔다. "독일의 모든 국민에게 보편적기본소득을 지급하려면 경제가 호황을 이루고 생산성이 높아야 한다."[33] 하지만 재활용이 가능한 만큼만 소비한다면 독일 경제는 더 이상 호황을 누릴 수 없다.

한편, 배급만이 아니라 생산도 통제되어야 한다. 녹색에너지가 부족하기 때문에 많은 업계가 눈에 띄게 축소되거나 완전히 사라질 것이다. 특히 항공, 은행, 보험, 자동차 업계 그리고 화학 업계의 일부는 미래가 밝지 않을 것이다(16장 참조). 수백만 명이 실직하게 되며 기후 보호와 관련된 분야에서 새로운 일자리를 찾아야 한다. 이러한 친환경 전환은 국가가 통제하고 모든 당사자를 보호할 준비가 되었을 때만 질서 있게 진행될 수 있다.

제2차 세계대전 당시 영국은 정부가 경제를 근본적으로 개편하기 위해 얼마나 효과적으로 통제할 수 있는지 보여주었다. 앞서 언급했듯이 당시 국가는 개별 기업들의 경영에 개입하지 않았고 여전히 내부 경영은 소유주와 경영자에게 맡겼다. 정부는 단지 생산 품목과 생산량만 결정했다. 기업은 국가의 목표를 달성하기 위해 필요한 노동력과 원료를 할당받았다. 즉, 영국 정부는 희소 자원을 계획적으로 분배함으로써 간접적으로 경제를 통제했다.

희소성을 이용하여 통제하라. 이 원칙은 지금 다시 적용할 수 있다. 하지만 오늘날 부족한 건 노동력과 원료가 아닌, 모든 업계와 욕구를 충족할 수 있는 녹색에너지다. 따라서 정부는 한정된 친환경 에너지로 무엇을 얼마나 더 생산해야 하는지 결정해야 한다. 의약품은 우선순위에 두고 자가용은 후순위로 밀려나야 한다.

목표는 재활용 가능한 만큼만 생산하는 순환경제일 것이다. 그럼에도 이러한 기후 중립 세계는 정체된 상태가 아니다. 여전히 기술 혁신은 절실히 요구될 것이다. 에너지 효율을 향상하는 데 성공한다면 같은 수의 풍력 터빈과 태양광 패널로 더 많은 물자를 생산해낼 수 있다.

그리고 낮은 수준일지라도 경제는 다시 성장할 것이다. 역설적이만 경제는 먼저 축소되어야 다시 확장될 수 있다. 하지만 이러한 잠재적인 성장과 오늘날의 자본주의는 똑같지 않을 것이다. 위계 구조가 완전히 뒤바뀌었기 때문이다. 미래에는 자연이 얼마만큼의 성장이 가능한지 결정한다. 지금처럼 성장이 자연을 얼마나 소모할지 결정하지 못한다.

그러나 이는 먼 미래의 목표다. 우선 영국의 전시경제라는 역사적 모델을 모범으로 삼아 어떤 식으로 경제를 축소할지 계획해야 한다. 정부가 통제를 하되 기업은 여전히 민간 소유로 남는다. 따라서 여기서 말하는 것은 '생태사회주의Ecosocialism'[34]가 아니다. 거의 모든 사유 재산을 동시에 폐지했을 때 국가 계획이 정상적으로 작동하지 않는다는 사실은 역사가 이미 증명했다.

마지막으로 한 번 더 항변하려고 한다. 영국의 전시경제는 흥미로운 모범 사례가 될 수 있지만, 지금 우리는 환경과 전쟁을 치르고 있는 게 아니다. 우리는 기후와 싸우는 게 아니라 기후를 살리고자 한다. 제2차 세계대전과 기후 위기의 차이는 분명하다. 영국은 악의 화신처럼 보였던 한 인간, 히틀러를 물리치고자 했다. 1940년에 독일이 프랑스를 정복하고 도버 해협을 건너기 직전이었기 때문에 목전에 위협이 있었다. 하지만 영국의 전시경제는 여전히 자본주의 체제를 유지하고 있었다. 소비재 생산은 축소되었지만 군수 산업은 확장되었다. 즉, 보편적인 성장이 완전히 끝난 게 아니라, 오히려 전시에 영국 경제는 27퍼센트나 성장했다.

기후 위기는 이와 다르다. 이 위협은 특정 인물 때문에 생겨난 게 아니라, 지구적 연쇄 반응에서 비롯되었다. 몇몇 국가만이 아니라 전 세계가 위험하다. 게다가 이 치명적인 위협은 즉시 드러나지 않고 종종 수년, 수십 년에 걸쳐 닥쳐온다. 동시에 매우 급격한 변화가 요구된다. 기후 보호에 성공하려면 경제가 축소되어야 하기 때문이다.

그리고 기후 정책을 수립하기 어려운 것도 이러한 차이점들을 부인할 수 없기 때문이다. 많은 사람이 미래가 위협받고 있다는 사실을 차라리 무시한다. 비록 이제 소수만이 인간이 만든 기후 변화를 부인하고 있지만, 그렇다고 해서 자본주의를 즉시 버려야 할까? 라고 생각한다. 이런 극단적인 결말은 대다수 국민에게 과장되고 터무니없는 것처럼 비친다.

이처럼 많은 사람이 여전히 자신이 선택할 수 있다는 착각에 사로잡혀 있다. 즉, 자본주의를 포기하는 게 그렇게 어렵다면 그대로 유지하자, 라는 모토를 따르고 있는 것이다. 물론 이러한 선택권은 없다. 고소득국들은 사실상 선택지라고 할 수 없는 선택지에 직면했다. 자발적으로 성장을 포기하거나, 아니면 삶의 기반이 파괴되어 성장이 강제로 종말을 맞이하거나, 둘 중 하나다.

어쨌든 자본주의는 저물고 새로운 경제 질서가 등장할 것이다. 인류를 살리는 문제이므로 가장 적합한 이름은 '생존경제'일 것이다.

결론
'생존경제'는 이미 시작되었다

인류는 더 이상 온실가스를 배출하지 않아야만 살아남을 수 있다. 단순한 깨달음이지만 실행에 옮기기는 어렵다. 독일의 경제 실적이 최소 30퍼센트는 줄어야 하기 때문이다. 그래서 어떤 정치인도 쉽게 입 밖에 내놓지 못하는, V자로 시작하는 단어 '포기Verzicht'가 논의의 대상이 된다.

모든 정당은 무언가를 포기하라고 독촉하는 순간 바로 유권자들의 표를 잃는다는 사실을 잘 안다. 아주 사소한 절제일지라도 국민들에게 요구하기란 쉽지 않다. 2013년 독일 하원 선거 캠페인에서 녹색당이 '채식의 날' 관련 발언으로 국민들의 뭇매를 맞았듯이 말이다. 목요일마다 공공 기관 구내식당에서 채식 요리만 제공하자는 아이디어였는데, 법으로 정하자는 게 아니라 채식을 독려하기 위해 단순히 제안한 것이었다. 《빌트》는 즉시 반대 캠페인에 돌입하며 "녹색당, 육류 섭취 금지 추진!"이라는 표제의 기사를 냈다. 이후 선거에서 녹색당은 겨우 8.4퍼센트의 득표율을 기록했고 이 충격으로 '자유당'인 양 행세하기에 이르렀다. 2014년 정당 강령에는 "목요일에 고기를 먹든 말든 우리는 절대로 상관하지 않는다"라는 문구까지 넣었다.

모든 정당이 '금지 정당'으로 간주될까 봐 공포에 사로잡혀 있다. 사회민주당 소속 보건부 장관 카를 라우터바흐도 이렇게 지적했다. "휘발유 가격이 아주 조금이라도 인상되면 포퓰리스트들에게 철저히 물어 뜯긴다."[1] 자유 시민을 위한 자유 이동 역시 결코 의문시될 사안이 아니기에 자유민주당FDP 소속 재무부 장관 크리스티안 린드너는 이렇게 비판했다. "독일인들을 자전거 타는 채식주의자로 만든다고 해서 지구를 구하지는 못한다."[2]

정당이 유권자들의 표를 얻을 수 있는 발안만 내세우는 건 정상적인 일이다. 원래 민주주의는 이렇게 돌아간다. 정당은 이끌지 않고 유권자들을 따른다. 변화는 위에서 오지 않고 항상 아래로부터 온다. 하지만 폭넓은 사고의 전환이 보이지 않는다. 대다수 국민은 녹색성장이 현실적으로 가능하다는 망상을 고수하고 싶어 한다. 그래서 녹색당에서 기독교사회연합에 이르는 모든 정당이 이 꿈을 이용하고 있다.

현재 '생존경제'는 정치적으로 실행 불가능해 보인다. 그렇다고 해서 자본주의와 결별해야 한다는 분석이 틀렸다는 뜻은 아니다. 정치적으로 다수의 지지를 얻을 수 있는 것만 생각한다면 치명적인 상황을 초래할 수 있다. 즉, 사고 자체를 멈추고 현재를 미래라고 착각하는 것이다.

우리는 아직 풍요로운 사회에 살기에 보편적인 결핍을 상상하기 어렵고, 국가 계획과 배급제가 필요하다는 생각은 낯설게 느껴진다. 하지만 물 공급과 관련한 첫 배급제가 이미 예견되고 있다. 미래에 독일이 사막으로 변하지는 않겠지만 비가 거의 내리지 않는 달이 많아질 것이다. 2018년의 심한 가뭄이 더 이상 이례적인 현상이 아니라 정기적으로 반복될 것이다. 따라서 오랜 기간 비가 내리지 않으면 부족한 물을 가정, 농촌, 산업체 중 어디로 보내야 할지 질문을 던질 수밖에 없다.[3]

독일 정부는 이미 '물 사용 우선순위'를 정한 '국가 물 전략'을 수립해놓았는데, 이는 배급제를 의미하는 것이나 다름없다.[4] 브란덴부르크주 동부에서는 현재 물 부족이 심각한 나머지 일부 수도 사업체들이 사용량을 제한하려고 한다. 슈트라우스베르크-에르크너 수도 조합은 2025년부터 이 지역의 신규 이주민들은 1인당 하루 평균 105리터만 사용하도록 제한할 것이라고 발표했다. 이 한도를 초과하는 경우 벌금을 내야 하며, 벌금 규모는 아직 공표되지 않았다.[5] 현재 독일의 1인당 하루 평균 물 소비량은 128리터다.[6] 따라서 슈트라우스베르크-에르크너 지역 사람들은 실제로 물을 아껴 써야 한다.

중요한 물자가 부족해지면 국가만이 적은 물량을 통제하고 배급함으로써 공정하고 효율적인 분배를 보장할 수 있다. 이런 경우에 '시장'은 전혀 도움이 되지 않는다. 오랫동안 심각한 물 부족에 시달려온 호주도 처음에는 민간 방식으로 물을 분배할 계획을 세웠다. 일종의 '물 사용권 시장'을 설립한 것이다. 먼저 땅을 소유한 농민에게 물 사용권을 공정하게 할당했고, 이 사용권 일부를 거래 가능하도록 허용했다. 더 많은 물이 필요한 농민은 사용권을 추가 구매했다. 자신의 할당량을 소비하지 않은 사람은 사용권을 판매할 수 있었다. 하지만 물 사용권을 둘러싼 무분별한 투기가 심해졌으며, 농민들의 생계가 위협받기도 했다.[7]

금융 시장에서 결핍 현상은 투기로 이어지고, 가격을 상승시키고, 주식 투자자들을 부유하게 만들며, 궁핍을 더욱 키운다. 모든 국민이 정당한 권리를 누리려면 국가가 개입해야 한다.

머지않아 식료품도 전 세계적으로 부족해지면 국가 간 중재가 필요해질 것이다. 기후변화에관한정부간협의체는 지구 평균 기온이 1도 상승할 때마다 옥수수의 수확량은 약 7퍼센트, 밀은 6퍼센트, 쌀과 콩은 약 3퍼센트 감소할 것으로 예측한다.[8]

미래에 전 세계인이 충분히 먹고살려면 식량은 배급되어야 한다. 이미 전문가들은 전 세계인이 건강하게 먹으면서 환경을 보호할 수 있는, '지구 건강 식단Planetary Health Diet'이라는 이상적인 식단을 개발했다. 이 식단은 하루에 총 2,500칼로리를 섭취할 것을 권한다. 구성은 다음과 같다. 과일과 채소 500그램, 통곡물 또는 쌀 232그램, 콩류 75그램, 감자 50그램, 견과류 50그램, 유제품 250그램, 붉은 고기 7그램, 돼지 고기 7그램, 가금류 29그램, 달걀 13그램, 설탕 31그램, 지방 50그램, 생선 28그램이다.[9]

얼핏 좀 부실해 보이는 식단이지만 독일인들이 식습관을 바꾼다면 훨씬 건강해질 것이다. 현재 독일의 성인은 하루 평균 3,500칼로리를 섭취하는데, 이는 건강에 도움이 되지 않는다. 독일 남성의 67퍼센트, 여성의 53퍼센트가 과체중이다. 그중 약 4분의 1은 '심한 과체중'이다.[10] 과체중은 무해하지 않으며, 당뇨병, 심혈관 질환, 만성 염증, 암과 같은 만성 질병을 촉진한다. 독일 전체 사망 원인의 11퍼센트가 비만이다.[11] 덜 소비하는 것이 치료법이 될 수 있다.

이미 배급제의 조짐이 나타나고 있기에 '생존경제'는 결코 먼 미래의 일이 아니다. 하지만 지금까지는 개별적인 비상 계획으로만 여겨져왔다. 즉, 배급은 예외 사례로 남아야 하며 자본주의는 계속 확장되어야 한다고 말이다. 그러나 이러한 희망은 좌절될 것이다. 녹색성장에 불을 지필 수 있는 친환경 에너지가 충분하지 않기 때문이다.

기후 보호는 경제가 축소될 때만 가능하다. 변화는 언제나 두렵다. 특히 포기와 관련이 있을 때는 더욱 그렇다. 그럼에도 너무 우울한 미래만 상상해서는 안 된다. 생태적 순환경제는 아름다울 수 있다. 이러한 경제 질서는 충실한 삶을 이루는 모든 것을 제공해줄 것이다. 자극, 변화, 깨달음, 교류, 우정, 사랑, 인정, 즐거움, 향유, 휴식, 놀이, 스포츠는 물론, 안정, 이동성, 돌봄, 일, 성취감 등도 말이다.

지금까지는 심각한 경제 위기를 일으키지 않고 생태적 순환경제를 어떻게 달성할 수 있는지 불분명했다. 녹색축소에 대한 구체적인 구상은 존재하지 않았다. '생존경제'는 어떻게 혼란 없이 성공적인 전환을 이룰 수 있는지 제시한다. 기업은 여전히 민간 소유로 남되, 국가는 무엇을 생산할지 정하고, 희소 물자를 분배한다. 이 개념은 1939년 이후의 영국의 전시경제를 참고했지만 동일하지는 않다. 지금 중요한 것은 자본주의의 종말이다.

감사의 말

모든 책은 최초의 독자이자 교정자의 노고의 결과물이다. 다니엘 하우플러Daniel Haufler, 앤드류 제임스 존스턴Andrew James Johnston, 외르겐 피사르츠Jörgen Pisarz, 휴고 빈터스Hugo Winters는 나에게 너무나도 많은 시간을 내주었다. 역사학자로서, 문학자로서, 공학자로서, 국민경제학자로서 이들은 이상적인 한 팀이었다. 이들의 지식, 아이디어, 반론이 없었다면 이 책을 쓸 수 없었을 것이다.

참고문헌

Agora Energiewende/Agora Verkehrswende/Stiftung Klimaneutralität, Klimaneutrales Deutschland 2050 (Berlin 2020)

Agora Energiewende/Agora Verkehrswende/Stiftung Klimaneutralität, Klimaneutrales Deutschland 2045 (Berlin 2021)

Allen, Robert C., The British Industrial Revolution in Global Perspective (Cambridge University Press 2009)

Allen, Robert C., Global Economic History. A Very Short Introduction (Oxford University Press 2011) [『세계경제사』, 이강국 옮김, 교유서가, 2025]

Allen, Robert C., The Industrial Revolution. A Very Short Introduction (Oxford University Press 2017)

Appleby, Joyce, Relentless Revolution. A History of Capitalism (Norton 2010) [『가차없는 자본주의』, 주경철 옮김, 안민석, 까치, 2012]

Bach, Stefan/Andreas Thiemann/Aline Zucco, Looking for the Missing Rich: Tracing the Top Tail of the Wealth Distribution (DIW 2018, Discussion Papers 1717)

Bach, Stefan/Michelle Harnisch/Niklas Isaak, Verteilungswirkungen der Energiepolitik-Personelle Einkommensverteilung. Endbericht.

Forschungsprojekt im Auftrag des Bundesministeriums für Wirtschaft und Energie (Berlin, 23.11.2018)

Bähr, Johannes, Werner von Siemens, 1816–1892. Eine Biographie (Beck 2016)

Beckert, Sven, King Cotton. Eine Geschichte des globalen Kapitalismus (Beck 2014)

Berg, Axel, Energiewende einfach durchsetzen. Roadmap für die nächsten zehn Jahre (Oekom 2019)

Binswanger, Mathias, Der Wachstumszwang. Warum die Volkswirtschaft immer weiterwachsen muss, selbst wenn wir genug haben (Wiley 2019)

Boer, Lukas, Steigende Metallpreise als mögliches Hindernis der Energiewende. In: DIW Wochenbericht 4/2022, S. 48–54

Bollard, Alan, How a Handful of Economists Helped Win and Lose the World Wars (Oxford University Press 2020)

Bouverie, Tim, Appeasing Hitler. Chamberlain, Churchill and the Road to War (Bodley Head 2019)

Brand, Ulrich/Markus Wissen, Imperiale Lebensweise. Zur Ausbeutung von Mensch und Natur im globalen Kapitalismus (Oekom 2017)

Braudel, Fernand, Civilization & Capitalism 15th–18th Century, Volume I: The Structures of Everyday Life (Fontana Press 1985)

Braudel, Fernand, Civilization & Capitalism 15th–18th Century, Volume III: The Perspective of the World (Fontana Press 1985)

Broadberry, Stephen, Lessons learned? British economic management and performance during the World Wars. In: Broadberry, Stephen/

Mark Harrison (Ed.), The Economics of the Second World War: Seventy-Five Years On (CEPR Press 2020), S. 30–39

Broadberry, Stephen/Kevin O'Rourke, The Cambridge Economic History of Modern Europe, Volume 1 : 1700–1870 (Cambridge University Press 2010)

Brüggemeier, Franz-Josef, Sonne, Wasser, Wind: Die Entwicklung der

Energiewende in Deutschland (Friedrich-Ebert-Stiftung 2017)

Brüggemeier, Franz-Josef, Grubengold. Das Zeitalter der Kohle von 1750 bis heute (Beck 2018)

Bundesamt für Naturschutz, »Mehr Flächen für Windenergie«-naturund landschaftsverträglich verteilt (Bonn Juni 2021)

Bundesministerium für Wirtschaft und Klimaschutz, Jahreswirtschaftsbericht 2022 (Berlin, 26.1.2022)

Bundeszentrale für politische Bildung/Statistisches Bundesamt, Datenreport 2021 (Bonn 2021)

Büscher, Wolfgang, Heimkehr (Rowohlt 2020)

Chancel, Lucas/Thomas Piketty/Emmanuel Saez/Gabriel Zucman, World Inequality Report 2022 (World Inequality Lab 2021)

Chang, Ha-Joon, Kicking Away the Ladder. Development Strategy in Historical Perspective (Anthem Press 2003) [『사다리 걷어차기』, 김희정 옮김, 부키, 2020]

Chang, Ha-Joon, 23 Things They Don't Tell You about Capitalism (Penguin 2011) [『그들이 말하지 않는 23가지』, 김희정 옮김, 안세민, 부키, 2023]

Clark, Christopher, Iron Kingdom. The Rise and Downfall of Prussia 1600-1947 (Penguin 2007)

Conrad, Sebastian, Deutsche Kolonialgeschichte (Beck 2012)

Daly, Herman E., Beyond Growth (Beacon Press 1996) [『성장을 넘어서』, 박형준 옮김, 열린책들, 2016]

Darwin, John, Unfinished Empire. The Global Expansion of Britain (Penguin 2013)

Deaton, Angus, The Great Escape. Health, Wealth and the Origins of Inequality (Princeton University Press 2013)

Dechema/FutureCamp (Hg.), Roadmap Chemie 2050: Auf dem Weg zu einer treibhausgasneutralen Chemie in Deutschland (Berlin 2019)

Delina, Laurence E., Strategies for Rapid Climate Mitigation. Wartime mobilisation as a model for action? (Routledge 2016)

Deutsche Umwelthilfe, Versorgungssicherheit mit 100% Erneuerbaren Energien (Berlin, November 2021)

Deutscher Bundestag, Evaluierungsbericht der Bundesregierung über die Anwendung des Kohlendioxid-Speicherungsgesetzes sowie die Erfahrungen zur CCS-Technologie, Drucksache 19/6891 (21.12.2018)

Dörre, Klaus, Die Utopie des Sozialismus. Kompass für eine Nachhaltigkeitsrevolution (Matthes&Seitz 2021)

Eckert, Andreas, Geschichte der Sklaverei. Von der Antike bis ins 21. Jahrhundert (Beck 2021)

Edenhofer, Ottmar/Michael Jakob, Klimapolitik. Ziele, Konflikte, Lösungen (Beck 2017)

Edgerton, David, Britain's War Machine. Weapons, Resources and Experts in the Second World War (Penguin 2012)

Edgerton, David, The Shock of the Old. Technology & Global History Since 1900 (Profile Books 2008, updated 2019) [『낡고 오래된 것들의 세계사』, 정동욱·박민아 옮김, 휴머니스트, 2015]

Ekardt, Felix, Wir können uns ändern. Gesellschaftlicher Wandel jenseits von Kapitalismuskritik und Revolution (Oekom 2017)

Energy Brainpool, Kalte Dunkelflaute. Robustheit des Stromsystems bei Extremwetter (Berlin, 12.5.2017)

FAO, The State of the World's Forests 2020. In Brief (Rom 2020)

Fellmeth Ulrich, Pecunia non olet. Die Wirtschaft der antiken Welt (Wissenschaftliche Buchgesellschaft 2008)

Flassbeck, Heiner, Der begrenzte Planet und die unbegrenzte Wirtschaft. Lassen sich Ökonomie und Ökologie versöhnen? (Westend 2020)

Foer, Jonathan S., Wir sind das Klima. Wie wir unsere Welt schon beim Frühstück retten können (Kiepenheuer & Witsch 2019) [『우리가 날씨다』, 송은주 옮김, 민음사, 2020]

Franzen, Jonathan, Wann hören wir auf, uns etwas vorzumachen? Gestehen wir uns ein, dass wir die Klimakatastrophe nicht verhindern können (Rowohlt 2019)

Fraunhofer-Institut für Solare Energiesysteme ISE, Stromgestehungskosten Erneuerbare Energie (Freiburg, Juni 2021)

Fraunhofer-Institut für Solare Energiesysteme ISE, Wege zu einem klimaneutralen Energiesystem. Die deutsche Energiewende im Kontext gesellschaftlicher Verhaltensweisen (Freiburg, Update 12.11.2021)

Fücks, Ralf, Intelligent wachsen. Die grüne Revolution (Hanser 2013)

Fuhrhop, Daniel, Verbietet das Bauen! Streitschrift gegen Spekulation, Abriss und Flächenfraß (Oekom 2020)

Galbraith, John Kenneth, The Affluent Society, 1958 (Penguin 1999)

Gates, Bill, How to Avoid a Climate Disaster. The Solutions We Have and the Breakthroughs We Need (Allen Lane 2021) [『빌 게이츠, 기후재앙을 피하는 법』, 김민주·이엽 옮김, 김영사, 2021]

Göke, Leonard/Claudia Kemfert/Mario Kendziorski/Christian v. Hirschhausen, 100 Prozent erneuerbare Energien für Deutschland: Koordinierte Ausbauplanung notwendig. DIW-Wochenbericht 29 und 30/2021, S. 508-513

Göpel, Maja, Unsere Welt neu denken. Eine Einladung (Ullstein 2020)

Gössling, Stefan/Andreas Humpe, The global scale, distribution and growth of aviation: Implications for climate change. In: Global Environmental Change, 1.11.2020

Graeber, David, Bullshit Jobs. A Theory (Allen Lane 2018) [『불쉿 잡』, 김병화 옮김, 민음사, 2021]

Hasters, Alice, Was weiße Menschen nicht über Rassismus hören wollen, aber wissen sollten (Hanser 2020)

Henderson, Rebecca, Reimagining Capitalism. In a World on Fire (Penguin 2021)

Hentschel, Karl-Martin, Handbuch Klimaschutz. Wie Deutschland das 1,5-Grad-Ziel einhalten kann (Oekom 2020)

Herrmann, Ulrike, Freihandel-Projekt der Mächtigen (Rosa-Luxemburg-

Stiftung 2014)

Herrmann, Ulrike, Der Sieg des Kapitals. Wie der Reichtum in die Welt kam: Die Geschichte von Wachstum, Geld und Krisen (Piper 2015) [『자본의 승리인가 자본의 위기인가』, 이미옥 옮김, 에코리브르, 2014]

Herrmann, Ulrike, Kein Kapitalismus ist auch keine Lösung. Die Krise der heutigen Ökonomie-oder was wir von Smith, Marx und Keynes lernen können (Piper 2018) [『경제학 천재들의 자본주의 워크숍』, 박종대 옮김, 갈라파고스, 2024]

Herrmann, Ulrike, Deutschland, ein Wirtschaftsmärchen. Warum es kein Wunder ist, dass wir reich geworden sind (Piper 2022)

Hesse, Jan-Otmar, Abkehr vom Kartelldenken? Das Gesetz gegen Wettbewerbsbeschränkungen als ordnungspolitische und wirtschaftstheoretische Zäsur der Ära Adenauer. In: Hockerts, Hans Günter/Günther Schulz (Hg.), Der »Rheinische Kapitalismus« in der Ära Adenauer (Ferdinand Schöningh 2016), S. 29-50

Hirschhausen, Eckart v., Mensch, Erde! Wir könnten es so schön haben (DTV 2021)

Hobsbawm, Eric, The Age of Revolution: Europe 1789-1848 (Abacus 2010) [『혁명의 시대』, 정도영·차명수 옮김, 한길사, 1998]

Hobsbawm, Eric, The Age of Capital: 1848-1875 (Abacus 1997) [『자본의 시대』, 정도영 옮김, 한길사, 1998]

Hobsbawm, Eric, The Age of Empire: 1875-1914 (Abacus 1994) [[『제국의 시대』, 김동택 옮김, 한길사, 1998]

Holler, Christian/Joachim Gaukel/Harald Lesch/Florian Lesch, Erneuerbare Energien zum Verstehen und Mitreden (Bertelsmann 2021)

Holthaus, Eric, The Future Earth. A Radical Vision for What's Possible in the Age of Warming (HarperOne 2020) [『미래의 지구』, 신봉아 옮김, 교유서가, 2021]

International Energy Agency, The Role of Critical Minerals in Clean Energy Transitions (Washington May 2021)

Jackson, Tim, Prosperity Without Growth. Foundations for the Economy of Tomorrow. Second Edition (Routledge 2017) [『성장없는 번영』, 전광철 옮김, 착한책가게, 2015]

Jackson, Tim, Post Growth. Life after Capitalism (Polity 2021) [『포스트 성장 시대는 이렇게 온다』, 우석영·장석준 옮김, 산현글방, 2022]

Jensen, Annette, Wir steigern das Bruttosozialglück. Von Menschen, die anders und besser wirtschaften (Herder 2011)

Keen, Steve, The New Economics. A Manifesto (Polity 2022)

Kennedy, Margrit, Occupy Money. Damit wir zukünftig ALLE die Gewinner sind (J. Kamphausen 2011) [『화폐를 점령하라』, 황윤희 옮김, 생각의길, 2013]

Kern, Bruno, Das Märchen vom grünen Wachstum. Plädoyer für eine solidarische und nachhaltige Gesellschaft (Rotpunkt 2019)

Kleinschmidt, Christian, Wirtschaftsgeschichte der Neuzeit. Die Weltwirtschaft 1500-1850 (Beck 2017)

Klingholz, Reiner, Zu viel für diese Welt. Wege aus der doppelten Überbevölkerung (Edition Körber 2021)

Kocka, Jürgen, Geschichte des Kapitalismus (Beck 2013)

Kopatz, Michael, Ökoroutine. Damit wir tun, was wir für richtig halten (Oekom 2019)

Kreutzfeldt, Malte, Das Strompreis-Komplott. Warum die Energiekosten wirklich steigen und wer dafür bezahlt (Knaur 2014)

Latif, Mojib, Heißzeit. Mit Vollgas in die Klimakatastrophe-und wie wir auf die Bremse treten (Herder 2020)

Lauterbach, Karl, Bevor es zu spät ist. Was uns droht, wenn die Politik nicht mit der Wissenschaft Schritt hält (Rowohlt Berlin 2022)

Lepenies, Philipp, Die Macht der einen Zahl. Die politische Geschichte des Bruttoinlandsprodukts (Suhrkamp 2013)

Levinson, Marc, The Box. How the Shipping Container Made the World Smaller and the World Economy Bigger. Second Edition (Princeton University Press 2016) [『더 박스』, 이경식 옮김, 청림출판, 2017]

Li, Bowen/Basu, Sukanta/Watson, Simon J./Russchenberg, Herman W. J., Brief Climatology of Dunkelflaute Events over and Surrounding the North and Baltic Sea Areas. In: Energies 2021, 14, 6508 Lomborg, Bjorn, False Alarm. How Climate Change Panic Costs Us Trillions, Hurts the Poor, and Fails to Fix the Planet (Hachette 2020)

Maddison, Angus, The World Economy. A Millenial Perspective (OECD 2001)

Malm, Andreas, Fossil Capital. The Rise of Steam Power and the Roots of Global Warming (Verso 2016) [『화석 자본』, 위대현 옮김, 두번째테제, 2023]

Malm, Andreas, Corona, Climate, Chronic Emergency. War Communism in the 21st Century (Verso 2020) [『코로나, 기후, 오래된 비상사태』, 우석영·장석준 옮김, 마농지, 2021]

Marx, Karl, Das Kapital. Kritik der politischen Ökonomie. Vierte Auflage 1890 (Dietz 1962)

Marx, Karl/Friedrich Engels, Manifest der Kommunistischen Partei, 1848. In: MEW, Band 4 (Dietz 1959), S. 459-493

Maxton, Graeme/Jorgen Randers, Reinventing Prosperity. Managing Economic Growth to Reduce Unemployment, Inequality and Climate Change. A Report to the Club of Rome (Greystone 2016)

Mazzucato, Mariana, The Entrepreunerial State. Debunking Public vs. Private Sector Myths (Anthem Press 2014) [『기업가형 국가』, 김광래 옮김, 매일경제신문사, 2015]

Mazzucato, Mariana, The Value of Everything. Making and Taking in the Global Economy (Penguin 2019) [『가치의 모든 것』, 안진환 옮김, 민음사, 2020]

Mazzucato, Mariana, Mission Economy. A Moonshot Guide to Changing Capitalism (Allen Lane 2021) [『미션 이코노미』, 이가람 옮김, 이음, 2025]

McAfee, Andrew, More From Less. The Surprising Story of How We Learned to Prosper Using Fewer Resources—and What Happens Next

(Scribner 2019) [『포스트 피크 거대한 역전의 시작』, 이한음 옮김, 청림출판, 2020]

McKibben, Bill, A World at War. We're under attack from climate change–and our only hope is to mobilize like we did in WWII. In: The New Republic, 15.8.2016

McKinsey, Net-Zero Deutschland. Chancen und Herausforderungen auf dem Weg zur Klimaneutralität 2045 (Oktober 2021)

Meadows, Dennis/Donella Meadows/Erich Zahn/Peter Milling, Die Grenzen des Wachstums. Bericht des Club of Rome zur Lage der Menschheit (DVA 1972)

Milward, Alan S., War, Economy and Society 1939-1945 (Allen Lane 1977)

Monbiot, George, Heat. How to Stop the Planet Burning (Allen Lane 2006)

Monbiot, George, Think big on climate: the transformation of society in months has been done before. In: The Guardian, 20.10.2021

Mundell, Robert, The Birth of Coinage. In: Columbia University Discussion Papers (September 1999)

Neitzel, Sönke, Deutsche Krieger. Vom Kaiserreich bis zur Berliner Republik–eine Militärgeschichte (Propyläen 2020)

Neubauer, Luisa/Alexander Repenning, Vom Ende der Klimakrise. Eine Geschichte unserer Zukunft (Tropen 2019)

Öko-Institut, Wasserstoff sowie wasserstoffbasierte Energieträger und Rohstoffe. Eine Überblicksuntersuchung (Berlin, 4.9.2020)

Osterhammel, Jürgen, Die Verwandlung der Welt. Eine Geschichte des 19. Jahrhunderts (Beck 2011) [『대변혁 1~3』, 박종일 옮김, 한길사, 2021]

Osterhammel, Jürgen/Niels P. Petersson, Geschichte der Globalisierung. Dimensionen, Prozesse, Epochen (Beck 2004)

Paech, Niko, Befreiung vom Überfluss. Auf dem Weg in die Postwachstumsökonomie (Oekom 2012)

Parrique, T./Barth, J./Briens, F./Kerschner, C./Kraus-Polk, A./Kuokkanen, A./Spangenberg, J. H., Decoupling Debunked. Evidence and arguments against green growth as a sole strategy for sustainability (July 2019)

Parry, Ian/Simon Black/Nate Vernon, Still Not Getting Energy Prices Right: A Global and Country Update of Fossil Fuel Subsidies. IMF Working Paper 21/236 (Washington 2021)

Pettifor, Ann, The Case for the Green New Deal (Verso 2019)

Phillips, Leigh, Austerity Ecology & The Collapse-Porn Addicts. A Defence of Growth, Progress, Industry and Stuff (Zero Books 2015)

Phillips, Leigh/Michal Rozworski, People's Republic of Walmart. How the World's Biggest Corporations Are Laying the Foundation for Socialism (Verso 2019)

Phillipson, Nicholas, Adam Smith. An Enlightened Life (Penguin 2010) [『애덤 스미스』, 배지혜 옮김, 한국경제신문, 2023]

Pinker, Steven, Enlightment Now. The Case for Reason, Science, Humanism, and Progress (Penguin 2019) [『지금 다시 계몽』, 김한영 옮김, 사이언스북스, 2021]

Pinzler, Petra/Günther Wessel, Vier fürs Klima. Wie unsere Familie versucht, CO2-neutral zu leben (Droemer 2018)

Pistor, Katharina, Der Code des Kapitals. Wie das Recht Reichtum und Ungleichheit schafft (Suhrkamp 2020)

Plöger, Sven, Zieht Euch warm an, es wird heiß! Den Klimawandel verstehen und aus der Krise für die Welt von morgen lernen (Westend 2020)

Pötter, Bernhard, Klimawandel. 33 Fragen-Antworten (Piper 2020)

Pötter, Bernhard, Die grüne Null. Der Kampf um Deutschlands Zukunft ohne Kohle, Öl und Gas (Piper 2021)

Precht, Richard David, Freiheit für alle: Das Ende der Arbeit, wie wir sie kannten (Goldmann 2022) [『모두를 위한 자유』, 박종대 옮김, 열린책들, 2025]

Quaschning, Volker und Cornelia, Energie-Revolution jetzt! Mobilität, Wohnen, grüner Strom und Wasserstoff: Was führt uns aus der Klimakrise-und was nicht? (Hanser 2022)

Radkau, Joachim, Natur und Macht. Eine Weltgeschichte der Umwelt (Beck 2000) [『자연과 권력』, 이영희 옮김, 사이언스북스, 2012]

Radkau, Joachim, Technik in Deutschland. Vom 18. Jahrhundert bis heute (Campus 2008)

Rahlf, Thomas (Hg.), Deutschland in Daten. Zeitreihen zur Historischen Statistik (Bundeszentrale für politische Bildung 2015)

Rahmstorf, Stefan/Hans Joachim Schellnhuber, Der Klimawandel. Diagnose, Prognose, Therapie (Beck 2018)

Raeworth, Kate, Doughnut Economics. Seven Ways to Think Like a 21st-Century Economist (Random House 2017) [『도넛 경제학』, 홍기빈 옮김, 학고재, 2018]

Reimer, Nick/Toralf Staud, Deutschland 2050. Wie der Klimawandel unser Leben verändern wird (Kiepenheuer & Witsch 2021)

Richters, Oliver/Andreas Siemoneit, Marktwirtschaft reparieren. Entwurf einer freiheitlichen, gerechten und nachhaltigen Utopie (Oekom 2019)

Ritchie, Hannah/Max Roser, Why did renewables become so cheap so fast? (Our World in Data, 1.12.2020)

Rosling, Hans, Factfulness. Ten Reasons We're Wrong About the World-and Why Things Are Better Than You Think (Flatiron Books 2019) [『팩트풀니스』, 이창신 옮김, 김영사, 2024]

Russell, Ben, James Watt. Making the World Anew (Reaktion Books 2014)

Samtleben, Claire, Auch an erwerbsfreien Tagen erledigen Frauen einen Großteil der Hausarbeit und Kinderbetreuung. In: DIW-Wochenbericht 10/2019, S. 139-144

Schink, Nena, Ich bin nicht grün. Ein Plädoyer für die Freiheit (Finanz-Buch 2021)

Schmelzer, Matthias/Andrea Vetter, Degrowth/Postwachstum zur Einführung (Junius 2019)

Schneidewind, Uwe, Die Große Transformation. Eine Einführung in die Kunst gesellschaftlichen Wandels (Fischer 2018)

Schor, Juliet, True Wealth. How and Why Millions of Americans Are Creating a Time-Rich, Ecologically Light, Small-Scale, High-Satisfaction Economy (Penguin 2011)

Schularick, Moritz, Der entzauberte Staat. Was Deutschland aus der Pandemie lernen muss (Beck 2021)

Schulmeister, Stephan, CO2-Emissionen müssen stetig teurer werden- durch einen Preispfad für fossile Energie. In: Wirtschaftsdienst 2020/10, S. 812-814

Schulte, Ulrich, Die grüne Macht. Wie die Ökopartei das Land verändern will (Rowohlt 2021)

Schumpeter, Joseph A., The Theory of Economic Development. An Inquiry into Profits, Capital, Credit, Interest, and the Business Cycle (Transaction Publishers 2008)

Seba, Tony, Clean Disruption of Energy and Transportation. How Silicon Valley Will Make Oil, Nuclear, Natural Gas, Coal, Electric Utilities and Conventional Cars Obsolete by 2030 (Clean Planet Ventures 2014) [『에너지 혁명 2030』, 박영숙 옮김, 교보문고, 2015]

Settele, Josef, Die Triple-Krise. Artensterben, Klimawandel, Pandemien. Warum wir dringend handeln müssen (Edel 2020)

Sinn, Hans-Werner, Das grüne Paradoxon. Plädoyer für eine illusionsfreie Klimapolitik (Econ 2008)

Skidelsky, Robert/Edward Skidelsky, How Much is Enough? Money and the good life (Other Press 2013) [『얼마나 있어야 충분한가』, 김병화 옮김, 부키, 2013]

Smith, Adam, An Inquiry into the Nature and Causes of the Wealth of Nations, Erstausgabe 1776. A Selected Edition (Oxford University Press 2008)

Statistisches Bundesamt, Statistisches Jahrbuch 2019 (Wiesbaden 2020)

Statistisches Bundesamt, Bautätigkeit und Wohnungen, Bestand an Wohnungen, Fachserie 5, Reihe 3 (Wiesbaden 2021)

Stelter, Daniel, Ein Traum von einem Land. Deutschland 2040 (Campus 2021)

Stimpel, Roland, Wer langsam macht, kommt eher an. Verkehr abrüsten-Mobilität gewinnen (Edition Fuss 2021)

Straubhaar, Thomas, Grundeinkommen Jetzt! Nur so ist die Marktwirtschaft zu retten (NZZ Libro 2021)

Tooze, Adam, The Wages of Destruction. The Making & Breaking of the Nazi Economy (Penguin 2007)

Ulrich, Bernd, Alles wird anders. Das Zeitalter der Ökologie (Kiepenheuer&Witsch 2019)

Umweltbundesamt, Repräsentative Erhebung von Pro-Kopf-Verbräuchen natürlicher Ressoucen in Deutschland (nach Bevölkerungsgruppen) (Dessau 2016)

Umweltbundesamt, Gesellschaftliches Wohlergehen innerhalb planetarer Grenzen. Der Ansatz einer vorsorgeorientierten Postwachstumsposition (Dessau 2018)

Umweltbundesamt, Umweltbewusstsein in Deutschland 2018. Ergebnisse einer repräsentativen Bevölkerungsumfrage (Dessau 2019)

Umweltbundesamt, Aktualisierung und Bewertung der Ökobilanzen von Windenergie- und Photovoltaikanlagen unter Berücksichtigung aktueller Technologieentwicklungen (Dessau 2021)

Umweltbundesamt, Umweltschädliche Subventionen in Deutschland. Aktualisierte Ausgabe 2021 (Dessau 2021)

Van de Mieroop, Marc, The Ancient Mesopotamian City (Oxford University Press 1997)

Vries, Peer, Escaping poverty. The origins of modern economic growth (Vienna University Press 2013)

Wallace-Wells, David, The Uninhabitable Earth. Life After Warming (Tim

Duggan Books 2019) [『2050 거주불능 지구』, 김재경 옮김, 추수밭, 2020]

Waller, John, The Real Oliver Twist. Robert Blincoe: A Life That Illuminates an Age (Icon Books 2005)

Way, Rupert/Matthew Ives, Penny Mealy/J. Doyne Farmer, Empirically grounded technology forecasts and the energy transition, INET Oxford Working Paper No. 2021-01 (14.9.2021)

Wealer, Ben/Simon Bauer/Leonard Göke/Christian v. Hirschhausen/Claudia Kemfert, Zu teuer und zu gefährlich: Atomkraft ist keine Option für eine klimafreundliche Energieversorgung. In: DIW-Wochenbericht 30/2019, S. 511-520

Wehler, Hans-Ulrich, Deutsche Gesellschaftsgeschichte, zweiter Band, 1815-1845/49 (Beck 1987)

Wehler, Hans-Ulrich, Deutsche Gesellschaftsgeschichte, dritter Band, 1849-1914 (Beck 1995)

Weizsäcker, Ernst Ulrich von/Karlson Hargroves/Michael Smitz, Faktor Fünf. Die Formel für nachhaltiges Wachstum (Droemer 2010)

Welzer, Harald, Alles könnte anders sein. Eine Gesellschaftsutopie für freie Menschen (Fischer 2019)

Wilkinson, Richard/Kate Pickett, The Spirit Level. Why More Equal Societies Almost Always Do Better (Allen Lane 2009) [『평등이 답이다』, 전재웅 옮김, 이후, 2012]

Wirth, Harry, Aktuelle Fakten zur Photovoltaik in Deutschland (Fraunhofer ISE, 16.12.2021)

Wuppertal Institut, CO_2-neutral bis 2035: Eckpunkte eines deutschen Beitrags zur Einhaltung der 1,5-Grad-Celsius-Grenze. Diskussionsbeitrag für Fridays for Future Deutschland mit finanzieller Unterstützung durch die GLS Bank (Wuppertal 2020)

Ziegler, Dieter, Die industrielle Revolution, 2. Auflage (Wissenschaftliche Buchgesellschaft 2009) Zweiniger-Bargielowska, Ina, Food Consumption in Britain during the Second World War. In: Berghoff,

Hartmut/Jan Logemann/Felix
Zweiniger-Bargielowska, Ina, Food Consumption in Britain during the Second World War. In: Berghoff, Hartmut/Jan Logemann/Felix Römer, The Consumer on the Home Front. Second World War Civilian Consumption in Comparative Perspective (Oxford University Press 2017), S. 75

주

서문 자본주의의 종말

1 Neubauer/Repenning, S. 65 und 76
2 Zitiert nach Lauterbach, S. 21
3 Quaschning, S. 263
4 Latif, S. 23 ff.
5 Zitiert nach Neubauer/Repenning, S. 47
6 Lauterbach, S. 14
7 Holthaus, S. 40
8 Sinn, S. 324

1장 자본의 부상

1 Deutsche zweifeln am Kapitalismus. In: faz.net, 21.1.2020
2 Osterhammel, S. 193. 당시 아일랜드는 최악의 상황에 있었다. 1841년 아일랜드의 인구는 820만 명이었지만 1901년에 450만 명으로 감소했

다. 최소 1백만 명이 아사했고, 나머지는 미국이나 영국으로 이주했다.
3   Osterhammel, S. 302
4   Deaton, S. 82 f. und 93. 1750년에 이르러 영국 귀족의 평균 수명이 현저히 증가했음을 관찰할 수 있다. 1850년에 이들의 평균 수명은 60세였다. 1930년이 되어서야 평범한 영국인의 평균 수명도 60세에 도달했다.
5   Deaton, S. 148
6   2016년 기준 독일 여성이 건강하게 사는 기간은 67.3년, 남성은 65.3년이었다.
7   Pinker, S. 82; Welzer, S. 22
8   Pinker, S. 251
9   아폴로 컴퓨터는 1초에 5만~10만 개의 명령을 처리했다. 2022년 현재 고가 스마트폰은 1초에 80억~160억 개의 명령을 처리한다. 처리 속도가 16만 배나 빨라진 것이다(외르겐 피사르츠 계산).
10 Pinker, S. 251
11 Chang 2011, S. 31
12 Samtleben, S. 141
13 Zum Leben und Werk von Karl Marx siehe Herrmann 2018, S. 75 ff.
14 미국의 마르크스주의자 프레데릭 제임슨의 발언이다(Malm 2016, S. 278).
15 프로이센 최초의 여학생 김나지움은 1903년 쾰른에서 개교했다.
16 Statistisches Bundesamt, Statistisches Jahrbuch 2019, S. 88
17 Statistisches Bundesamt, Statistisches Jahrbuch 2019, S. 93
18 Maxton, S. 28 f.
19 1918년부터 1928년까지는 최소한의 자산을 보유한 30세 이상의 여성에게만 선거권이 주어졌다.
20 미국, 호주, 캐나다 같은 거주 목적의 식민지는 특수한 경우였다. 이런 국가들은 모든 이민자는 평등하다고 생각했기에 초기부터 민주주의 체제를 취했다.
21 Rosling, S. 201. 구매력을 기준으로 비교한 내용이며, 각 국가의 화폐 단위로 실제로 얼마만큼의 재화를 구매할 수 있는지 반영되어 있다.

22 Deaton, S. xi und 101. 현재 인도의 1인당 소득은 1860년 영국의 1인당 소득과 비슷한 수준이다.
23 Neubauer/Repenning, S. 164. Ahnlich Raworth, S. 4 f.
24 Bach/Thiemann/Zucco, S. 21
25 Deaton, S. 102

2장 자본주의의 축복, 부를 가져오는 성장

1 Vries, S. 44 f.
2 Vries, S. 61. 이 예시는 자본주의의 혁명적인 힘을 다음과 같은 문장으로 표현했던, 경제학자 요제프 슘페터의 통찰을 변형한 것이다. "마차를 얼마든지 연결해도 결코 기차가 되지 못한다"(Schumpeter, S. 64).
3 '산업화'라는 개념은 1837년 후부터 사용되었다. '산업혁명'이라는 표현은 1799년에 처음 등장했다(Osterhammel, S. 909).
4 이 장은 Herrmann 2015, S. 34 이후 내용과 일부 중복된다.
5 Appleby, S. 10. 오스터함멜(Osterhammel, S. 915)도 영국의 경제사학자 패트릭 오브라이언의 말을 인용해 이렇게 이야기했다. "거의 300년에 걸쳐 역사학과 사회학의 최고 지성들을 통해 계승된 경험적 연구와 사유에도 불구하고 산업화에 대한 일반 이론은 도출되지 못했다." 네덜란드의 경제사학자 피어 브리스는 자본주의의 시작을 설명하는 이론이 20여 가지에 달한다고 밝혔다(Vries 2013 참조).
6 영국보다 프랑스에서 사유 재산은 더 강력하게 보호를 받았지만, 이는 문제로 드러났다. 프로방스에서 수익성 있는 관개 사업은 일부 지주의 저항으로 실현되지 못했다. 반면 영국에서는 의회가 소유주의 권리를 제한할 수 있었다(Allen 2009, S. 5).
7 Pistor, S. 59 und 95 f. 로마의 민법은 1900년 시행된 독일 민법에 반영되었기에 오늘날에도 우리에게 영향을 미치고 있다.
8 스코틀랜드의 경제학자 애덤 스미스는 처음으로 '국부'의 원천을 분업에서 찾았다. 그는 바늘 공장의 원리를 예로 들어 설명했다. 바늘 1

개를 생산하려면 정확하게 18단계의 공정이 필요하다고 말이다. 그런데 스미스는 이 바늘 예시를 프랑스의 계몽주의자 드니 디드로의 저술에서 훔쳐왔을 가능성이 있다. 디드로가 1755년에 출간한 『백과전서(Encyclopédie)』 5권에서 바늘을 생산하려면 열여덟 가지 공정이 필요하다는 대목을 읽을 수 있기 때문이다. 애덤 스미스의 생애와 작품에 관해서는 Herrmann 2018, S. 15 이하 참조.

9　Fellmeth, S. 129. 고대의 경제사에 대해서는 Herrmann 2015, S. 20 이하 참조.

10　Vries, S. 353

11　중국 제국의 경제에 관한 보다 상세한 설명은 Herrmann 2015, S. 25 이하 참조.

12　Kocka, S. 42. Warum der Kapitalismus keine Marktwirtschaft ist: Herrmann, 2015, PS. 65 ff., sowie Herrmann 2018, S. 139 ff.

13　당시 유럽인과 영국인은 중상주의를 추구했다. 자신들의 금은 보유량을 늘리려면 모든 국가는 최대한 많이 수출하고 최대한 적게 수입해야 한다는 것이었다. 수입을 어렵게 만들기 위해 높은 관세가 부과되었다.

14　Vries, S. 351 f.

15　Vries, S. 238 ff.

16　Hobsbawm, S. 52; Beckert, S. 149 ff. 1809년~1810년에 약 40만 파운드가 방직 산업에 투자되었던 것으로 집계된다. 당시 군비 4천 5백만 파운드의 불과 1퍼센트에 해당하는 금액이었다(Vries, S. 238).

17　Beckert, S. 75

18　Allen 2009, S. 184 und 207

19　Allen 2009, S. 190

20　Allen 2017, S. 37

21　아크라이트는 방직 공장을 경영해 연간 2만 파운드를 벌었고 후에 그의 아들은 4만 파운드를 벌어들였다(Allen 2017, S. 67). 상업적 도자기 생산 업계의 영향력 있는 발명가들도 정식 과학 교육을 받은 적이 없는 하층 계급 출신이었다(Allen 2017, S. 54).

22　Joel Mokyr/Hans-Joachim Voth, Understanding Growth in Europe,

1700-1870, in: Broadberry/O'Rourke, S. 7-42, hier S. 37
23 Beckert, S. 79
24 Allen 2017, S. 70
25 Allen 2009, S. 192 ff. 제니 방적기 사업의 결과도 유사하다. 영국에서는 38퍼센트의 수익을 올렸으나 프랑스에서는 고작 2.5퍼센트였고, 인도에서는 심지어 -5.2퍼센트의 수익을 내는 적자 사업이었다. 제니 방적기는 처음에는 영국에서만 성공을 거뒀다. 1788년까지 영국에서는 제니 방적기가 20,070대 제작되었다.
26 Allen 2011, S. 35; Kleinschmidt, S. 40
27 Zitiert nach Braudel, Volume III, S. 562
28 Braudel, Volume I, S. 197
29 1971년 십진법 화폐 개혁 이전에 1파운드는 240페니에 상당했다. 귀족 출신 사회개혁가 프레데릭 에덴 경은 노동자들이 폭등하는 곡물 가격을 감당할 수 있는지 알아내려 했고 이로 인해 18세기 말 영국 일용직 근로자의 소득이 알려지게 되었다. 그 조사의 결과물은 1797년에 출간된 3권짜리 책『가난한 자들의 나라(The State of the Poor)』이다(Allen 2009, S. 29).
30 두 자녀의 학비는 일주일에 6페니였다. 아버지가 맥주 마시는 데 쓰는 돈과 같았다(Allen 2009, S. 55).
31 Allen 2009, S. 35 f.
32 Allen 2009, S. 30 und 48
33 Allen 2009, S. 48, und Allen 2017, S. 32
34 Radkau 2000, S. 186 f.
35 Allen 2009, S. 68
36 Allen 2009, S. 109 f.
37 Allen 2009, S. 87
38 Allen 2011, S. 28 f. 약 1만 5천 가구가 영국의 거의 모든 농경지를 소유했다(Allen 2017, S. 4).
39 Dan Bogart/Mauricio Drelichan/Oscar Gelderblom/Jean-Laurent Rosenthal, State and private institutions. In: Broadberry/O' Rourke, S. 78

40　Allen 2009, S. 105
41　Radkau 2008, S. 31 und 130 f. 1800년경 루르 지방의 광업 노동자는 겨우 약 1,200명이었다. 운송도 문제였다. 육로를 이용하면 운송비가 너무 비쌌다. 19세기 중반까지도, 베를린까지 배로 운송되었던 영국산 석탄이 루르 지방의 석탄보다 가격 면에서 경쟁력이 있었다(Brüggemeier 2018, S. 10 und 21).
42　Braudel, Volume I, S. 368 f. 산업화 이전인 1560년부터 1800년까지 영국의 석탄 소비는 66배 증가했다(Allen 2009, S. 81). 하지만 인류 최초로 석탄을 산업에 이용한 나라는 영국이 아니다. 그리스의 티린스에서는 이미 3,600년 전에 갈탄을 활용해 도자기 가마에 불을 땠다(Industrialisierung in der Bronzezeit, Süddeutsche Zeitung, 23.12.2021). 영국에서 새롭게 나타난 현상은 모든 산업이 석탄을 중심으로 삼게 되었다는 것이다.
43　Zitiert nach Braudel, Volume III, S. 553. 1545년 포토시에서 세계 최대의 은광이 발견되었기 때문에 클리블랜드는 페루를 언급했다(현재 포토시는 볼리비아에 속하지만 스페인 식민지 시대에는 페루에 속했다).
44　이미 1960년대에 인도의 역사학자 이르판 하빕이 인도가 산업화되지 못한 이유를 임금 격차를 통해 설명할 수 있다고 주장했다(Braudel, Volume III, S. 505 참조).
45　Russell, S. 145
46　Marx, Das Kapital, S. 258
47　Marx, Das Kapital, S. 671
48　농촌에 사는 일용직 노동자들은 도시 거주자들보다 평균 2배나 더 오래 살았다. 공기가 더 맑고 병원균이 퍼지기 쉽지 않았기 때문이다(Waller, S. 4). 하지만 산업화 초기의 가장 가난한 영국인들도 다른 유럽인들보다 훨씬 나은 삶을 누렸다. 1846년 영국의 구호품 수급자는 평범한 이탈리아 국민보다 2배나 더 잘 먹고 살았다(Allen 2017, S. 66).
49　Allen 2011, S. 32. 1830년대에 영국의 면직물 산업에 약 42만 5천 명이 종사했다(Allen 2009, S. 182).

3장 에너지 없이는 불가능한 자본주의

1 1675년에 이미 프랑스의 물리학자 드니 파팽은 실린더에 증기를 채운 다음 응축해 피스톤을 움직이게 만드는 증기 기관의 시제품을 개발했다. 이 아이디어를 바탕으로 영국의 공학자 토머스 세이버리는 피스톤이 없는 증기 펌프를 제작했고 1698년에 '광부들의 친구(The Miner's Friend)'라는 이름으로 특허를 냈다. 이 특허는 1733년에 만료될 예정이었기에 뉴커먼은 증기 기관을 시장에 출시하려면 세이버리와 계약을 맺어야 했다.
2 Allen 2017, S. 45 f. 갈릴레오 갈릴레이는 최초로 대기도 무게를 가질 수 있다고 추측한 사람이다. 그도 광산의 물을 빼는 방법을 연구했고, 흡입 펌프가 왜 갱도의 물을 약 10미터 위까지만 끌어올릴 수 있는지 규명하려고 했다. 사실 물의 상승을 멈추게 하는 저항력이 존재했던 것이다. 이후 제자였던 에반젤리스타 토리첼리가 이 사실을 알아채고 수은 기압계를 발명하였다. 이로써 대기압을 측정하는 게 가능해졌다.
3 Russell, S. 73 f.
4 Allen 2011, S. 36 f. 처음에는 뉴커먼의 기계를 개선하려는 시도가 이어졌다. 스코틀랜드 출신인 제임스 와트는 1769년에 분리형 콘덴서의 특허를 내면서 전 세계에 이름을 알렸다. 와트는 금속 실린더 전체를 가열했다가 냉각하는 과정에서 엄청나게 많은 에너지가 손실된다는 사실을 알아차렸다. 그래서 이 두 가지 과정이 진행되는 공간을 분리했다. 실린더는 항상 뜨겁게 달궈진 상태로 두었다. 증기가 실린더와 분리된 콘덴서로 이동하면 냉각하여 진공 상태를 만들어냈다. 이후 최초의 기관차에는 다른 기술로 만든 기계, 소위 고압 증기 기관이 도입되었다. 증기를 섭씨 100도 이상으로 가열해 팽창시켜 압력을 발생하는 기관이었다. 이로써 대기압의 역할은 끝났고 콘덴서도 더 이상 필요하지 않게 되었다.
5 Hobsbawm 2010, S. 62
6 Malm 2016, S. 22
7 Hobsbawm 2010, S. 46. 제임스 와트는 친구인 조지프 블랙의 '잠열' 이론을 적용한 덕에 자신의 증기 기관이 작동했다고 생각했다. 블랙이 1762년에 발표한 이 주장은 열 이론에서는 매우 중요하지만 사실 증기

기관의 작동에는 아무 역할도 하지 않았다(Allen 2009, S. 6).
8 Radkau 2008, S. 34. 스미스는 1713년에 일어난 일이라고 전해지는, 당시 널리 퍼진 소문을 다루었다. 그러나 소문 속 주인공인 험프리 포터는 당시 이미 스물네 살이었고 밸브 여닫기를 자동화하는 장치를 만들 만큼 숙련된 엔지니어였다(https://www.gracesguide.co.uk/Humphrey_Potter).
9 Phillipson, S. 131
10 조지프 블랙은 훗날 애덤 스미스의 유언 집행인 중 한 사람이 되었다. 또한, 제임스 와트가 증기 기관 개발에 필요한 초기 자금을 마련하는 데 도움을 주었다. 와트를 사업가 존 뢰벅에게 소개해주기도 했다.
11 Zitiert nach Braudel, Volume III, S. 538 f.
12 Russell, S. 178
13 많은 비평가도 화석 연료 자본주의의 축복을 인정한다: Monbiot, S. xi; Phillips, S. 262 f.
14 Ploger, S. 270
15 Allen 2017, S. 66 ff.
16 Hobsbawm 1994, S. 53

4장 순식간에 낙오된 전 세계 국가들

1 Russell, S. 220; Allen 2011, S. 58. 산업화 이전의 영국은 매년 면사 약 300만 파운드를 생산해냈던 반면 인도는 8,500만 파운드를 생산해냈다 (Allen 2009, S. 182 f.). 그러나 1880년에 이르면 영국은 전 세계 시장 점유율의 30퍼센트를 차지하게 되었다(Allen 2017, S. 42). 이 장의 일부 내용은 Herrmann 2015, S. 51 이후에도 실려 있다.
2 1842년까지 영국은 기계 수출을 엄격하게 금지했지만 설계도가 밀반출되어 다른 유럽 국가에 판매되는 일이 거듭 일어났다.
3 독일의 경제 발전에 관해서는 Herrmann 2015, S. 51 이하 참고.
4 Radkau 2008, S. 82 f.

5   Radkau 2008, S. 82
6   Allen 2017, S. 114
7   Chang 2003, S. 17 und 24 ff. 관세 문제는 미국의 끊임없는 논쟁거리였다. 북부의 '공업 도시'들은 영국과의 경쟁으로부터 자국 기업을 보호하기 위해 높은 수입 관세를 선호했다. 반면 남부는 자유 무역을 추구했다. 목화나 담배 같은 수출 농산품에는 보호주의가 필요 없었기 때문이다. 따라서 1861년부터 1865년까지 벌어진 남북전쟁에서는 노예 제도 허용 여부만이 아니라 관세 수준도 논쟁거리였다(Chang 2003, S. 27).
8   따라서 영국은 자유 무역을 이행한 최초의 국가였다. 1848년 영국은 여전히 1,146개 품목에 관세를 부과했지만 1860년에는 관세 부과 대상이 48개 품목으로 줄어들었다(Chang 2003, S. 23).
9   Wehler 1987, S. 125; Clark, S. 394
10 Radkau 2008, S. 33. Diese Angabe bezieht sich auf das Jahr 1825.
11 Wehler 1987, S. 623
12 Ziegler, S. 74 und 77 f. 애당초 소수 제조사가 기관차를 생산했으며 이 기업들은 나중에 대기업으로 성장했다. 1853년 프로이센에서 운행된 기관차 729대 중 414대를 보르시히가 제작했다. 한참 후에야 베를린의 뵐러트가 기관차 34대를 생산해냈다(Radkau 2008, S. 152).
13 Radkau 2008, S. 151
14 Wehler 1987, S. 622. 1913년까지 독일에 6만 3천 킬로미터에 이르는 철도가 건설되었다.
15 Wehler 1987, S. 97 f.
16 Hobsbawm 1997, S. 282. 베르너 지멘스는 1847년에 공장을 설립했는데, 창업 자본으로 1만 탈러가 필요했다. 당시 베를린의 숙련된 노동자의 연소득이 최대 300탈러였던 점을 감안하면 이는 엄청난 금액이다(Bähr, S. 106 f.).
17 1836년 초 마그데부르크에서 라이프치히까지 잇는 철도의 건설이 인가되었을 때 230만 탈러의 비용이 필요하리라고 예측되었다. 그런데 불과 이틀 만에 520만 달러가 모금되었다. 프랑크푸르트/오더에서 브레슬라우까지 잇는 철도 건설 때는 겨우 하루 만에 7백만 탈러가 모금되었다. 1844년 쾰른에서 크레펠트까지 잇는 철도 건설 때는 240만

탈러가 필요했는데 바로 5천 3백만 탈러가 모였다. 튀링겐 철도 회사가 1천 6백만 탈러의 주식을 발행했을 때 여기에 몰린 자금은 1억 6천 7백만 탈러에 달했다(Wehler 1987, S. 618 ff.).

18 Radkau 2008, S. 130
19 베서머법으로는 인이 없는 철광석만 제강 가능했기에 철광석에 인이 많이 함유된 독일에는 도입되기 어려웠다. 1876년~1877년에 영국의 시드니 토머스가 인이 포함된 철광석도 제강 가능한 공정을 발명했다. 1879년 5월에 이 공정이 영국에서 최초로 시행되었고, 1879년 9월에는 독일에도 도입되었다. 기술 이전 속도가 나날이 빨라진 것이다.
20 Ziegler, S. 75 f. 하지만 모든 작업이 기술화된 것은 아니었다. 지하 석탄층에서는 여전히 수작업이 주를 이루었고 광산용 말이 운송 수단으로 사용되었는데, 1900년까지 그 수가 계속 증가했다(Radkau 2008, S. 132 f.).
21 Ziegler, S. 108 ff.
22 Siehe auch Herrmann 2022, S. 115.
23 Hesse, S. 29 ff.
24 Statistisches Jahrbuch 2019, S. 528
25 Radkau 2008, S. 134
26 Radkau 2008, S. 272
27 Radkau 2008, S. 176 ff.
28 Bahr, S. 76
29 Bahr, S. 240 f.
30 Radkau 2008, S. 176
31 Radkau 2008, S. 182
32 Radkau 2008, S. 142. 이 목록은 1897년 영국 의회의 공식 보고서에 실려 있다. 당시 영국은 독일이 영국 산업을 세계 시장에서 밀어낼까 봐 우려했다.
33 Radkau 2008, S. 198
34 Tooze, S. 135 ff.
35 Tooze, S. 178. 투즈는 농가가 가난에서 벗어나려면 최소 20헥타르의 땅을 가져야 한다고 가정한다.

36　Tooze, S. 138
37　Maddison, S. 132
38　1945년 이후의 독일의 경제사에 관해서는 Herrmann 2022 참조.
39　Wenzlaff, Adriana, »Made in Germany«—125 Jahre Automobil. In: Munchner Statistik, 4. Quartalsheft, Jahrgang 2011, S. 21. Die Zahl bezieht sich auf das Jahr 1927.
40　Rahlf (Hg.), S. 231
41　Radkau 2008, S. 334
42　Statistisches Jahrbuch, S. 494. 독일농민연합(Deutscher Bauernverband)의 보고에 의하면 현재 농업 분야 일자리 한 곳당 약 60만 유로의 장비와 건물이 필요하다. 이 추세는 더욱 심화되고 있다.

5장　글로벌 사우스가 고소득국을 따라잡지 못하는 이유

1　Allen 2011, S. 50 f.
2　방글라데시의 일반적인 최저 임금은 월 1,500타카이고, 의류 산업 분야는 월 5,300타카다. 미화 1달러는 86.6타카다(2022년 5월 4일 기준). 따라서 재봉사의 월 소득은 61달러 정도이다(www.minimum-wage.org/international/bangladesh).
3　Brand/Wissen, S. 54
4　Allen 2011, S. 136 ff. MITI는 Ministry of Economy, Trade and Industry의 약자로, 일본의 통상산업성을 의미한다. 일본은 재앙과 같은 부동산 위기에 빠지면서 1990년대에 호황이 끝났다. 그러나 이러한 붕괴는 일본의 경제 성장률 감소를 유발한 원인이 아니라 방아쇠에 불과했다. 근본적인 원인은 일본이 최첨단 기술 수준에 도달해 기술의 진보 이상으로 성장할 수 없었다는 데 있다. 이러한 고소득국의 생산성은 기껏해야 1년에 최대 1.5퍼센트밖에 증가하지 않는다.
5　Mazzucato 2021, S. 29 f.
6　Allen 2011, S. 128 f.

7   Chang 2003, S. 67
8   Allen 2009, S. 217. 독일의 섬유 산업은 모방자들이 취한 전형적인 지름길을 보여준다. 1850년까지는 가내 수공업이 통용되다가 갑자기 '완전 통합형 공장'이 나타났다. 당시 기술 비용이 저렴해진 덕분에 모든 생산 단계가 기계로 작동되었던 공장이었다. 즉 가내 수공업에서 대기업 체제로 전환되는 과정에서 중간 단계가 없었다(Radkau 2008, S. 83).
9   전 세계 여아 가운데 아프가니스탄이나 남수단처럼 여성 교육이 거의 이루어지지 않는 나라에 사는 비율은 2퍼센트에 불과하다(Rosling, S. 29).
10 McAfee, S. 194; Pinker, S. 95 und 257
11 McAfee, S. 169, 항공공학자 피터 디아만디스의 말을 인용하고 있다.
12 Rosling, S. 92; Klingholz, S. 272 ff.
13 Klingholz, S. 275
14 이 수치는 구매력 평가(purchasing power parity)를 반영한 것이다. 독일보다 방글라데시의 물가가 훨씬 낮고, 그곳에서는 1달러로 더 많이 구매할 수 있다는 점이 고려되어 있다.
15 글로벌 사우스 국가들은 자신들의 시장이 더 커져야만 한다는 사실을 알고 있다. 그래서 2019년 아프리카 내에서 모든 무역 장벽을 철폐하기 위해 아프리카대륙자유무역지대(AfCFTA)가 설립되었다. 에리트레아만 참여하지 않았다. 이러한 접근 방식은 옳지만, 아프리카가 기술적으로 낙후되어 있다는 사실은 바꾸지 못한다. 중국처럼 자국 내 산업화를 체계적으로 통제할 수 있는 막강한 중앙 정부가 아프리카 국가들에 없기 때문이다.
16 Osterhammel/Petersson, S. 51
17 섬유 같은 수출품 분야에만 최저 임금이 적용되는 것이 중요하다. 글로벌 사우스의 내수 시장에도 보편적인 최저 임금이 도입되면, 그에 상응하는 국내 공급이 없는데 임금이 높아지게 되어 많은 국가에서 인플레이션이 발생한다. 기술적으로 표현하자면 실질 임금은 국가의 생산성보다 높을 수 없다.
18 2022년까지 약 140개 국가가 연매출 7억 5천만 유로 이상의 대기업들에게 최소세율 15퍼센트를 적용하기로 합의했다. 전 세계적으로 1조 5천억 유로에 달하는 추가 세수를 거둘 수 있을 것으로 예상된다. 이

프로젝트는 두 가지 개혁안으로 구성되어 있다. 첫째, 어떤 조세 도피처 국가가 기업에게 15퍼센트 미만의 법인세를 부과할 경우 기업의 본사가 있는 국가에서 추가로 나머지 법인세를 부과한다. 독일은 16억에서 62억 유로 사이의 추가 세수를 거둘 것으로 예상된다(ifo-Institut, Mindeststeuer, 18. 3. 2022). 둘째, 기업이 매출을 올린 국가에 세금도 납부하게 한다. 지금까지 기업들은 소재지로 등록된 국가에만 세금을 납부했다. 이로써 특히 대형 신흥국들이 혜택을 입게 될 것이다. 독일은 2023년 1월 1일부터 최저세율을 도입할 예정이다(dpa, 16. 1. 2022)(2024년부터 독일에 최저세율이 도입되었다—옮긴이). 하지만 글로벌 최저세율도 부자들이 여전히 개인 소득을 조세 도피처에 이전하는 것을 막지 못한다.

19 »Ziel ist Migrationsverhinderung«, Interview mit Aram Ziai, taz, 18.8.2021
20 중국은 한때 가난했던 나라가 일단 보호무역을 표방하면서 산업화했을 때 서방 국가가 얼마나 많은 이익을 볼 수 있는지 보여주는 가장 좋은 예다. 현재 중국은 독일의 가장 중요한 무역 파트너다. 2021년 1,418억 유로 상당의 제품이 중국에서 수입되었고, 1,037억 유로 상당의 제품이 중국으로 수출되었다(www.destatis.de/DE/Themen/Wirtschaft/Aussenhandel/handelspartner-jahr.html).

6장   착취와 전쟁은 오히려 자본주의를 해친다?

1 Phillips, S. 257 f. 참조.
2 고대 그리스의 노예들은 대부분 흑해 지역, 발칸 반도, 소아시아 출신이었다. 대개 전쟁에서 패배한 나라 사람이었지만, 계획적인 인간 사냥과 납치에 의해 끌려온 사람도 있었다. 고대 로마인들도 이 지역들에서 노예를 공급받았지만 이들은 그리스인과 게르만인도 노예로 부렸다. 스스로 노예로 팔려가는 사람도 있었다. 가난한 로마인은 생존을 위해 노예가 되기를 자청했다(Eckert, S. 25 ff.).

3   Eckert, S. 11 ff.
4   Eckert, S. 41. 1530년부터 1780년 사이에 유럽인 수십만 명이 북아프리카인들의 노예가 되거나 노예 신분에서 풀려났다. 가장 유명한 희생자가 바로 『돈키호테』의 작가 미겔 데 세르반테스 사아베드라로, 그는 5년 동안 알제리에 억류되었다가 몸값을 내고 풀려났다. 18세기 중반이 되어서야 유럽의 해군력이 우세해지면서 북아프리카의 해적 국가들을 물리칠 수 있었다.
5   Allen 2011, S. 97
6   Eckert, S. 36 ff.
7   Eckert, S. 39
8   아프리카의 해안은 너울이 강하고 거의 모든 곳에 모래섬이 있기에 유럽인이 침입하기에 적합한 곳이 아니었다. 그래서 유럽인의 배는 대개 먼 바다에 정박해 있었고 현지 뱃사람이 그들을 육지로 데려가야 했다. 서아프리카의 통치자들은 노예를 팔아서 산 무기로 무장했기에 그들의 영토를 정복하는 건 상상도 못 할 일이었다. 1808년 영국이 노예 무역을 금지하고 더 이상 아프리카에 무기를 제공하지 않자 비로소 이 통치자들의 군사력이 약해졌다(Darwin, S. 43 f.).
9   아프리카에 대한 미화된 관점은 다음에서 찾아볼 수 있다. Hasters, S. 30 und 57.
10 Eckert, S. 50. 아프리카 내에도 인간 사냥으로 인한 희생자가 무수히 많았다. 노예 무역은 아프리카에 이미 존재했던 갈등을 심화하고 장기화했다(Eckert, S. 94).
11 Eckert, S. 51 f.
12 Eckert, S. 52. 1808년에 영국은 노예 무역을 금지했다. 그럼에도 미국에서 노예의 수는 증가했는데, 노예의 아이들도 자유의 몸이 아니었기 때문이다.
13 18세기 중반에 매릴랜드, 버지니아, 노스캐롤라이나는 세계 최대의 담배 생산지였고 14만 5천 명의 노예가 일했다. 보다 남쪽인 조지아와 사우스캐롤라이나에서는 노예 약 4만 명이 벼농사로 혹사당했다(Eckert, S. 68 f.).
14 Eckert, S. 70 f.

15 Vries, S. 255
16 Siehe Herrmann 2018, S. 57 ff.
17 1807년 미시시피의 한 목화 플랜테이션 농장은 투자 자본 대비 22.5 퍼센트의 연수익률을 달성했다(Beckert, S. 124).
18 Allen 2011, S. 72
19 영국도 노예를 부리면 이익이 남지 않는다는 것을 경험했다. 초기에 섬유 업계 공장주들은 모든 권리를 박탈당한 고아들을 이용해 방직 공장을 운영하려고 했다. 이러한 '백인 노예'는 영국의 많은 지역의 구빈원이 과부하되면서 생겨났고, 고아들은 숙식만 제공해주는 공장에 맡겨졌다. 대다수 아이가 제대로 먹지 못하고 평생 큰 해를 입었음에도 이 아이들을 노예로 부리는 비용은 너무 비쌌다. 아이들은 계속 도망치려 했고 의욕이 부족했으며 집중하지 못했다. 공장주들은 차라리 부모가 있는 아이들을 고용해서 정기적으로 보수를 주는 편이 훨씬 더 싸게 먹힌다는 점을 깨달았다. 이리하여 아동 노예제가 아닌, 아동 노동이 시작되었다(Malm 2016, S. 131 ff.).
20 Beckert, S. 12
21 Vries, S. 254
22 Marx, Das Kapital, S. 779. Heute ahnlich: Phillips, S. 257
23 Marx, Das Kapital, S. 781. 마르크스는 '원시적 축적'에 식민지와 노예 제도뿐만 아니라, 그의 관점에서 자본주의를 가능하게 했던 모든 요인을 포함했다. 조합 강제 폐지, 농노제 종식, 자본주의적 지주 계급의 형성, 공유지의 사유화, 농지를 목초지로 전환, 종교개혁 후 교회 재산의 대규모 약탈, 증권 거래와 현대식 은행 제도, 임금 억제법, 국가 채무 등에 관한 내용을 다루었다(자세한 내용은 『자본론』 24장 참조).
24 Marx, Das Kapital, S. 787. 이러한 관점은 오늘날에도 존재한다. Beckert, S. 63.
25 Beckert, S. 63; Eckert, S. 89
26 Vries, S. 257; Eckert, S. 49
27 Vries, S. 257; Kocka, S. 58 f.
28 예를 들면 Hasters, S. 62 f. und 170 f; Brand/Wissen, S. 74; Kleinschmidt, S. 19.

29 Zitiert nach Vries, S. 247
30 Vries, S. 249. 이 수치는 소위 은 환산치다. 금 채굴량도 은의 가치로 환산해서 전체적인 규모를 가늠해보았다.
31 Vries, S. 250 ff. 러시아인이나 아랍인도 유럽 상품에는 관심이 없었다. 1600년부터 1800년까지 400톤의 은이 중동으로, 459톤이 발트해 국가들과 러시아로, 461톤이 극동으로 흘러들어갔다. 게다가 채굴 비용과 운송 비용을 충당하기 위해 은의 대부분이 미 대륙 현지에 남아 있었다. 그래서 유럽보다 남미의 1인당 은 보유량이 더 많았다. 하지만 소수 대지주가 모든 부를 장악했기에 산업화는 일어나지 않았다(Allen 2011, S. 76 f.).
32 Vries, S. 250 ff.
33 Vries, S. 247
34 Herrmann 2018, S. 59 ff. 1769년부터 갠지스 평원에 심한 가뭄이 발생했다. 이미 수출용 작물 생산을 위해 많은 농경지의 용도가 변경된 상황이라 수확량이 극심하게 낮아졌다. 농민들은 곡물 대신 양귀비를 재배해 아편을 생산해야 했고 영국의 동인도회사는 이 아편을 중국에 팔아 많은 이익을 얻었다. 그래서 가뭄이 들었을 때 곡물 비축 창고는 텅 비어 있었다. 그럼에도 영국인들은 인도의 다른 지역에서 가뭄이 든 지역으로 곡물을 보내지도 않았고, 어려움에 처한 인도를 무시하며 자신들의 이익만 챙겼다. 가뭄으로 아편 생산량이 감소하자 농민들에게서 더욱 혹독하게 세금을 징수할 뿐이었다. 당시 벵골 인구의 최대 3분의 1이 굶어 죽었다.
35 인도로 파견된 영국인들은 몇 년 만에 큰 부자가 되어 영국으로 돌아왔다. 영국에는 이를 지칭하는 단어가 생겼는데, "나바브(Nabobs)"(통치자, 대부호라는 뜻이다―옮긴이)는 벵골의 군주를 칭하는 "나와브(Nawab)"에서 유래한 것이다. 이런 대부호들은 철저한 증오의 대상이었다. 인도에서 약탈한 재물로 오래된 귀족의 땅을 매입해 의회에서 의석을 확보했기 때문이다. 이들은 하원 내에서 로비 세력을 이루었으며 동인도회사의 특권을 유지하기 위해 권력을 행사했다.
36 Vries, S. 271. 이 수치에는 미국과 카리브해 국가들도 포함되어 있기에 인도의 중요도는 훨씬 떨어진다. 더 자세한 내용은 Osterhammel/

Petersson, S. 42. 참조.
37 Chang 2003, S. 45
38 Vries, S. 271 und 301. 1815년부터 1913년까지 유럽의 곡물 생산량은 3배 증가한 반면 인구는 2배 증가했을 뿐이다.
39 Smith, S. 308
40 Brand/Wissen, S. 83
41 Osterhammel/Petersson, S. 71. 러시아와 오스만 제국의 식민지는 포함되어 있지 않다.
42 1683년 프로이센의 선제후 프리드리히 빌헬름이 오늘날의 가나에 최초의 식민지를 세웠다. 약 30킬로미터 길이의 해안에 세워진 이 식민지는 '대프리드리히스부르크(Groß Frierichsburg)'라고 불렸다. 하지만 식민지 사업은 일찌감치 실패하여 1717년에 프로이센은 공식적으로 포기했다.
43 Conrad, S. 52 f. 1만 4천 명의 독일 병사 중 약 1,500명이 질병과 군사 행동으로 목숨을 잃었다.
44 Conrad, S. 54
45 Conrad, S. 60 f.
46 Conrad, S. 10
47 Levinson, S. 15; Conrad, S. 18
48 오늘날까지 제1차 세계대전의 책임이 독일에만 있는지에 대한 논쟁이 지속되고 있다. '독일 단독 책임론'에 힘을 실어주는 주장은, 독일의 장군들이 어떠한 방어 전략도 수립하지 않았다는 점이다. 대신 독일의 장군들은 무려 벨기에와 프랑스를 공격함으로써 독일을 방어하려고 했다. 즉, 독일에는 전쟁 외의 다른 선택지가 아예 없었던 반면, 프랑스의 국방 체계는 순전히 방어 중심이었다.
49 영국의 언론인 노먼 에인절은 1910년에 저서 『위대한 착각(The Great Illusion)』에서 유럽에서의 전쟁은 "상업적 관점에서 자살 행위"라고 예견했다. 이 책은 베스트셀러가 되어 불과 1년 만에 15개 국 언어로 번역 출간되었다.
50 www.sahra-wagenknecht.de/de/article/487.kapitalismus-heisstkrieg.html

51 Bilmes, Linda/Joseph Stiglitz, The Three Trillion Dollar War. The True Cost of the Iraq Conflict(Norton 2008)
52 2003년에 유가는 1배럴당 32달러였다. 당시 미국은 하루에 930만 배럴의 석유를 수입했고 연간 1,090억 달러를 지출했다. 하지만 이라크 전쟁으로 전 세계의 석유 공급량이 부족해지자 유가는 2배 이상 상승했다. 만약 전쟁의 목적이 정말 석유였다면 미국은 스스로 손해를 자초한 셈이다.
53 산업 분야와 마찬가지로 군사 분야에도 꾸준히 더 많은 자본이 투입되고 있다. 1950년부터 1954년까지의 한국전쟁에서 적군 1명을 해치우는 데 제2차 세계대전의 10배나 많은 비용이 지출되었다. 그러나 1955년부터 1975년까지의 베트남전쟁에서 확인할 수 있듯이 많은 자본을 투입한다고 승리가 보장되진 않는다(Milward, S. 170).
54 1784년의 연철법, 1856년의 베서머법, 1864년의 평로법, 1950년의 산소제강법은 철강 산업의 중대한 발전이 되었다.
55 Radkau 2008, S. 267. 유럽에서 전쟁이 끊이지 않자 각국은 이웃 국가의 기술 혁신을 최대한 빨리 받아들임으로써 군사적으로 불리한 상황에 처하지 않으려고 애썼다. 따라서 전쟁은 유럽에서 혁신이 빠르게 퍼진 이유 중 하나다. 하지만 군사적 대립은 어떻게 기술 혁신이 일어났는지 자체를 설명하진 못한다.

7장 확장 아니면 붕괴? 자본주의가 성장해야 하는 이유

1 2000년부터 2019년까지 연평균 성장률은 2.8퍼센트였다. 그러나 코로나19 팬데믹으로 2020년에는 급하락하여 -3.1퍼센트를 기록했다.
2 Klingholz, S. 258; Raworth, S. 247 f.
3 Zitiert nach Binswanger, S. 23
4 지구생태자원용량초과의 날(Earth Overshoot Day)은 비영리 단체인 지구생태발자국네트워크(Global Footprint Network)가 매년 계산한다. 자연이 재생할 수 있는 것보다 더 많은 생태 자원을 인류가 소비한 날이다.

5   Chancel et al., S. 196
6   Brand/Wissen, S. 24
7   www.statistics.gr/en/statistics. 그리스의 경제는 2016년까지 계속 위축되었고 이후에도 거의 회복되지 못했다. 2020년에는 코로나19 팬데믹 때문에 성장률이 9퍼센트 추가 하락했다.
8   https://blogs.lse.ac.uk/greeceatlse/2021/03/10/discussing-the-braindrain/. 유로 위기에 관해서는 Herrmann 2022, S. 233 이하 참조. 유로존이 완전히 잘못된 정책을 추진한 탓에 그리스는 불운을 겪어야 했다. 경기 부양책도 없었을뿐더러 국가는 긴축 재정을 요구받아 경제 위기는 더 심각해졌다. 치명적인 악순환이 계속되었다. 실업자들이 더 이상 소비를 할 수 없게 되자 더 많은 상점과 공장이 문을 닫아야 했다. 수요가 또 감소하면서 다시 많은 사람이 일자리를 잃었다.
9   Jackson 2021, S. xv
10 www.wu.ac.at/other/zukunftsperspektiven-nach-der-coronakrise-1/corona-qa-details/detail/was-hat-corona-bis-jetzt-den-oesterreichischen-staat-gekostet. 7백억 유로는 코로나로 인한 세수 감소도 반영된 금액이다.
11 www.admin.ch/gov/de/start/dokumentation/medienmitteilungen. 4천억 프랑은 '단축근로수당' 같은, 코로나19 팬데믹으로 인해 생겨난 지출만 반영된 금액이다. 팬데믹으로 인한 세수 감소는 반영되지 않았다.
12 Klingholz, S. 260; Phillips, S. 59; Kern, S. 190
13 Binswanger, S. 101 ff.
14 자세한 돈의 역사에 대해서는 Herrmann 2015, S. 109 이하 참조.
15 Mundell, S. 5
16 Van de Mieroop, S. 212
17 나중에 채무 증서는 매력을 잃었고, 중세에는 원래 아랍인들이 발명했던 어음으로 대체되었다. 기본 원리는 단순하다. 상품 판매자가 고객에게 상환을 유예해주는 것이다. 대개 3개월 동안이며 일종의 단기 대출이다. 이 내용은 판매자가 발행하고 구매자가 수락하는 어음에 기록된다. 유효 기간 동안 어음은 제3자에게 양도되어 일종의 지불 수단으

로 사용될 수 있다. 수백 년에 걸쳐 어음 거래 방식은 점점 정교해졌고, 상인들은 기초 거래 없이도 어음을 발행할 수 있다는 사실을 깨달았다. 상품 거래 대신 어음을 이용해 돈처럼 쓸 수 있는 권리를 만들어 결과적으로 돈을 벌기 시작한 것이다.

18　Binswanger, S. 12 und 50; Jackson 2021, S. 28 f.
19　Kennedy, S. 20
20　Kennedy, S. 22
21　Binswanger, S. 95 f.
22　Galbraith 1999, S. 217 ff.
23　Schmelzer/Vetter, S. 57; Harald Welzer uber Aufhoren, SZ-Interview, 13.11.2021
24　1929년에 시작된 세계경제대공황 이후 존 메이너드 케인스의 통찰을 바탕으로 하는 새로운 경제 이론이 탄생했다. 그는 국가가 빚을 내서 추가 수요를 창출함으로써 불황을 어떻게 극복할 수 있는지 체계적으로 서술한 최초의 경제학자다. 케인스 이론은 Herrmann 2018, S. 181 이하 참조.
25　Mazzucato 2019, S. 220 f.
26　GDP를 개혁하고 보완하려는 몇 가지 지수를 언급하겠다. UN은 17개 항목이 들어간 '지속가능발전목표'를 발표했다. 여기에는 특히 성평등을 비롯하여 깨끗한 물과 위생 시설에 접근할 수 있는 권리가 포함된다. 또한 UN은 노벨경제학상 수상자인 아마티아 센이 만든 '인간개발 지수(Human Development Index)'도 활용하고 있다. 개인이 자신의 잠재력을 실현할 수 있는 기회를 얼마나 가졌는지 측정하는 지수다. 한편 OECD는 시민 참여와 일과 삶의 균형(Work-Life-Balance)을 고려한 '더 나은 삶 지수(Better Life Index)'를 발표했다. 그 밖에 소득 불균형이나 가사 노동, 온실가스 배출 비용, 교통 사고, 대기 오염 비용 등을 측정하는 독일의 '국가 복지 지수(National Welfare Index)'도 있다.
27　독일의 녹색당 소속인 로베르트 하벡 경제부 장관은 2022년 1월 처음으로 GDP뿐만 아니라 사회 및 환경 지표도 반영된 연간 경제 보고서를 발표했다. 여기에는 '여성 리더 비율', '지하수의 질산염 감소', '부

모와 자녀 간 교육 성과 이동성' 등이 반영되어 있다. 이러한 지표들을 종합한 결과는 아직 불완전하지만, 차기 연간 경제 보고서에서 보충될 예정이다. 또한 이 지표들의 목표는 GDP를 대체하는 것이 아니라 보완하는 것이다(Bundesministerium für Wirtschaft und Klimaschutz, S. 79 ff.).

8장 번영의 대가는 파괴되는 세계

1   https://ourworldindata.org/grapher/years-of-fossil-fuel-reservesleft
2   Rahmstorf/Schellnhuber, S. 48 ff.
3   Rahmstorf/Schellnhuber, S. 47; Ploger, S. 48 f.
4   www.tagesschau.de/inland/deutschlandtrend/deutschlandtrend-1645.html. 극우 정당인 '독일을위한대안당(AfD)'에 특히 이런 회의론자들이 많다. 이들의 지지자 중 60퍼센트만 인간이 기후 변화를 초래했다고 여긴다.
5   Rahmstorf/Schellnhuber, S. 26
6   Latif, S. 84 f.
7   지난 1만 년 동안 지구의 기온은 평균치인 14도를 중심으로 ±1도 범위 내에서 변동했다.
8   일부 회의론자는 단지 태양의 활동이 변했기에 기후 변화가 일어난 것이라고 주장한다. 하지만 태양의 활동은 40년째 계속 감소 중이므로 이 주장은 확실히 잘못되었다. 2008년과 2018년에 태양의 광도가 사상 최저치에 도달했는데도 기록적인 폭염이 지구를 강타했던 것이다. 따라서 이들의 의견과 정반대되는 주장이야말로 사실이다. 태양광이 약하지 않았다면 지구는 훨씬 더 더웠을 것이다(Rahmstorf/Schellnhuber, S. 39 f.).
9   taz-Interview mit Anders Levermann, 29.11.2020
10 Rahmstorf/Schellnhuber, S. 25; Raworth, S. 48
11 Neubauer/Repenning, S. 60
12 Neubauer/Repenning, S. 75

13 Lomborg, S. 3.
14 "I don't want your hope. I want you to panic. I want you to feel the fear I do. Every day. And I want you to act. I want you to behave like our house is on fire. Because it is."
15 Lomborg, S. 4
16 Foer, S. 187. Ahnlich Ulrich, S. 145 f.
17 Das Weltklima gerat aus den Fugen, Spiegel, 11.8.1985, S. 122
18 Mauern gegen das Meer. Süddeutsche Zeitung, 30.10.2021. 하지만 기상학회는 2100년까지 해수면이 2미터 상승할 가능성이 있음을 인정했다. https://www.knmi.nl/kennis-en-datacentrum/achtergrond/knmiklimaatsignaal-21.
19 Dem Untergang geweiht, Suddeutsche Zeitung, 13.10.2021
20 Zitiert nach Reimer/Staud, S. 169
21 Rahmstorf/Schellnhuber, S. 59
22 Dem Untergang geweiht, Suddeutsche Zeitung, 13.10.2021
23 1993년부터 위성을 통해 해수면 상승을 관측해왔다. 이 시기 해수면 상승 요인들의 기여도를 따져보면 물의 열팽창은 42퍼센트, 산악 빙하는 21퍼센트다. 그린란드의 빙하가 녹는 현상은 15퍼센트, 남극의 빙하 감소는 8퍼센트 정도 해수면 상승에 기여했다(Rahmstorf/Schellnhuber, S. 63).
24 dpa, 5.5.2020
25 Welche Zukunft darf es sein?, Suddeutsche Zeitung, 15.11.2021
26 Monbiot, S. 9 f. 아마존 열대우림 벌목은 초원화를 가속화하고 있다. 그동안 전체 면적의 17퍼센트가 벌채되었고, 브라질에서는 이미 20퍼센트에 달한다. 나무의 약 25퍼센트가 사라지면 열대우림은 더 이상 비를 생성하지 못해서 메말라버린다(Plöger, S. 227)
27 Reimer/Staud, S. 323
28 기후 변화로 인한 많은 현상이 전혀 예상되지 못했거나 잘못 예측되었다. 한때 북극의 성층권은 '정말 깨끗하다'고 간주되었다. 하지만 2021년 가을, 한 연구에 의해 시베리아의 대형 산불 때문에 고도 약 7킬로미터 지점에 그을음 입자가 대량으로 축적되어 있다는 사실이 밝혀

졌다. 이 그을음 입자는 오존층을 교란하여 유해한 자외선이 더 강하게 지구로 침투하게 만든다(Es qualmt über der Arktis, Süddeutsche Zeitung, 22.11.2021).

29 Wie im Sommer des Jahres 2090, Suddeutsche Zeitung, 18.6.2019
30 Rahmstorf/Schellnhuber, S. 59. 2018년 기후 변화의 76퍼센트는 이산화탄소가 원인이었는데, 이 중 66퍼센트는 화석 연료, 10퍼센트는 농업과 임업으로 생겨난 것이었다. 17퍼센트는 메탄, 5퍼센트는 아산화질소, 2퍼센트는 불화온실가스가 원인이었다(Die Atmosphäre als Müllhalde, MCC Pressemitteilung, 10.11.2021).
31 2021년 여름, 캐나다뿐만 아니라 미국의 오리건주, 워싱턴주, 캘리포니아주, 애리조나주, 네바다주, 유타주에서도 산불이 발생했다. 코로나19 팬데믹 시기에 여러 차례의 봉쇄 조치로 공공 생활이 완전히 멈춤 상태에 이르면서 미국의 이산화탄소 배출량은 대폭 감소했는데, 이 산불로 그만큼의 이산화탄소가 다시 배출되었다.
32 Zahlen liefern keinen Grund zur Entspannung, taz, 10.11.2021.
33 https://crowtherlab.pageflow.io/cities-of-the-future-visualizing-climate-change-to-inspire-action?utm_source=Guardian&utm_medium=OnlineCoverage&utm_campaign=Cities2050#213121
34 가뭄이 심했던 2020년 브란덴부르크주의 1제곱미터당 강수량은 511.4리터에 불과했고, 작센-안할트주는 499.9리터였다. 반면 바이에른주는 861리터, 바덴-뷔르템베르크주는 816리터였다. 2021년에는 비가 좀 더 내렸지만 비슷한 양상이었다. 브란덴부르크주의 강수량은 600.6리터, 작센-안할트주는 582.4리터를 기록했다. 바이에른주는 962.8리터, 바덴-뷔르템베르크주는 980.9리터였다(Deutscher Wetterdienst, Klimastatusbericht Deutschland).
35 Rahmstorf/Schellnhuber, S. 53
36 Deutscher Wetterdienst, Faktenpapier Extremwetterkongress (Oktober 2021), S. 10
37 Latif, S. 40 f.
38 Interview mit dem Hydrologen Dietrich Borchardt, taz, 6.7.2020
39 Buscher, S. 117

40 1833년에 이미 가문비나무 단일 재배지가 나무좀을 끌어들인다는 사실이 알려졌다. 당시 하노버의 산림 감독관은 "곤충떼"가 습격할 것이라고 경고했다(Radkau 2000, S. 247).
41 Angriff auf den Wald, Suddeutsche Zeitung, 7.8.2021
42 »Das Problem ist, dass wir Holz verschwenden«, Suddeutsche Zeitung, 2.10.2020
43 Deutscher Bundestag, S. 19

9장 결코 사라지지 않는 이산화탄소

1 2022년 4월, 1백만 개의 공기 입자에서 420개의 이산화탄소 분자가 측정되었다. 이 수치는 지금까지의 최고 기록이다. 이산화탄소 농도는 1년 중 계절 변화가 큰 영향을 미치는 4월에 가장 높다. 식물은 이산화탄소를 흡수한 뒤 광합성을 통해 산소로 변환하는데, 겨울에 활엽수는 잎이 없어서 광합성을 하지 못한다. 북반구의 식생은 전 세계 식물량에서 가장 많은 비중을 차지하기에 북반구의 계절은 매우 중요하다. 따라서 9월에 이산화탄소 수치가 가장 낮으며, 2021년에는 공기 입자 1백만 개당 이산화탄소 분자 약 413개가 측정되었다.
2 www.umweltbundesamt.de/sites/default/files/medien/publikation/long/3447.pdf, S. 6
3 www.umweltbundesamt.de/themen/wasser/gewaesser/grundwasser/nutzung-belastungen/carbon-capture-storage#positionspapiere-des-umweltbundesamts
4 Quaschning, S. 123
5 에너지를 많이 소비하는 탄소 격리 기술을 경제적으로 운용할 가능성이 있는 유일한 방법은 '3차 회수(tertiary recovery)'에 이산화탄소를 사용하는 것이다. 이미 미국에서는 이 기술이 거의 50년 전부터 사용되었다. 유전에서 더 이상 기존 방식으로 남은 석유를 뽑아낼 수 없을 때 이산화탄소를 주입해 석유를 짜낸다. 지금까지는 천연자원에서 얻은 이산화

탄소만 3차 회수 기술에 사용해왔지만 화석 연료 발전소에서 나온 이산화탄소로 대체할 수도 있다고 한다. 하지만 이렇게 해도 대기 중 이산화탄소는 감소하지 않는다. 오히려 그 반대다. 추가로 채굴된 석유가 연소되면 온실가스가 발생하기 때문이다(Deutscher Bundestag, S. 11 und 25).

6 Abscheidung und Speicherung von CO2, Geoengineeringmonitor.org
7 Deutscher Bundestag, S. 49
8 Gopel, S. 110; Wallace-Wells, S. 169
9 Deutscher Bundestag, S. 9 f. 최근 프라이부르크대학은 대기 중 이산화탄소를 직접 제거하는 데 얼마나 많은 에너지가 필요한지 계산했다. 필터가 제조되고 폐기되기까지의 총 수명도 반영되었다. 이 시설을 천연가스로 가동하는 경우 1톤의 이산화탄소를 포집할 때 0.3톤의 이산화탄소가 발생한다고 한다. 현재로서는 애초에 이산화탄소를 배출하지 않는 것이 효율적이다(idw, 29.10.2021)
10 외르겐 피사르츠 계산.
11 Sinn, S. 299 f. 전 세계의 오래된 가스전과 유전에 최대 900기가톤의 이산화탄소를 저장할 수 있다. 폐광산에는 200기가톤의 이산화탄소를 저장 가능하므로, 총 1,100기가톤의 이산화탄소를 저장할 수 있는 셈이다.
12 이산화탄소 환산량으로 계산한 것이다. 기후에 끼치는 영향에 따라 메탄, 아산화질소, 불소화 온실가스를 이산화탄소로 환산했다.
13 이산화탄소가 깊은 곳에 저장되면 지구 내부 압력과 열이 증가함에 따라 저절로 압축된다. 최소 지하 800미터 지점이 적합하다(www.bgr.bund.de/DE/300Themen/Nutzung_tieferer_Untergrund_CO2Speicherung/CO-2Speicherung/FAQ/).
14 Deutscher Bundestag, S. 13
15 Deutscher Bundestag, S. 14
16 www.bgr.bund.de/DE/Themen/Nutzung_tieferer_Untergrund_CO2Speicherung/CO2Speicherung/FAQ/faq_inhalt.html?nn=1547466#speichermoeglichkeiten. 독일의 고갈된 가스전은 약 27억 톤의 이산화탄소를 수용할 수 있다. 반면 옛 석유 매장지는 거의 역할을 하지

못한다. 이산화탄소 저장 가능 용량이 1억 3천만 톤에 불과하기 때문이다.

17 https://www.umweltbundesamt.de/daten/klima/treibhausgasemissionen-in-deutschland/kohlendioxid-emissionen#kohlendioxid-emissionen-im-vergleich-zu-anderen-treibhausgasen. 이산화탄소 환산량으로 계산한 것이다. 기후에 미치는 영향에 따라 아산화질소와 메탄을 이산화탄소로 환산했다.

18 www.lbeg.niedersachsen.de/energie_rohstoffe/co2speicherung. 아무 근거 없이 이산화탄소를 염수 대수층에 주입하면 염수가 상승할지도 모른다고 우려하는 것이 아니다. 이미 독일 노르트헤센에서 유사한 상황이 관찰되었다. 이곳 칼륨 광산에서 생성된 알칼리성 용액이 풀다라는 작은 지역에 있는 세립질 석회암층의 약 500미터 깊이까지 밀려 들어갔다. 그러자 그곳에 있던 염수가 압력을 받아 위로 밀려난 바람에 현재 이 지역의 급수도 영향을 받고 있다(Deutscher Bundestag, S. 15).

19 Sinn, S. 301

20 Pötter 2021, S. 214. 2008년 6월 20일부터 2013년 8월 29일까지 케친의 염수 대수층에 67,271톤의 이산화탄소가 저장되었다. 이 프로젝트는 포츠담에 있는 독일지구과학 연구소에서 맡았다. 원래 독일에서는 다른 세 프로젝트도 진행 중이었는데, 이산화탄소를 지하에 주입하기도 전에 일찍이 중단되었다. 에너지 기업 RWE는 노르트프리스란트, 스웨덴의 전력 회사 바텐폴(Vattenfall)은 오스트브란덴부르크에서 각각 프로젝트를 진행했으며, 바텐폴과 에너지 기업 GDF SUEZ 등이 협력한 연합 프로젝트 클린(CLEAN)은 작센-안할트의 알트마르크에서 진행되었다. 세 프로젝트 모두 지역 주민의 반대로 좌절되었다(Deutscher Bundestag, S. 6).

21 Deutscher Bundestag, S. 23. 슬라이프너는 노르웨이 해안에서 서쪽으로 260킬로미터 떨어진 곳에 있으며 스타방에르와 거의 같은 위도에 위치한다.

22 Geoengineeringmonitor.org. 독일의 연구 프로젝트 시디알메어(CDRmare)는 현재 해저 저장소가 실제로 어느 정도 밀폐되고 있는

지 연구한다(Der Ozean als CO2-Schlucker, Süddeutsche Zeitung, 29.3.2022).
23 Weg mit dem Klimakiller, Süddeutsche Zeitung, 10.12.2021. 북해 아래에 저장할 수 있는 이산화탄소 용량은 총 2천억 톤에 달할 것으로 추정된다(Pötter 2021, S. 222).
24 오르카는 두 국가가 참여한 합작 벤처로, 스위스 회사 클라임워크스는 대기 중 이산화탄소를 걸러내고, 아이슬란드 기업 카르브픽스(Carbfix)는 이산화탄소를 현무암에 주입하는 기술을 개발했다.
25 Deutscher Bundestag, S. 14
26 Begraben in der Tiefe des Gesteins, taz, 23.10.2021
27 Way et al., S. 9. 새로운 이산화탄소 저장 방법에 대한 연구는 끝나지 않았다. 현재 시디알메어는 독일의 북해와 동해에 석회를 투입해 해수가 더 많은 이산화탄소를 흡수할 수 있는지 연구 중이다. 이산화탄소 1톤당 약 5톤의 석회를 필요로 한다. 하지만 나중에 석회가 침전되는지의 여부는 아직 명확하지 않다. 이산화탄소를 흡수하는 플랑크톤과 조류가 더 많이 생성될 수 있도록 바다에 거름을 주는 방법도 고려되고 있다. 하지만 남극해에서 진행된 첫 실험 결과는 모호하다. 특정한 조건에서 독성을 지닐 수 있는 조류가 성장했기 때문이다(Der Ozean als CO2-Schlucker, Süddeutsche Zeitung, 29.3.2022).

10장 원자력에 대한 오해

1 dpa, 19.10.2021. 48퍼센트는 탈원전 정책이 옳다는 입장을 취했다. 당선호도에 따른 차이는 크게 나타났다. 기독교민주연합과 자유민주당 지지자의 59퍼센트, 독일을위한대안당 지지자의 91퍼센트는 탈원전에 반대했다. 반면 녹색당 지지자의 79퍼센트, 좌파당(Die Linke) 지지자의 64퍼센트, 사회민주당 지지자의 62퍼센트는 탈원전에 찬성했다.
2 2000년 슈뢰더의 사회민주당-녹색당 연립 정부가 최초로 탈원전을 선언했다. 2003년 슈타데 원자력 발전소를 시작으로, 2005년에는 오브리

히하임 원자력 발전소가 폐쇄되었다. 다른 원자력 발전소들은 잔여 전력량을 소모하면 2015년에서 2020년 사이에 차례대로 가동이 중단될 예정이었다. 메르켈의 기독교민주연합-자유민주당 연립 정부는 탈원전 선언을 폐기하고, 2010년 10월 28일 가동 연한을 건설 시기에 따라 8년에서 14년까지 연장했다. 후쿠시마 원자력 발전소 사고 후에는 갑작스런 방향 선회가 잇따랐다. 2011년에 원자력 발전소 8곳의 가동이 중단되었고, 나머지 9곳은 2022년 말까지 단계적으로 폐쇄될 예정이다(러시아가 우크라이나를 침공해 에너지 부족 위기가 발생하자 독일은 폐쇄 조치를 미뤄 마지막 세 원자로를 2023년에 가동 중단했다―옮긴이).

3 https://www.infratest-dimap.de/fileadmin/_migrated/content_uploads/dt1106_bericht.pdf, S. 11. 독일이 완벽한 탈원전을 달성한 것은 아니다. 뮌헨의 가르힝에는 연구용 원자로, 링겐에는 핵연료봉 공장, 그로나우에는 핵 농축 시설이 있으며, 세 곳 모두 무기한 가동 허가를 받았다.

4 핵연료봉과 폐기물을 처리하는 과정에서 이산화탄소가 발생하므로 원자력 발전소도 완전히 기후 중립적인 것은 아니다. 독일 원자력 발전소에서는 전력 1킬로와트시당 약 32그램의 이산화탄소가 배출되었다. 참고로 갈탄은 최대 1,100그램의 이산화탄소를 발생시킨다(Pötter 2020, S. 58).

5 Flassbeck, S. 116 f.; Sinn, S. 252 ff.; Pinker, S. 146 f.; McAfee, S. 110; Phillips, S. 199 ff.; Stelter, S. 226

6 원자력부는 1962년에 과학연구부로, 1969년에 다시 교육과학부로 개편되었다.

7 Bruggemeier 2017, S. 7

8 Bundesministerium für Wirtschaft und Energie, Energiedaten: Gesamtausgabe (Berlin 2019), S. 14. 여기서는 1차 에너지 소비량을 의미한다.

9 Wealer et al., S. 515

10 Neue Atomkraft mit grunem Segen, taz, 3.2.2022

11 프랑스는 플라망빌 신형 원자로 건설에 막대한 비용이 들었음에도, 2022년 2월 마크롱 대통령이 발표했듯이 동일한 유형의 원자로 6기를 추가로 건설할 계획이다. 그럼에도 프랑스에서 원자력의 중요성

은 점점 감소할 것이다. 현재 프랑스는 원자로 56기를 가동 중인데, 그중 3분의 1이 40년 이상된 노후 원자로이며 수명이 다해간다(Vive l'Atomkraft!, Süddeutsche Zeitung, 11.2.2022). 영국은 유럽형 가압수형 경수로를 사용하는 힝클리포인트 원자력 발전소를 짓고 있는데, 2026년 여름에 가동을 개시할 예정이라고 한다. 2016년에 예상했던 총비용은 215억 파운드였으나 그사이 270억 파운드로 증가했다(2025년 현재 힝클리포인트 원자력 발전소의 가동은 2030년으로 미뤄졌으며 예상 비용은 460억 파운드로 증가했다―옮긴이). 이 프로젝트가 그나마 경제성이 있는 까닭은 영국 정부가 1킬로와트시당 10.5센트의 고정 매입 가격을 보장한 덕분이고 이는 현재 전력 도매가를 훨씬 웃돈다. 중국의 타이산에는 유럽형 가압수형 경수로가 2기 있으며, 각각 2018년과 2019년에 가동했다. 타이산 1호기는 연료봉 피복 결함과 방사성 가스 유출 사고로 2021년 7월에 가동이 중단되었다(Neue Atomkraft mit grünem Segen, taz, 3.2.2022)(타이산 1호기는 점검을 거쳐 2022년 8월에 재가동되었다―옮긴이).
12 2010년부터 2019년까지 태양광 전력의 1메가와트시당 가격은 378달러에서 69달러로 떨어졌다. 같은 시기 원자력은 96달러에서 155달러로 올라서, 59달러 더 비싸졌다(Ritchie/Roser, S. 14).
13 Wirth, S. 19
14 2020년 전 세계적으로 총 6기가와트의 발전 용량을 가진 원자로들이 가동을 개시한 반면, 수명이 다한 노후 원자로들이 폐쇄되어 발전 용량이 5.4기가와트 줄었다. 전 세계의 원자력 발전 용량은 415기가와트다(www.iea.org/reports/nuclear-power).
15 https://www.iea.org/reports/key-world-energy-statistics-2021/supply. 2019년 수치이며 1차 에너지 소비량을 뜻한다.
16 https://pris.iaea.org/pris/
17 현재 전 세계적으로 원자로 약 50기를 건설 중인데, 절반 이상을 러시아의 국영 기업 로사톰(Rosatom)이 수주를 따냈다. 대부분의 프로젝트는 적자 상태고 그중 원자로 4기는 튀르키예에 건설되고 있는데 대략 220억 유로가 지출될 것으로 예상된다(Kernenergie auf Pump, Süddeutsche Zeitung, 22.12.2021).

18 www.iea.org/reports/world-energy-investment-2021/executivesummary
19 Wirth, S. 19
20 영국 기술 기업 롤스로이스는 1억 9,500만 파운드의 자본을 투입하고 2억 1,000만 파운드의 국가 보조금을 받아 소형 원자로를 건설하려고 계획 중이다. 첫 모델은 약 10년 후에 완공 예정이며 1백만 가구에 공급할 전력을 생산하도록 설계된다고 한다(dpa, 9.11.2021). 루마니아에도 소형 원자로가 지어질 예정이며 미국 회사 누스케일에서 건설을 맡았다. 이 모델은 가압수형 경수로라고 한다(dpa, 2021년 11월 5일).
21 Gates, S. 86 f.; Pinker, S. 330
22 Radkau 2008, S. 11
23 Radkau 2008, S. 366
24 Radkau 2008, S. 367. 원자력 발전소의 발전 용량은 평균 1,000메가와트 정도다.
25 The controversial future of nuclear power in the US, National Geographic, 4.5.2021
26 Schwimmendes Atomkraftwerk nimmt Betrieb auf, Spiegel Online, 22.5.2020
27 Quaschning, S. 108. 이 계산은 저장된 양과 자원에서 얻는 양, 즉 모든 우라늄을 고려하고 있다. 핵에너지의 비중이 높아진다면 매장량은 훨씬 빨리 고갈되어 10년도 버티지 못할 것이다.

11장 믿음직하지 못한 태양 및 풍력에너지

1 Latif, S. 26
2 Ploger, S. 260
3 Berg, S. 61 f.
4 Malm 2016, S. 159
5 Radkau 2008, S. 232 f.

6   Seba, S. 173
7   Umweltbundesamt, Erneuerbare Energien in Zahlen (15.11.2021)
8   태양에너지의 대안으로 처음에는 원자력에너지가 논의되었다. 하지만 원자력에너지는 우주 산업에서 효용이 떨어지며 원자력에너지로 가동되는 인공위성은 기껏해야 몇 개뿐이다(Radkau 2008, S. 411).
9   http://californiasolarcenter.org/old-pages-with-inbound-links/history-pv/
10 Seba, S. 25; Ritchie/Roser, S. 14
11 Obama auf Jimmy Carters Spuren, Süddeutsche Zeitung, 11.10.2010. 후임자인 로널드 레이건 대통령은 이 시설을 해체했다.
12 Jensen, S. 41
13 Potter 2020, S. 95 f.
14 친환경 분담금 제도는 일반 가정에 큰 부담을 주었다. 약 2,000개의 에너지 집약 산업체들이 시장에서 경쟁력을 잃지 않도록 분담금 납부를 일부 혹은 완전히 면제받았기 때문이다. 알루미늄 제련 시설, 대중교통 관련 기업, 전력 소비가 많은 컴퓨터를 사용하는 기상 관측소 등이 이에 해당한다. 이러한 산업체의 비중은 전체 기업의 4퍼센트에 불과하지만 전체 전력의 20퍼센트를 소비한다(Brüggemeier 2017, S. 24). 기업들이 잘 써먹는 꼼수 중 하나는, 자신들이 이제까지 전력을 공급받아온 발전소를 아예 매입하는 것이다. 그러면 사내에서 전력을 자체 생산하는 셈이므로 친환경 분담금 납세 대상에서 벗어난다(Kreutzfeldt, S. 49).
15 Bach/Harnisch/Isaak, S. 16
16 Wirth, S. 22
17 Wirth, S. 20
18 Bundeszentrale, S. 246
19 Umweltbundesamt 2019, S. 32 und 38. 그사이 사회민주당, 자유민주당, 녹색당의 연립 정부는 에너지세 개혁을 단행했다. 2022년 중반 친환경 분담금 제도는 폐지되었으며 탄소세를 강화하여 재정을 마련하기로 했다. 하지만 사회적 불평등에는 변함이 없다. 탄소세 역시 소비세이므로 결국 저소득측 가정이 가장 큰 타격을 입기 때문이다.

20 가정집 지붕에 설치하는 소형 태양광 설비는 독일 남부에서는 1킬로와트시당 5.81~8.04센트의 비용으로 전력을 제공하는 반면, 독일 북부에서는 조금 더 비용이 높아, 7.96~11.01센트가 든다. 이러한 개인 태양광 설비의 전기는 기존의 전기만큼 저렴하다. 순수하게 전기료만 따지면, 2021년 독일의 일반 가정은 1킬로와트시당 평균 7.93센트를 지불해야 했다. 최종 정산 요금은 32.16센트로, 나머지 금액의 대부분은 세금, 수수료, 송전망 이용료 등이었다(Bundesverband der Energie- und Wasserwirtschaft, Strompreisanalyse 2021, 15.11.2021).

21 Fraunhofer ISE, S. 17. 태양광 패널은 기술적으로 쉽게 생산할 수 있기 때문에 가격이 급하락했다. 그래서 더 이상 독일에서 생산되지 않으며 생산 공장이 중국으로 이전되었다.

22 Wirth, S. 43. 태양광 패널을 수평면 대비 30퍼센트 기울여 남쪽 방향에 설치했을 때 일일 태양에너지가 1제곱미터당 3.5킬로와트시로 증가했다.

23 Wirth, S. 40. 상업용 태양광 패널의 명목 효율은 20퍼센트이지만, 오염, 도선의 저항, 직류에서 교류로의 변환 과정 등으로 인해 손실이 발생한다.

24 www.ise.fraunhofer.de/de/leitthemen/integrierte-photovoltaik/schwimmende-photovoltaik-fpv.html

25 www.ise.fraunhofer.de/de/leitthemen/integrierte-photovoltaik/bauwerkintegrierte-photovoltaik-bipv.html

26 Himbeeren und Sonne auf knappen Flachen, taz, 25.6.2020

27 Deutscher Wetterdienst, Aktueller Jahresgang der Globalstrahlung 2021. 여름과 겨울의 계절적 차이만 존재하는 게 아니라 매년 날씨가 동일할 리 없으니 해마다 편차가 발생했다. 2021년 1월, 5월, 7월, 8월, 11월에는 장기 평균보다 태양에너지가 적었던 반면, 나머지 달에는 더 많았다. 2021년 12월만 전년도와 동일한 태양에너지를 기록했다.

28 Jensen, S. 40 f.

29 https://strom-report.de/windenergie/

30 www.destatis.de/DE/Presse/Pressemitteilungen/2022/03/

PD22_116_43312.html

31 Umweltbundesamt, Erneuerbare Energien in Zahlen (15.11.2021). 태양광 패널은 열이나 전력 생산에 사용될 수 있다. 2020년 독일 에너지 소비량에서 태양열은 0.384퍼센트를, 태양광은 1.92퍼센트를 차지했다.

32 www.umweltbundesamt.de/themen/klima-energie/erneuerbareenergien/erneuerbare-energien-in-zahlen#uberblick

33 »Wir uberwinden alte Vorurteile«. Interview mit Robert Habeck, Suddeutsche Zeitung, 25.11.2021

34 Potter 2021, S. 63

35 2021년 7월 27일 개정된 재생에너지법(EEG) 6조는, 풍력 발전 시설로부터 2.5킬로미터 거리 내에 있는 지방 자치 단체는 전력망에 공급된 에너지 1킬로와트시당 0.2센트를 지급받도록 규정했다. 이러한 소득은 해당 지자체가 반경 내 차지하는 면적과 그 지역의 풍력 발전 잠재력에 따라 달라진다. 지자체가 얻을 수익은 평균 2만 5천~3만 유로로 예측되었다. 현재 풍력 발전소는 많은 지역에서 꽤 수익성 있는 사업이다. 지자체가 도로, 수송망, 토지에 대한 임대료도 징수할 수 있기 때문이다.

36 Bundesministerium fur Wirtschaft und Klimaschutz, Eroffnungsbilanz Klimaschutz (11.1.2022), S. 14

37 Mit dem 2-Prozent-Ziel zum 1,5-Grad-Ziel, taz, 15.1.2022

38 www.dwd.de/DE/leistungen/windkarten/deutschland_und_bundeslaender.html

39 Goke et al., S. 511

40 자연 및 자연 경관 보호를 위해 작센주는 농경지의 2.7퍼센트, 바이에른은 1.5퍼센트만 풍력에너지를 위해 사용하도록 허가하고 있다. 독일 전역에서는 약 3.6퍼센트의 면적이 적합할 것으로 평가된다 (Bundesamt für Naturschutz, S. 6)

41 Kampf gegen Windmuhlen, Suddeutsche Zeitung, 16.2.2022

42 Kompetenzzentrum Naturschutz und Energiewende, Flächenverfügbarkeit für die Energiewende (Berlin, 17.3.2020). 풍력

터빈의 성능이 향상되고 있기에 필요한 풍력 터빈 수의 추정치는 계속 3만 7천 개에서 6만 7천 개 사이에 머물 듯하다. 연구들은 향후 풍력 터빈이 평균 3.5메가와트의 출력을 낼 것이라 전제한다.

43 태양광 발전 연구 분야에서도 저마다 상이한 2045년까지의 확충 방안 연구 결과들이 발표되었다. 그 발전 용량의 오차 범위는 약 240기가와트에서 510기가와트까지 이르지만 대다수 연구는 평균 300~450기가와트로 계산했다(Wirth, S. 5 f.).

44 현재 육상 풍력에너지의 단가는 1킬로와트시당 3.94~8.29센트다. 반면 해상 풍력에너지의 단가는 7.23~12.13센트다(Fraunhofer ISE, S. 4).

45 Wirth, S. 44. 개방된 곳에 설치된 태양광 발전 시설은 최대 출력으로 980시간 가동, 지붕 설치형 태양광 패널은 910시간 가동한다.

46 현재 독일의 북해와 동해에는 약 1,500개의 해상 풍력 터빈이 있으며, 총 설치 용량은 8기가와트 정도다. 최대 7,000개까지 설치 가능하며 이 경우 70기가와트에 달하는 발전 용량을 확보 가능할 것으로 보인다. 그러면 향후 전체 에너지 수요량의 최대 15퍼센트를 충당할 수 있을 것이라 한다(Quaschning, S. 87).

47 https://www.agora-energiewende.de/service/agorameter/chart/power_generation/01.01.2017/01.02.2018/today/

48 Wirth, S. 53

49 Reimer/Staud, S. 274

50 많은 연구자가 사막 전기보다는 멀리서 풍력에너지를 끌어오는 쪽을 더 신뢰한다. 기후연구자 람슈토르프와 쉘른후버는 스코틀랜드, 노르웨이, 모로코, 아프리카 서북에 위치한 국가 모리타니의 해안을 비롯하여 러시아 북부, 카자흐스탄을 서로 연결하는 '범유럽 연합'을 꿈꾼다. 이 지역들의 (인구 밀도가 매우 낮은) 많은 곳에서는 최대 출력으로 연간 3,000시간 이상 가동이 가능하다. 비용은 1킬로와트시당 5센트 이하일 것이며, 이는 송전선 관련 지출까지 고려한 금액이다(Rahmstorf/ Schellnhuber, S. 106).

51 Quaschning, S. 141 ff.

52 Quaschning, S. 147. 이 계산은 송전선 하나의 전송 용량이 2기가와트

이지만 평균 최대 70퍼센트까지만 가동될 수 있다고 가정했다. 동시에 독일의 에너지 수요가 급격히 감소하리라고 추정했다. 수요가 감소하지 않을 경우 100개가 훨씬 넘는 송전선이 설치되어야 할 것이다.
53 세계 최초 액화 수소 운반선은 '스이소 프런티어(Suiso Frontier)'이며 일본의 가와사키중공업이 제작했다. 이 프로젝트는 호주에서 일본으로 대량의 친환경 수소를 수입하는 방안을 모색하기 위한 국가적 연구 사업의 일부다.
54 현재 알제리와 모로코에서 스페인으로 연결되는 천연가스 가스관, 튀니지와 리비아에서 이탈리아로 이어지는 천연가스 가스관이 있다.
55 대안으로 수소를 직접 사용하는, 이를테면 수소를 자동차의 연료 전지에서 바로 소모해 에너지를 얻는 방법도 있다. 그러나 역시 에너지 효율이 너무 낮을 것이다.
56 Franz Alt, Nur Gluck gehabt, taz, 22.1.2022

12장 에너지 저장 문제

1 Fraunhofer ISE, Stromgestehungskosten, S. 2
2 전기차 배터리를 통해 전력 공급을 안정시킬 수 있는 기술 인프라가 아직 구축되지 않았다. 배터리는 직류로 작동하지만 전력망은 교류로 작동되기 때문이다.
3 Gates, S. 79
4 독일 남부 산악 지역인 슈바르츠발트의 아트도르프에 유럽 최대 양수 발전소가 생길 예정이었으나 2017년 프로젝트가 중단되었다.
5 Holler et al., S. 141 f. 현재 양수 발전소와 동일한 원리로 작동하는 대안들이 연구되고 있다. 그중 한 아이디어가 바다에 속이 빈 콘크리트 구를 집어 넣는 것이다. 전력이 부족하면 구에 물이 차면서 그 힘으로 터빈이 돌아간다. 전력이 과잉 상태면 콘크리트 구에서 다시 물이 빠진다. 다른 아이디어는 크레인 주변에 콘크리트 블록을 빽빽하게 쌓아놓는 '크레인 저장'이다. 전력이 과잉 상태면 전동기를 이용해 콘크리트 블록들을

차곡차곡 쌓는다. 전력이 부족하면 높게 쌓인 콘크리트 블록 탑의 블록들을 바닥으로 내린다. 마치 발전기처럼 작동하는 전동기가 이때 생겨나는 운동 에너지를 전력으로 변환한다.

6 Afp, 27.5.2021
7 dpa, 1.10.2021
8 Edenhofer/Jakob, S. 111; Wirth, S. 65 f.
9 Quaschning, S. 94
10 Wirth, S. 65 f.
11 Quaschning, S. 91
12 Wirth, S. 58
13 Deutscher Wetterdienst, Wetterbedingte Risiken der Stromproduktion aus erneuerbaren Energien durch kombinierten Einsatz von Windkraft und Photovoltaik reduzieren, Pressemitteilung vom 6.3.2018. 자세한 분석 결과, 둥켈플라우테는 거의 항상 11월, 12월, 1월에 발생하며, 전체 사례의 30~40퍼센트가 유럽의 여러 국가에서 동시에 발생한다. 대규모 고기압 지대가 형성된 곳이기 때문이다(Li et al., S. 9).
14 Energy Brainpool, S. 9.
15 전해조의 에너지 효율은 기껏해야 70~80퍼센트 정도다(Quaschning, S. 129). 재생에너지의 20~30퍼센트는 녹색수소를 생산하기 위해 사라진다. 게다가 녹색수소를 저장하려면 압축해야 하는데, 이때 손실률은 약 10퍼센트다. 또 수소를 저장하는 과정에서 엄청나게 많은 양이 손실될 수 있다(Oeko Institut, S. 33). 둥켈플라우테에 대비하기 위해 수소를 가스 발전소에서 다시 전기로 전환할 때도 손실량이 엄청나게 많은데, 이는 가스 터빈의 에너지 효율이 30퍼센트밖에 되지 않기 때문이다. 복합화력 발전소의 에너지 효율은 적어도 50퍼센트다. 하지만 이러한 복합화력 발전소는 비용이 훨씬 많이 들며 연간 가동 일수가 적을 경우에는 수익이 남지 않는다. 아무튼 전기를 수소 형태로 임시로 저장하려 한다면 최소 65퍼센트는 그냥 버려지는 것이다. 전해조 자체도 재생에너지를 활용되지 못하게 만들어 효율을 떨어뜨리는 원인이 될 수 있다. 원리상 두 시나리오가 가능하다. 첫째, 전해조가 적을

경우 최대한 가동하기 위해 풍력 터빈과 태양광 시설을 더 많이 두는 것이다. 둘째, 전해조가 많으면 과도하게 풍력 터빈이나 태양광 발전 설비를 둘 필요가 없다. 최적의 시스템은 이 두 극단 가운데에 있으며, 이 경우 재생에너지의 5.4퍼센트가 사용되지 않은 채 남는다(Energy Brainpool, S. 21).

16 독일 정부는 '국가 수소 전략(Nationale Wasserstoffstrategie)'의 일환으로 녹색수소를 위한 전해조 설치 용량을 2030년까지 5기가와트로 늘리고 2035년까지 10기가와트로 늘릴 예정이다. 이를 위해 70억 유로의 지원금이 지급될 예정이다.

17 Quaschning, S. 127

18 현재 기존 발전소들의 설치 용량은 약 85기가와트다. 향후에는 100~160기가와트 규모의 조정형 발전소들이 필요하다(Fraunhofer ISE, Wegezu einem klimaneutralen Energiesystem, S. 28).

19 거의 가동되지 않는 가스 화력 발전소의 재정을 누가 감당할 것인지에 대한 흥미로운 질문이 남는다. 민간 환경 운동 단체인 독일환경지원(Die Deutsche Umwelthilfe)은 시장이라고 주장한다. 둥켈플라우테가 발생해 전력이 부족하면 에너지 가격이 천정부지로 치솟을 것이므로, 가스 공급업체들은 이 짧은 시기에 막대한 수익을 올려 발전소 운영자금을 충당할 수 있다는 것이다(Deutsche Umwelthilfe, S. 3 ff.und 20). 이론상 이러한 분석은 옳을지도 모르겠지만, 에너지 공급의 실상과 전혀 맞지 않다. 둥켈플라우테의 발생 시기는 정확히 예측하기 불가능하기에 가스 공급업체들은 언제 수입이 생길지 전혀 예상할 수 없다. 또한 둥켈플라우테가 우연히 장기간 지체되면 기업에 유동성 위기가 발생한다. 한편, 전력 이용 고객들이 갑자기 폭등한 에너지 가격을 감당할 수 있다는 생각도 현실과 거리가 멀다. 어쩌면 많은 기업이 파산 위기에 처할 수도 있고, 더 이상 전력을 구매하지 않을지도 모른다. 가스 공급업체들이 비용을 떠안게 되고 경제는 붕괴된다. 따라서 가스 공급업체들이 발전소를 세우면 국가가 고정 수입을 보장해주는 것이 유일한 방법이다. 즉 전력 공급이 아니라 용량을 제공하는 일 자체에 대해 지원해주는 것이다.

20 독일은 50~400기가와트시의 배터리 용량이 필요하며, 전해조들의 설

치 용량은 50~130기가와트에 달해야 할 것이라고 한다(Fraunhofer ISE, Wege zu einem klimaneutralenEnergiesystem, S. 28 f.). 필요량이 변동하는 이유는 사람들의 행동 변화, 즉 절약에 의해 결정되기 때문이다.

21 Hentschel, S. 64. Ahnlich: Energy Brainpool, S. 22 f.

13장 돈 잡아먹는 에너지 전환

1 Skidelsky/Skidelsky, S. 128
2 Way et al., S. 1
3 Fraunhofer ISE, Wege zu einem klimaneutralen Energiesystem, S. 53(국민의 소비 행위가 변하지 않는다는 가정을 바탕으로 한 '참조' 시나리오에 근거한 것이다). 경제학자 다니엘 슈텔터가 옳게 지적했듯이 성탄절 선물로 사치품만 주고받는다고 가정해서는 안 된다. 많은 가정에서는 선물에 의류 등의 필수품이 포함된다(Stelter, S. 236).
4 Ritchie/Roser, S. 15
5 Way et al., S. 3. 2010년부터 2020년까지를 다룬 다양한 2,905가지 예측을 분석했다. 오류 없는 결과를 낸 연구는 자체 가정을 제외하고 기존 추세를 반영한 연구들뿐이었다.
6 태양광 패널, 풍력 터빈, 배터리는 생산비만 감소하고 효율성은 거의 개선되지 않는다. 가격이 급락해도 성능이 현저히 향상되는 컴퓨터와는 다르다. 전문가 집단에서는 이 두 현상을 '무어의 법칙(Moore's Law)'과 '라이트의 법칙(Wright's Law)'이라고 표현한다. 1936년, 미국의 항공 엔지니어 시어도어 폴 라이트는 제품이 많이 생산될수록 제품 가격도 떨어지는 현상을 설명해냈다. 이는 경험 축적에 의한 학습 효과 때문이며 이러한 '학습 곡선'은 총 66가지 기술에서 관찰되었다. 태양광 패널이나 배터리도 이에 해당한다(Ritchie/Roser, S. 10). 1965년, 인텔의 공동 창업자 고든 무어는 컴퓨터의 프로세서 성능이 매년 2배 향상된다는 법칙을 제시했다(현재는 18개월에서 2년 주기로 예상된다). 마이크로소프트

의 빌 게이츠가 강조했듯이 이 현상은 직접 회로에서만 관찰할 수 있다. 그는 현대의 컴퓨터칩은 1970년대의 칩보다 1백만 배 성능이 우수하지만, 같은 기간 동안 태양광 에너지의 변환 효율은 15퍼센트에서 25퍼센트로 올랐을 뿐이라고 설명했다(Gates, S. 45 f.).

7   1914년, 포드의 T모델은 겨우 370달러였다. 인플레이션을 고려하면 현재의 약 9,750달러에 상당한다. 현재 폭스바겐 골프 GTD는 40,815유로에 판매되고 있다.

8   www.iea.org/reports/key-world-energy-statistics-2021/supply. 2019년 전 세계에서 1,427테라와트시의 풍력에너지, 681테라와트시의 태양광에너지가 생산되었다. 이는 7.6엑사줄에 상당한다. 참고로 전 세계의 총 에너지 소비량은 606엑사줄이었다.

9   www.iea.org/reports/electric-vehicles. 2019년, 전 세계의 전기차 수는 약 1천만 대였다.

10 International Energy Agency, S. 5 f.

11 International Energy Agency, S. 8 f. 국제에너지기구도 서로 다른 결과를 내는 시나리오들에 의존해 연구 중이다. 코발트를 예로 들자면 불확실성이 이렇게 설명되어 있다. 2040년까지 전 세계 수요는 8배 증가할 수 있으나, 모든 국가가 기후 중립 에너지 체제로 전환하면 30배 증가할 수 있다고 말이다.

12 International Energy Agency, S. 11 f.

13 볼리비아, 아르헨티나, 칠레의 소금 호수는 세계 최대 리튬 산지다. 염분이 있는 물을 표면으로 퍼올리면 수분이 증발하면서 리튬이 남는다. 따라서 채굴할 때 담수가 필요 없다. 하지만 물을 퍼올리는 바람에 압력이 낮아지면 그 염수층의 빈 공간에 담수가 흘러들어갈 위험이 있다. 안 그래도 건조한 지역의 물 부족 현상이 더 심각해질 수 있다. 하지만 리튬 채굴만을 환경 파괴의 주범이라며 비난하는 건 공정하지 못하다. '전 과정 평가(Life Cycle Assessment, 제품 시스템의 전 과정에 걸친 투입물과 산출물에 의해 발생할 수 있는 잠재적인 환경 영향을 정성적, 정량적으로 평가하는 기법―옮긴이)'에서 거의 모든 원료가 환경에 우려스러운 영향을 미친다는 결과를 나타내기 때문이다. 특히 화석 연료가 그렇다.

14 International Energy Agency, S. 12. 1930년 구리 광석의 함유량은 평균 1.8퍼센트였다. 현재 전 세계 평균치는 0.5퍼센트에 불과하다. 따라서 1930년과 동일한 양의 구리를 얻으려면 3배 더 많이 채굴해야 한다(Parrique et al., S. 35).
15 Seba, S. 2 ff.
16 Meadows et al., S. 46 f.
17 McAfee, S. 120
18 International Energy Agency, S. 14
19 Fucks, S. 97; statista, reserves of copper worldwide 2010 to 2020; www.usgs.gov/centers/national-minerals-information-center/historical-statistics-mineral-and-material-commodities
20 Quaschning, S. 169 f.; Fucks, S. 109; McAfee, S. 107 f.
21 statista, Statistiken zu seltenen Erden
22 www.bgr.bund.de/DE/Gemeinsames/Produkte/Downloads/Informationen_Nachhaltigkeit/seltene_erden.pdf;jsessionid=F9734E8CEC5D06008C7EE846C8BFE4E5.1_cid321?__blob=publicationFile&v=3
23 https://selteneerden.de/preis-charts/
24 https://germanlithium.com/preisentwicklung-lithium/
25 www.deraktionaer.de/artikel/gold-rohstoffe/lithium-blickauf-2022-20243369.html
26 www.boerse.de/historische-kurse/Kupfer/XC0005705501
27 Parrique et al., S. 20. 이 UN 통계에는 모든 원료, 즉 물이나 농산품도 포함된다.
28 Quaschning, S. 172; www.heraeus.com/de/hpm/hpm_news/2020_hpm_news/09_milestone_for_green_hydrogen.html
29 독일 기업 두젠펠트(Dusenfeld)는 현재 이미 배터리셀의 91퍼센트를 재활용할 수 있다고 발표했다(www.duesenfeld.com/recycling.html).
30 현재 철강은 최대 62퍼센트까지 재활용되고 있지만 이는 소비량을 거의 줄이지 못한다. 고품질 철강의 품질을 저하시키지 않으려면 재활용된 고철을 최대 3분의 1 정도만 섞을 수 있기에 재활용은 기존 매장량

을 7년~12년 정도만 더 연장할 수 있을 뿐이다(Parrique et al., S. 48).
31 귀금속도 거의 재활용되고 있다. 전 세계적 재활용 비율은, 금이 최대 85퍼센트, 백금 60퍼센트, 니켈 60퍼센트, 은 50퍼센트, 구리 45퍼센트, 알루미늄 42퍼센트, 크롬 37퍼센트, 아연 36퍼센트, 코발트 36퍼센트이다. 반면 리튬과 희토류 원소는 아직까지 거의 재활용되지 않고 있으며 그 비율은 1퍼센트 미만이다(International Energy Agency, S. 34). 특히 지금까지 재활용 비율이 저조했던 배터리와 관련하여 EU의 지침이 개정될 예정이다. 2026년부터 코발트, 구리, 니켈은 최대 90퍼센트, 리튬은 최대 35퍼센트가 재활용될 것으로 보인다.
32 International Energy Agency, S. 15
33 International Energy Agency, S. 11. 기술낙관론자들이 에너지 전환을 다룰 때 원료 가격을 무시한다는 점에 주목해야 한다. 이들은 화석 연료인 석탄이나 가스의 채굴 비용을 근거로 들면서 왜 생산 단가가 하락하지 않는지 자주 언급하기 때문이다(Way et al., S. 2 ff.; Ritchie/Roser, S. 12 f.).
34 Arbeitskräftemangel im Klimaschutz, Frankfurter Allgemeine Zeitung, 21.5.2021
35 Umweltbundesamt 2021, S. 33; Wirth, S. 51; Quaschning, S. 200 f.
36 https://pvcycle.de/reuse/. 많은 연구가 태양광 모듈의 평균 수명을 30년 정도라고 지나치게 낙관적으로 평가한다(Wirth, S. 6). 실제로는 20년이 지나면 패널은 마모된다(Mehr Solarstrom, mehr Solarmüll, taz, 26.2.2022).
37 Umweltbundesamt 2021, S. 35. 입지에 따라 풍력 터빈은 2.5개월~11개월 뒤에 에너지 면에서 투자 비용을 회수한다.

14장 실현될 수 없는 탈동조화의 꿈

1 독일의 1차 에너지 소비량은 다음과 같이 구성된다. 화학 산업의 화석 탄소 소비량 776페타줄, 발전소의 변환 손실량 2,404페타줄, 에너지 산

업의 소비량 569페타줄이다. 그러니까 남은 에너지 소비량은 총 9,056페타줄이다. 이 중 산업이 2,536페타줄, 교통이 2,770페타줄, 가정이 2,408페타줄, 상업, 무역업, 서비스업이 1,342페타줄을 필요로 한다(Wirth, S. 54). 이는 2019년도 수치인데, 2020년 이후의 코로나19 팬데믹으로 인한 특수한 영향을 배제하기 위해 2019년을 기준으로 잡았다.
2 약간 수정되기는 했지만, 이 비교의 출처는 위키피디아 '에너지 크기 순위'다.
3 Agora Energiewende et al. 2021, S. 21; Goke et al., S. 509 f.; Wuppertal Institut, S. 33
4 Agora Energiewende et al. 2020, S. 10 f.
5 Wirth, S. 54, 여기 수치를 바탕으로 계산했다. 주 1을 참조.
6 지금까지 태양열, 친환경 열, 지열은 독일 가정의 에너지 소비량의 고작 3.3퍼센트를 충당하고 있다(Energieverbrauch privater Haushalte für Wohnen 2019 weiter gestiegen, destatis, 13.8.2021).
7 바닥 난방 장치는 넓은 면적을 활용해 방을 데울 수 있기에 효율이 높다. 난방수가 덜 뜨거워도 된다. 반면 '라디에이터'라고도 하는 기존의 난방기는 상대적으로 크기가 작기에 방이 따뜻해지려면 난방수가 매우 뜨거워야 한다.
8 하수도를 이용해 열 펌프를 작동시킬 수도 있다. 하수 온도는 최대 20도까지 올라갈 수 있기에 베를린 수자원 공사는 이미 여러 건의 시범 프로젝트에 착수했다. 베를린 하수도 중 약 580킬로미터 구간이 적합하리라 추정된다. 에너지 기업 에온은 하수를 통해 전국적으로 필요한 열의 최대 14퍼센트를 얻을 수 있으리라 예상한다(Wärme aus der Kanalisation, Süddeutsche Zeitung, 12.7.2021).
9 Agora Energiewende et al. 2020, S. 83; Göke et al., S. 509. 하지만 한 가지 문제점은, 보통 열 펌프는 전력을 적게 소비하지만 추운 날에는 에너지를 특히 많이 잡아먹는다. 이 신기술은 주변의 공기열이나 지열을 이용하기 때문이다. 바깥 날씨가 추워지면 결국 전기로만 열을 발생시켜야 한다. 그런데 전기는 겨울에 부족하고 비싸다. 따라서 에너지 전문가들은 공기열 열 펌프 대신, 온도가 더 오래 유지되는 지열 열 펌프를 설

치할 것을 권한다.
10 Berechnet auf Basis von Anmerkung 1.
11 www.tuev-nord.de/de/privatkunden/verkehr/auto-motorrad-caravan/elektromobilitaet/wirkungsgrad. 배터리 차량만 에너지 효율이 우수하다. 수소차는 에너지 효율이 심하게 떨어지고 최대 3배 전력이 필요하다. 변환 과정에서 전력 손실이 발생하기 때문이다. 전력을 수소로 바꿀 때 20~30퍼센트가 소비되고, 수소를 압축하고 운송하는 데 25퍼센트가 또 소비된다. 자동차 내부에서 연료 전지가 수소를 다시 전기로 변환하는데, 이때 또 40퍼센트가 사라진다(Quaschning, S. 129 f.). 수소차의 에너지 효율이 떨어지는 이유는 물리 법칙 때문이며 이는 극복할 수 없는 문제다. 이러한 기술적 한계가 있는데도 국가는 이 기술에 수억 유로를 지원하고 있다. 공공 혁신 프로그램을 통해 2억 1,200만 유로가 흘러들어갔고, 독일 자동차 기업들은 1억 8,700만 유로를 추가로 지원받았다. 그러나 결과는 초라했다. 2021년 6월 기준, 독일에 있는 연료 전지형 수소차는 1,261대에 불과했다(Zähe Zelle, Süddeutsche Zeitung, 2.8.2021). 이런 쓸데없는 지원은 연료 전지와 내연 기관이 비슷한 면이 있어서 독일 자동차 기업들이 익숙한 기술로 계속 높은 이윤을 얻을 수 있으리라 기대했기 때문이다.
12 Klingholz, S. 189 f.; Seba, S. 104 ff.; Holler et al., S. 27
13 전기차가 얼마나 효율적이든 간에, 에너지가 부족한 겨울에는 전기차의 약점이 드러난다. 추위 속에서는 배터리의 도전율이 감소하기 때문이다. 그래서 배터리를 따뜻하게 유지해야 하는데 이때 에너지가 추가 소비된다. 또한 내연 기관 차량과 달리 폐열이 발생하지 않기에 운전자가 추위에 떨지 않으려면 내부에 추가 난방이 필요하다. 독일자동차클럽(ADAC)의 산출 결과에 따르면 겨울에 전기차의 주행 거리는 약 20퍼센트 감소한다. 이 경우 전기차는 디젤차보다 효율이 우수하다고 할 수 없다(Wenn der Akku dauerfröstelt, Süddeutsche Zeitung, 29.1.2022).
14 Gates, S. 135
15 Gopel, S. 106
16 Ploger, S. 275

17 전기차의 또 다른 문제는 마찬가지로 고무 타이어를 필요로 한다는 점이다. 매년 바퀴 1개당 마모량은 약 500그램에 달하는데, 이때 미세 플라스틱이 생성된다(v. Hirschhausen, S. 228).
18 Wuppertal Institut, S. 80; Quaschning, S. 174; Agora Energiewende et al. 2020, S. 93
19 Agora Energiewende et al. 2020, S. 88. 이러한 자동차의 유연한 이동성에는 다양한 모델이 있다. '카셰어링(Carsharing)'은 여러 사람이 서로 다른 시간대에 차 하나를 이용하는 경우를 말한다. '라이드셰어링(Ridesharing)'은 여러 사람이 차 하나를 타고 같은 목적지에 가는 것이다. '라이드풀링(Ridepooling)'은 여러 사람이 차 하나를 타지만 다양한 장소에서 타고 내리는 것이다.
20 www.destatis.de/DE/Presse/Pressemitteilungen/2019/04/PD19_139_811.html
21 Auf einen steigenden Pkw-Export hofft etwa die Agora Energiewende et al. (2020, S. 60).
22 Quaschning, S. 182; Ploger, S. 279
23 www.zukunft-mobilitaet.net/172138/flugverkehr/flugreisenhaushalte-personen-einkommen-oekonomischer-status-haeufigkeit/
24 Gossling/Humpe, S. 1
25 https://co2.myclimate.org/de/portfolios?calculation_id=4623051
26 Gopel, S. 156 ff.
27 Gates, S. 14 f. und 59. 지난 몇 년간 미국의 케로신 가격은 1갤런당 평균 2.22달러였던 반면, 바이오 케로신은 1갤런당 5.35달러였다. 참고로 1갤런은 3.785리터다.
28 Fucks, S. 201
29 Technisch machbar, aber noch teuer, taz, 1.7.2021
30 Quaschning, S. 189
31 Schulte, S. 189
32 Quaschning, S. 190 ff. 스탠퍼드대학은 이산화탄소를 분해해 합성 휘발유를 만드는 데 쓰이는, 기존 촉매보다 효율이 1,000배 뛰어난 새로운 촉매 개발에 성공했다. 이 촉매는 루테늄으로 이루어졌고, 얇

은 통기성 플라스틱으로 코팅되어 있다(Stanford engineers create a catalyst that can turn carbon dioxide into gasoline 1.000 times more efficiently, Stanford News Service, 9.2.2022). 하지만 이 새로운 기술 역시 에너지를 많이 소비하는 데다, 대기 중에서 이산화탄소를 포집하는 과정이 매우 복잡하다는 점에는 변화가 없다.

33 비행기들은 더 낮게 날아야 한다. 낮은 고도는 상대적으로 더 많은 수증기를 포함하여 얼음 결정으로 이루어진 권운이 더 적게 형성되기 때문이다. 하지만 공기 저항이 커져서 비행 시간과 연료 소비량이 늘어난다(Quaschning, S. 190 f.)

34 순수 수소는 합성 케로신의 대안이 될 수 있다. 에어버스는 2035년까지 액화 수소로 비행하는 항공기를 출시할 예정이다. 하지만 비행기의 3분의 1을 차지할 만큼 큰 탱크가 필요하다. 게다가 수증기도 계속 생겨나 기후에 해를 끼치는 비행운이 생성된다.

35 Pinzler/Wessel, S. 82

36 www.lufthansagroup.com/de/themen/klimaschutzziele.html

37 기후 연구가 항공 교통을 다룰 때 대개 모순이 많다. 대표적인 예가 기후중립재단의 시나리오인데, 한편으로는 권운 등의 '비이산화탄소 효과(Non-CO^2-Effect)'가 지금까지 해결되지 않는 문제라는 점을 지적하고 있다. "이산화탄소를 배출하지 않는 연료를 사용할지라도 이러한 기후 효과는 그대로 남는다는 점을 강조해야 한다"(2020, S. 99). 그럼에도 기후 보호와 양립 가능하다고 가정하여, 2040년까지 독일의 비행기 이용 승객이 매년 1퍼센트씩 증가하지만, E-케로신 사용으로 인해 비행 비용이 50퍼센트 인상되면 2040년부터 2050년 사이에는 매년 2퍼센트씩 감소할 것이라고 추정한다(2020, S. 91). 이러한 예측이 맞다면 독일의 항공 교통량은 2050년까지 총 4퍼센트 증가할 것이다.

38 www.bdl.aero/de/themen-positionen/bedeutung-des-luftverkehrs/luftfahrt-sichert-mehr-als-800-000-arbeitsplaetze-in-deutschland/

39 www.oecd-ilibrary.org/sites/508bfb5b-en/index.html?itemId=/content/component/508bfb5b-en. 2018년 19억 9,200만 톤의 원유, 12억 9,200만 톤의 석탄, 10억 2,300만 톤의 정제 석유 제품을 비롯하여 4억 6,100만 톤의 가스가 선박으로 운송되었다.

40 세계화에 관한 상세한 역사는 Herrmann 2015, S. 97 이하 참조. 세계화는 컨테이너와 함께 시작된 것이 아니라, 최초의 장거리 항해 범선이 개발되었던 15세기로 거슬러 올라간다.
41 www.fraunhofer.de/de/forschung/aktuelles-aus-der-forschung/wasserstoff-so-bleiben-wir-mobil/eignung-wasserstoff-fuer-lkwschiff-zug-flugzeug.html
42 세계 최대의 선박 회사 머스크(A. S. Møller-Mærsk)는 먼저 나서서 한국에 기존 연료는 물론이고 메탄올 연료로도 항해할 수 있는 컨테이너 선박 8척을 발주했다. 이 회사는 자사의 시장 지배력에 의지할 계획이다. "우리는 이번 선박 발주를 통해 '닭이 먼저냐, 달걀이 먼저냐'의 문제를 돌파할 수 있다고 믿습니다."(Warum sich die Schifffahrt so schwer damit tut, grüner zu werden, Süddeutsche Zeitung, 7.9.2021).
43 Hentschel, S. 84
44 Agora Energiewende et al., S. 65. 제철소를 기후 중립적으로 재무장하려면 약 300억 유로가 필요하다(Bundesministerium für Wirtschaft und Energie, Handlungskonzept Stahl, Berlin 2020, S. 6). 2019년 독일의 철강 산업은 328억 유로의 매출을 기록했다. 따라서 2045년까지 기후 중립을 달성하려면 철강 기업들은 매년 매출의 4퍼센트를 친환경 기술에 투자해야 한다. 철강 산업은 국가의 도움 없이는 기후 중립을 달성하기 어려울 것이다. 제철소의 용광로는 철강 산업의 전체 기술의 일부분일 뿐이기 때문이다. 참고로, 혁신력으로 유명한 독일의 기계 제조업은 매출의 약 3.6퍼센트를 투자한다.
45 Wuppertal Institut, S. 70. 중량이 1톤인 자동차는 철강 600킬로그램, 주철 10킬로그램, 알루미늄 90킬로그램, 플라스틱 100킬로그램, 케이블 1.6킬로미터로 제조된다(www.automotive.at/automotive/woraus-besteht-eigentlich-ein-auto-45022).
46 Dechema/FutureCamp (Hg.), S. 9. 친환경 화학 산업으로 재무장하려면 약 680억 유로가 들 것이다(S. 77). 화학 산업은 애당초 생산 과정에서 엄청나게 많은 에너지를 소비하는 데다, 기본 연료로 사용하는 화석 연료를 다른 것으로 대체해야 한다. 지금까지는 탄화수소 혼합물

인 나프타를 사용해 플라스틱, 래커, 페인트, 제초제 등을 만들어왔다. 이에 대한 대안으로 합성 나프타를 고려해볼 수 있다. 이 경우 녹색수소와 이산화탄소를 결합해야 하는데 에너지가 매우 많이 소비된다. 화학적으로는 E-케로신이나 메탄과 비슷하지만 분자 구조가 훨씬 복잡하다.

47 Agora Energiewende et al. 2020, S. 71
48 Agora Energiewende et al. 2020, S. 70, Fußnote 13. 그럼에도 이 연구는 화학 산업의 에너지 수요가 화학 산업의 자체 추정치보다 훨씬 낮게 산출되는지 철저하게 밝혀내지 못했다. 계산 오류가 있기 때문이다. 수입된 그린나프타에 필요한 에너지를 계산에서 제외함으로써(S. 70, Fußnote 13) 화학 산업의 자체 추정치와의 차이를 설명하는 한편, 372테라와트시라는 총에너지 수요 속에 수입된 그린나프타에 필요한 에너지를 포함한 것이다(S. 71). 이러한 모순은 2021년 업데이트된 연구 '기후중립독일2045(Klimaneutrales Deutschland 2045)' 54쪽의 각주 13과 55쪽에서도 발견된다.
49 Wuppertal Institut, S. 66 und 68
50 Dechema/FutureCamp (Hg.), S. 74
51 현재 독일화학산업협회(VCI: Verband der Chemischen Industrie)의 '기후를위한화학(Chemistry4Climate)' 프로젝트 통해 순환경제의 가능성에 대한 상세 연구가 진행되고 있다. 2023년 4월 첫 연구 결과가 발표되었다.
52 Gates, S. 99 f.
53 시멘트 산업의 이산화탄소 배출량의 약 60퍼센트는 석회석을 가열해 최종적으로 시멘트를 만드는 하소(Calcination) 과정에서 발생한다. 나머지 40퍼센트는 가열하기 위해 연료를 태울 때 발생한다.
54 Rahmstorf/Schellnhuber, S. 130; Holthaus, S. 142
55 2019년 이후 목재 가격은 4배 상승했다(2022년 3월 5일 기준).
56 1990년 이후 전 세계적으로 약 1억 7,800만 헥타르의 숲이 사라졌다. 이는 독일 면적의 5배에 해당하고, 전 세계 삼림 면적의 약 4.4퍼센트에 달한다(FAO, S. 7 und 12). 그런데도 카를 라우터바흐 보건복지부 장관은 향후 목재를 이용해 건물을 지어야 한다고 고집한다. 우리가

고기를 적게 먹으면 가축 사료가 덜 필요해질 테니 나무를 심을 땅이 더 많아질 것이라는 논리다(S. 159). 맞는 말일 수도 있다. 하지만 이런 나무들은 심은 지 100년은 지나야 건축용 목재로 사용할 수 있다.

57 현재까지 건축 가능한 점토 건물의 높이는 13미터다.
58 Fucks, S. 176
59 시멘트 산업의 이산화탄소 배출량을 감소하기 위해 이산화탄소를 돌로 만드는 광물화 공정을 이용하는 방법이 있다. 이렇게 이산화탄소와 반응한 마그네슘 혹은 칼슘 실리케이트를 시멘트와 혼합하는 것이 가능하다. 하지만 이 방법으로는 배출량을 8~33퍼센트 정도밖에 줄일 수 없으며 공정 설비 또한 국가 보조금을 필요로 한다(Geschäftsmodelle für die CO^2-Mineralisierung, idw, 15.3.2022).
60 Fuhrhop, S. 75
61 Reimer/Staud, S. 238 f.
62 »Sie sorgen fur Zersiedelung«, Interview mit Anton Hofreiter, Spiegel, 13.2.2021
63 dpa, 15.2.2021
64 Fuhrhop, S. 44
65 Fuhrhop, S. 45. 건축가 귄터 뫼비스의 말을 인용하고 있다.
66 Fuhrhop, S. 95 f. 리모델링된 구축 건물은 연간 1제곱미터당 95.8킬로와트시의 전력을 소비한다. 패시브 하우스는 최소 100킬로와트시의 전력이 필요하다. 녹지에 패시브 하우스를 건축하는 경우 112.3킬로와트시의 전력이 필요할 수도 있는데, 통근 거리나 장보러 가는 거리가 더 길어지기 때문이다. 리모델링, 신축, 건물 운영 에너지를 반영한 계산이다.
67 Statistisches Bundesamt 2021, S. 6
68 www.destatis.de/DE/Themen/Gesellschaft-Umwelt/Bevoelkerung/Haushalte-Familien/Tabellen/1-2-privathaushalte-bundeslaender.html
69 마지막 건물 및 주택 조사는 2011년에 실시되었다. 당시 183만 채의 빈집이 기록되었다(www.bbsr.bund.de/BBSR/DE/forschung/fachbeitraege/wohnen-immobilien/immobilienmarkt-beobachtung/Wohnungsleerstand/wohnungsleerstand.html).

70 베를린에서는 난방비와 관리비 등을 미포함한 기본 임대료의 15퍼센트가 2주택 소유 세금으로 부과된다. 2017년에는 1만 7천 명이 납부 대상자였다. 하지만 외국인에게는 이 세금이 부과되지 않아 통계에 결함이 있다. 경험한 이야기들에 따르면 한동안 다른 EU 국가들에서는 베를린의 주택 가격이 싸다며 매입하는 것이 유행이었다고 한다.

71 Fuhrhop, S. 110

72 www.umweltbundesamt.de/daten/private-haushalte-konsum/wohnen/wohnflaeche#zahl-der-wohnungen-gestiegen. 빈집의 면적은 반영되어 있지 않다.

73 www.handelsblatt.com/politik/deutschland/mieter-und-eigentuemer-wohnraum-in-deutschland-so-gross-ist-ihre-wohnungim-vergleich/26929832.html

74 www.destatis.de/DE/Themen/Branchen-Unternehmen/Bauen/

75 지금까지 매년 1퍼센트의 건물에 단열 설비가 설치되고 있다. 독일이 2045년까지 기후 중립을 달성하려면 매년 4퍼센트의 건물에 단열 설비가 설치되어야 한다.

76 Agora Energiewende et al. 2020, S. 12

77 Edenhofer/Jakob, S. 56. 람슈토르프와 쉘른후버도 유사한 결과를 내놓았다. 1.9~3.8퍼센트에 이르는 전 세계 연간 경제 성장률은 친환경 에너지 전환으로 인해 평균 연간 0.06퍼센트 정도 둔화될 것으로 예상된다.

78 Agora Energiewende et al. 2020, S. 15. 낙관적인 성장 전망을 뒷받침하기 위해 2018년 독일산업연맹(BDI)의 연구 「독일이 기후를 위해 가야 할 길(Klimapfade für Deutschland)」을 거론한다. 실제로 이 연구는 2050년까지 배출되는 온실가스를 95퍼센트 줄이면 누적 0.9퍼센트의 성장이 이루어질 것이라고 가정한다(S. 102). 하지만 이 연구의 세부에는 모순이 있다. 예를 들면, 자동차 산업은 기후 보호 덕분에 0.4퍼센트 성장할 것이라고 한다(S. 104). 하지만 무엇 때문에 성장하는지는 명확히 제시되어 있지 않다. 다른 대목에서는 2050년까지 독일 내 자동차 수가 11퍼센트 감소해 4,100만대로 줄어야 한다고 가정하고 있기 때문이다(S. 179). 심지어 이러한 가정은 지나치게 낙관적

이다. 대부분의 연구는 자동차 최대 3천만 대까지만 친환경 전기를 공급할 수 있다고 가정하기 때문이다.
79 Fraunhofer ISE, November 2021, S. 55
80 Fücks, S. 36
81 Umweltbundesamt 2018, S. 39
82 Wuppertal Institut, S. 58

15장   기술 혁신과 디지털화가 기후를 구할 수 없는 이유

1   멸망론은 자본주의의 역사보다 오래되었다. 인간은 항상 자신의 교만함을 우려했다. 성경에는 바벨탑을 쌓다가 실패한 사건이 실려 있으며, 고대 그리스인들은 이카루스의 추락에 대한 이야기를 후대에 남겼다.
2   McAfee, S. 180. 나쁜 소식이 특히 잘 팔린다는 사실은 현재도 변함이 없다. 데이터 분석가 칼레브 리타우가 1945년부터 2005년까지의 《뉴욕 타임스(New York Times)》를 비롯한 130개 국 신문 아카이브를 분석한 결과, 기사의 기본 어조가 점점 부정적으로 바뀌었다는 사실을 확인했다(Pinker, S. 50 f.).
3   마르크스의 사상은 두 단계로 진화했다. 젊은 마르크스는 정치적 전복을 꿈꾸었던 철학자이자 혁명가였다. 이러한 정신 속에서 그는 1848년에 『공산당 선언』을 집필했다. 그러나 혁명은 독일과 유럽 전역에서 실패로 끝났다. 어디에서도 진정한 의회 민주주의는 성립되지 않았고, 1849년 7월쯤에는 곳곳의 군주들이 다시 왕좌를 굳건히 지켰다. 좌절한 마르크스는 경제학자로 변모했다. 그는 자본주의 체제 안에서 이 시스템을 몰락하게 만들 모순을 찾으려 했다. 이리하여 그는—완전히 제대로—'경쟁 강제법'을 설명해냈다. 경쟁자의 것보다 더 생산적인 새 기계를 도입하는 것은 각 개별 기업가에게 구미가 당기는 일이다. 더 싸게 물건을 생산한다면 더 낮은 가격에 판매해 초과 이윤을 얻을 수 있기 때문이다. 그런데 다른 경쟁자들도 시장에서 밀려나지 않으려면 즉시 이를 따라 해야 한다. 그래서 그들도 새로운 기계에 투자한다. 결국 대부분의 시

장은 포화 상태에 이르고 추가 생산된 상품들을 더 이상 감당할 수 없게 된다. 이 축출 경쟁에서 살아남는 것은 가장 저렴하게 생산할 수 있는 기업뿐이다. 즉, 대체로 대기업들이다. 대기업은 오늘날 경제학자들이 '규모의 경제'라고 부르는 현상으로부터 이익을 얻는다. 생산량이 많아질수록 제품 1개당 투입되는 기술 비용은 저렴해진다. 마르크스는 자본주의가 과점으로 향하는 경향이 있다는 것을 가장 명확히 묘사한 최초의 경제학자였다. 소규모 기업은 밀려나고 결국 소수의 대기업만이 산업 전체를 지배하게 된다. 마르크스는 이러한 집중화 과정을 흥미롭게 받아들였다. 그는 자본가들이 서로를 몰락시켜 결국 몇몇만 남게 되는 과정을 통해 자본주의가 스스로 붕괴하리라고 믿었다. "자본가 한 명이 다수의 자본가를 죽인다." 그렇게 되면 혁명은 훨씬 단순해질 것이라고 마르크스는 생각했다. 마지막에는 '민중'이 '소수의 수탈자'만 제거하면 되기 때문이다. "수탈자들이 수탈당할 것이다." 그러나 알려진 바와 같이 현실은 달랐다. 마르크스는 대기업들의 과점 체제를 정확히 예측했지만 그로 인해 자본주의가 붕괴되지는 않았다(마르크스 이론에 대한 전체적인 설명은 Herrmann 2018, S. 106 이하 및 S. 125 이하 참조).

4 Zitiert nach Herrmann 2018, S. 128
5 Wehler 1995, S. 84
6 Zitiert nach McAfee, S. 58
7 Zitiert nach McAfee, S. 61
8 Zitiert nach Gates, S. 113 f. Ahnlich Lomborg, S. 168
9 Gates, S. 114. 식량이 충분한 데도 여전히 인도에는 굶는 사람들이 있다. 14억 인구 중 약 1억 8,900만 명이 영양실조에 걸려 있다. 카스트의 최하층민과 토착 원주민이 사회적으로 소외와 착취를 당하고 있기 때문이다.
10 Lomborg, S. 168 f. 에를리히는 한 내기에서 참패한 것으로도 유명하다. 1980년 미국의 경제학자 줄리언 사이먼은 에를리히에게 앞으로 희소해져서 가격이 폭등할 것으로 예상되는 금속 다섯 가지를 꼽아 달라고 요구했다. 그 금속들을 총 1,000달러어치 구매했다고 가정해보는 것이었다. 에를리히는 크롬, 구리, 니켈, 주석, 텅스텐을 골랐다. 둘은 10년 뒤에 가격이 상승할지 하락할지 내기했다. 1990년, 인플레이

션이 반영된 모든 금속의 가격은 1980년보다 떨어져 있었다. 에를리히는 차액인 576.07달러를 사이먼에게 지불해야 했다. 에를리히가 휘발유, 설탕, 커피, 면, 모, 인산염을 선택했더라도 내기에서 졌을 것이다. 같은 10년 동안 세계 인구는 8억 명 늘었지만 모든 원료의 가격은 더 내려갔기 때문이다(Fucks, S. 111 f.). 후에 에를리히가 내기에 진 것은 우연의 장난 때문이었다는 사실이 밝혀졌다. 대체로 다른 10년 동안에는 원료 가격이 상승했던 것이다(Jackson, S. 13 f.). 2000년 이후 원료 가격은 3배 상승했고, 코로나19 팬데믹이 발발하자 2021년에는 공급망 문제로 인해 무려 5배나 폭등했다(BGR Preisindex metallische Rohstoffe).

11 로마클럽은 인류의 미래 문제에 대한 학제 간 연구를 위해 1968년 창설되었다. 이탈리아의 기업가 아우렐리오 페체이와 스코틀랜드 출신의 경제개발협력기구 과학 국장 알렉산더 킹에게서 나온 아이디어였다. '성장의 한계' 연구는 저명한 컴퓨터 공학자 제이 포레스터가 이끄는 MIT 시스템 다이내믹스 연구 그룹이 수행했다. 폴크스바겐 재단이 연구비 1백만 도이치마르크를 지원했다.

12 Meadows et al., S. 17

13 »Grenzen des Wachstums« gehort zuruck ins Bucherregal, Suddeutsche Zeitung, 14.3.2022

14 Meadows et al., S. 46 ff.

15 Meadows et al., S. 128

16 『성장의 한계』는 2000년 대기 중 이산화탄소 농도가 공기 분자 1백만 개당 380개에 이를 것이라고 예측했다(Meadows et al., S. 60 f.). 실제로 2005년에 이 수치에 도달했다.

17 Meadows et al., S. 69. 당시에는 산업 시설, 발전소, 건물의 폐열만으로 세계가 걷잡을 수 없이 뜨거워질 거라는 우려가 많았다. 그리고 온실가스와 거의 동일한 영향을 끼칠 것이라고 예측되었다. 그러나 지금은 폐열이 기후 변화에 미치는 영향은 약 3퍼센트에 불과한 것으로 밝혀졌다(www.n-tv.de/wissen/Abwaerme-veraendert-Klima-article10020821.html).

18 Meadows et al., S. 131 f.

19 Radkau 2008, S. 186 f.
20 Seba, S. 129
21 Radkau 2008, S. 208. 1893년 대학은 농업공학 교수직 신설을 반대했다.
22 Seba, S. 101
23 Ritchie/Roser, S. 10; Radkau 2008, S. 406
24 Radkau 2008, S. 406
25 Levinson, S. xiiif
26 Seba, S. 38 f.
27 Suddeutsche Zeitung, 5.5.2021
28 Radkau 2008, S. 429
29 Seba, S. 39. 비위생적인 문제를 해결하기 위해 UN은 11월 19일을 '세계화장실의 날'로 지정했다.
30 Pinker, S. 331
31 Daly, S. 28
32 Paech, S. 54
33 Daly, S. 42. '질적 성장'이라는 개념을 둘러싼 혼동은 GDP가 구성되는 방식에서 비롯된다. GDP는 시장 가격을 기반으로 경제 성과를 측정하고 물질적 기반은 반영하지 않는다. 그 탓에 물질은 중요하지 않게 여겨진다. 오직 돈의 흐름만 중요하기에 서로 다른 두 현상이 GDP를 상승시킬 수 있는 것이다. 더 많은 제품이 생산되는 경우와 제품의 품질이 향상되어 생산자가 더 높은 가격을 요구할 수 있게 되는 경우다. 그러니까 품질 향상이 GDP를 높일 순 있지만, 그렇다고 순수한 질적 성장이 존재한다는 결론을 내릴 수 없다(Daly, S. 28).
34 Pinker, S. 135
35 Plöger, S. 263; Parrique et al., S. 45. 여기서 말하는 것은 이산화탄소 환산량이다. 다른 기체들의 온실 효과를 이산화탄소 기준으로 환산한 것이다.
36 Ploger, S. 265
37 연구자들은 리바운드 효과를 다양한 유형으로 분류하고 있다. 첫째, '직접적 리바운드 효과'는 원료 절감이 동일 제품의 소비 증가로 이어

지는 경우를 말한다. 예를 들어 자동차 운행 면에서 이 효과를 관찰할 수 있다. 엔진의 효율이 높아지면 더 빠르게, 더 멀리 이동하게 된다. 둘째, '소득 효과'는 한 제품에서 절약된 비용을 다른 제품을 소비하는 데 사용하는 경우를 말한다. 셋째, '거시경제적 효과'는 예를 들면, 기계가 너무 저렴해져서 다양한 제품의 제조에 사용되는 경우를 말한다. 증기 기관, 로봇, 디지털화 등이 해당한다(Parrique et al., S. 36 ff.).

38 Wir sehen uns beim Yottabyte, taz, 20.3.2021
39 Klingholz, S. 247 f.
40 Wuppertal Institut, S. 75
41 현재 독일 항공기는 승객 1명을 100킬로미터 이동시키는 데 평균 4리터 미만의 케로신을 필요로 한다. 1990년대 중반에 비해 30퍼센트 더 적은 연료를 소모하고 있다. 같은 기간에 승용차의 휘발유 소비량은 겨우 13퍼센트 감소했다(www.bdf.aero/themen/klima-umwelt/).
42 Gossling/Humpe, S. 1
43 Stimpel, S. 111 f.
44 Flughafen Munchen, Statistischer Jahresbericht 2021 (Munchen 2022), S. 5
45 Helfen Videokonferenzen dem Klima?, Suddeutsche Zeitung, 4.12.2021
46 Quaschning, S. 163; Lauterbach, S. 22
47 Stimpel, S. 152 f.
48 Umweltbundesamt 2018, S. 90
49 Wuppertal Institut, S. 58, Fußnote 42
50 Neubauer/Repenning, S. 230
51 Paech, S. 87 f.
52 Paech, S. 9
53 Wie viel CO_2 verbrauchen Buhnen, Museen und Bibliotheken?, Tagesspiegel, 24.2.2022

16장 경제가 붕괴한다면

1. Quaschning, S. 10
2. Statistisches Bundesamt, Volkswirtschaftliche Gesamtrechnungen. Inlandsproduktberechnung. Lange Reihen ab 1970 (Wiesbaden 2022), S. 14
3. Welzer, S. 66 ff.
4. '불쉿 잡'은 맥도날드 같은 곳의 노동처럼 사회적으로 매우 중요하지만 보수가 적은 '쉿 잡(Shit-Jobs)'과는 다르다. 불쉿 잡은 정확하게 그 반대다(Graeber, S. 14 f.).
5. Graeber, S. xxii und 14. 조사에 응답한 영국인의 37퍼센트는 자신의 일을 쓸데없다고 생각한 반면, 50퍼센트는 자신의 일을 의미 있다고 생각했다. 13퍼센트는 잘 모르겠다고 대답했다.
6. 리사이클링이란 말은 모든 쓰레기가 100퍼센트 재활용될 수 있는 듯이 들린다. 녹색당의 토니 호프라이터도 이러한 환상을 훌륭하게 축약해 표현했다. "구리 원자는 변형되지 않습니다. 전기 엔진에 수천만 번이고 계속 사용할 수 있지요."(Schulte, S. 195). 구리의 재활용 효율이 매우 우수하고 수차례 재사용해도 품질이 거의 떨어지지 않는 건 사실이다. 하지만 유감스럽게도 모든 물질이 그런 건 아니다. 예를 들어 재활용한 플라스틱은 더 낮은 품질의 제품을 만드는 데만 쓸 수 있다. 종이도 최대 3회에서 6회까지만 재활용할 수 있으며, 그다음에는 골판지나 바이오 연료로 사용된다(Parrique et al., S. 46). 게다가 모든 재활용 과정에는 추가적인 에너지가 필요하다. 따라서 완벽한 순환경제는 존재할 수 없다. 재활용도 새로운 연료를 소비하지만 기존의 '1회용 방식'보다 훨씬 적게 소비할 뿐이다.
7. Pettifor, S. 67
8. Schor, S. x; Raworth, S. 264; Paech, S. 120 f.
9. Schor, S. 119
10. Schor, S. 151
11. Schor, S. x
12. Von Radern und Buchern, taz, 25.9.2021

13 Schor, S. 13
14 Ekardt, S. 128 f.
15 Welzer, S. 78
16 모든 투기 사업의 기본은 파생 상품이다. 이 기본 원리는 고대에 이미 발명된 것으로, 본래는 매우 합리적인 목적을 가졌다. 이러한 '증권'을 통해 향후 현금 흐름을 확실하게 계획할 수 있었다. 좋은 예가 항공사다. 항공사는 티켓을 미리 판매하는데 티켓 가격은 당연히 비행 비용에도 좌우된다. 그중 중요한 항목이 항공유다. 그러나 앞으로 유가가 얼마나 상승할지 아무도 알 수 없는 데다 유가는 달러로 계산된다. 향후 달러 환율도 알 수 없다. 그래서 항공사는 미리 가격을 확정하고 모든 리스크를 제거하기 위해 석유 및 외환의 파생 상품을 구입한다. 여기서 문제는 항공편 같은 실물 거래 없이도 파생 상품이 투기 수단으로 악용될 수 있다는 것이다. 통계에서도 명확하게 드러나듯이 오늘날 투기는 일반적이다. 2021년 상반기에 전 세계의 장외 거래 파생 상품의 명목 가치는 610조 달러였다(Bank für Internationalen Zahlungsausgleich, Tabelle D5. 1: Global OTC derivatives market). 반면, 2021년 전 세계의 경제 실적은 85조 달러에 불과했다. 즉, 세상에는 실물 재화보다 파생 상품이 훨씬 많은 것이다(상세한 금융 투기 역사에 대해서는 Herrmann 2015, S. 142 이하 참조).
17 McKinsey, S. 6
18 Deutsches Aktieninstitut, Aktionärszahlen 2021 (19.1.2022). 월 순소득이 4천 유로 이상인 사람들 중 46.6퍼센트가 주식을 보유하고 있다. 그런데 부유층 사이에서도 자산 격차가 매우 크다. 독일의 상위 1퍼센트 부자가 총 국민 자산의 약 36퍼센트를 소유하고 있는데 이는 주로 기업 지분이다(Bach/Thiemann/Zucco, S. 21).
19 독일의 예금 계좌와 현금의 총액은 3조 유로에 달한다. 금융 자산은 7조 8천억 유로다. 주식, 고정 수익 증권, 생명 보험 등도 여기에 포함된다.
20 Fücks, S. 30. 베를린자유대학 환경정책 연구소에서 장기간 소장이었던 마르틴 야니케의 주장을 인용하고 있다.
21 Schneidewind, S. 161 f.

22   Neubauer/Repenning, S. 235
23   Jackson 2020, S. 174. Ahnlich Ekardt, S. 34 und 133

17장   경제학자들의 실패

1   Henderson, S. 36 und 222
2   케인스 이론에 대한 보다 상세한 설명은 Herrmann 2018, S. 181 이하 참조.
3   케인스도 2030년이면 생산성이 매우 높아져 서구 고소득국 국민들은 주 15시간만 일하면 될 것이라고 예측했다(Keynes 1930, S. 369). 탈성장 운동은 케인스가 노동 시간을 단축함으로써 자본주의를 종식하는 길을 제시했다고 해석하기도 한다. 하지만 케인스의 이 짧은 글 속에는 이런 해석에 대한 근거가 없다. 케인스는 성장의 종말이나 산업화의 종말에 대해 서술하지 않았다. 1930년, 세계경제대공황이 한참 진행 중이었을 때 쓰인 이 글은 향후 100년을 내다보며 동시대인들에게 성장이 곧 회복될 것이라는 희망을 주고자 했다. 케인스는 2030년경의 후손들이 거의 일하지 않고 휴가만 즐겨도 될 정도로 부유해질 것이라고 전망했다. 그는 성장률을 정확하게 예측했지만 노동 시간은 그의 예측만큼 급격히 감소하지 않았다. 대신 쓸데없는 활동이 많이 생겨났는데, 앞서 언급한 '불쉿 잡' 등이 이에 해당한다.
4   신고전학파에 대한 상세한 설명은 Herrmann 2018, S. 139 이하 및 S. 205 이하 참조.
5   신고전학파에 대한 최고의 비판은 보수주의 경제학자였던 요제프 슘페터에게서 나왔다. 상세한 설명은 Herrmann 2018, S. 146 이하 참조.
6   탄소세는 변형된 환경세다. 탄소 1톤당 가격이 매겨지며 이 가격은 서서히 오를 예정이다. 최근 독일은 난방 연료와 차량용 연료에 탄소세를 부과했다. 2022년에는 1톤당 30유로를 부과했고, 2025년까지 55유로로 인상될 예정이다. 2026년부터 탄소 배출권 가격은 경매를 통해 산정되며 2026년 기준으로 1톤당 55~65유로 정도가 될 것이라 전망된다. 이

로써 독일은 탄소세만 고수하지 않고 탄소 배출권 거래 제도를 도입하게 되었다. 탄소 배출권은 일종의 오염권이다. 국가가 연간 총배출량을 정한 뒤 여기에 맞춰 배출권을 발행한다. 기업이 탄소를 배출하려면 해당 배출권을 소유하거나 구입해야 한다. 즉, 탄소 가격이 국가에 의해 정해지는 것이 아니라 시장에서 형성되는 것이다. 한편, 혁신에 대한 압력을 높이기 위해 허용 배출량을 꾸준히 축소해 배출권은 점점 줄어들 예정이다. 2005년 EU는 발전소와 일부 산업 시설에 배출권 거래 제도를 도입했다. 2012년부터 이 제도는 유럽 내 항공 업계에도 얼마간 적용되었다. 하지만 도로 교통 분야, 그 밖의 많은 기업, 부동산 업계 등은 제외되어, 이 거래 제도가 다루는 온실가스 배출량은 전체의 약 45퍼센트에 불과했다. 게다가 초기에는 배출권이 과잉 공급되어 2017년까지 가격이 1톤당 고작 5유로였고 거의 효과를 보지 못했다. 전반적인 개혁이 이루어진 후에 EU 내 배출권 가격이 대폭 인상되어 현재는 약 89유로에 달한다(2022년 5월 5일 기준). 하지만 배출권 거래 제도의 단점은 경기에 따라 거래 가격이 심하게 변동한다는 것이다. 게다가 투기꾼들이 대규모 거래에 참여하고 있다. 2012년에는 거래 총액이 기업의 배출권 수요보다 33배나 많았다(Schulmeister, S. 813). 또한 석유와 천연가스 가격도 변동이 심하기 때문에, 기업들도 향후 화석 연료 소비 비용이 어느 정도일지, 기후 중립 기술에 투자할 가치가 있는지 확실하게 예측할 수 없다. 그래서 제안된 제3의 대안은, 국가가 탄소세를 올리는 것이 아니라, 석유, 천연가스, 석탄의 목표 가격을 직접 설정하는 것이다. 가상의 예를 들어보겠다. EU가 2030년까지 석유 1배럴당 200유로로 가격을 인상하려고 한다. 그런데 이때 국제 석유 시장의 유가가 100유로에 불과하다. 그러면 EU는 차액인 100유로를 구매자에게서 징수하는 것이다. 한편, 유럽 기업들이 불이익을 진 채 국제 경쟁에 나서지 않도록 탄소 국경 조정 제도(Carbon Border Adjustment Mechanism)도 시범 적용 중이다. 이 제도로 인해 수출품에는 금액이 부과되지 않고 수입품에는 부과된다. 이러한 탄소국경조정 제도의 실행 방안은 새로 고안할 필요가 없으며, 이미 부가세 제도와 같은 원리로 실행되고 있다(Schulmeister, S. 813 f.).

7 Stelter, S. 216; Schularick, S. 97; Edenhofer/Jakob, S. 70 ff.; Lomborg, S. 154 f.; Pinzler/Wessel, S. 278; Flassbeck, S. 82 ff.;

Fucks, S. 177 f.; Raworth, S. 213; Neubauer/Repenning, S. 151 f.; Henderson, S. 222; McAfee, S. 249 f.; Ploger, S. 223; Richters/Siemoneit, S. 112

8　Edenhofer/Jakob, S. 70 ff.
9　Welzer, S. 235
10　Plöger, S. 68; Latif, S. 168. 스위스의 탄소세는 디젤이나 휘발유에 부과되지 않고, 집, 공장, 발전소 등에서 열 생산 시 부과된다. 염료, 래커, 세척제 등에서 발생하는 휘발성유기화합물에 부과되는 세금도 있다. 이렇게 징수된 세금의 3분의 1은 건물 개조 및 보수에 사용되고 나머지는 국민들에게 환급된다. 2022년에는 보험 가입자 1인당 88.20스위스프랑이 지급되었다(www.bafu.admin.ch/bafu/de/home/themen/klima/fachinformationen/verminderungsmassnahmen/co2-abgabe/rueckverteilung/umweltabgabe-rueckverteilung-2021.html).
11　www.government.se/government-policy/swedens-carbon-tax/swedens-carbon-tax/. 스웨덴에서는 모든 화석 연료에 탄소세가 부과된다. 2018년부터는 산업계도 일반 가정과 동일한 수준의 탄소세를 내고 있다. 탄소세는 국가의 일반 재정으로 편입되며 스위스와 달리 국민에게 재분배되지 않는다.
12　다양한 자료가 사용되기 때문에 사실 국가별 비교는 매우 어렵다. '탄소 발자국'의 경우 스웨덴은 1인당 6.3글로벌헥타르(global hectare), 스위스는 4.3글로벌헥타르, 독일은 4.7글로벌헥타르를 소비한다. 그러나 지속 가능한 환경을 위해서는 1인당 최대 1.6글로벌헥타르만 소비해야 한다(https://data.footprintnetwork.org/#/). 소비된 재화에 포함된 탄소 배출량(소비되는 지역을 기준으로 하며, 수입품에는 포함되고 수출품에서는 제외된다)을 바탕으로 삼으면 다른 결과가 나오기도 한다. 이 경우 스위스는 1인당 13.5톤의 탄소를 배출하는 것으로 평가되어 성적이 가장 안 좋다. 독일은 거의 10톤에 달하고, 스웨덴은 6.8톤을 기록했다(https://ourworldindata.org/co2/country/sweden?country=SWE~DEU~CHE).
13　탄소세와 관련한 꼼수가 상당히 많다. 특히 스웨덴에서 그렇다. 공식적인 탄소세는 1톤당 114유로이지만, 너무 많은 예외 규정이 있어서

실제 평균 부담은 1톤당 30유로 미만에 불과하다(https://www.oecd.org/tax/tax-policy/brochure-taxing-energy-use-2019. pdf, S. 6).

14 www.bundesfinanzministerium.de/Content/DE/Standardartikel/Themen/Steuern/2022-03-14-zusammensetzung-der-spritpreise.html

15 독일운전자 연맹(ADAC)은 정기적으로 유럽의 연료 가격을 정리한다(www.adac.de/verkehr/tanken-kraftstoff-antrieb/ausland/spritpreise-ausland/. 2022년 5월 6일 기준). 이를 보면 유럽 전역에서 연료 가격이 매우 높다는 것을 알 수 있다. 많은 국가의 근로자 소득이 독일보다 낮다는 점을 고려하며 구매력을 따져볼 경우, 불가리아, 루마니아, 라트비아, 크로아티아의 연료 가격이 가장 높다(www.focus.de/finanzen/news/benzinpreise/deutschlands-problem-sindnicht-die-spritkosten-8-05-euro-pro-liter-wen-die-benzinpreisein-europa-wirklich-erdruecken_id_72883068.html).

16 업무용 차량을 사용하는 직원은 매월 차량 가격의 1퍼센트를 세금으로 내야 한다. 예를 들면, 포르셰 카이엔 1대가 74,828유로라면 직원은 매월 748.28유로의 금전적 혜택을 받는 것으로 간주된다. 해당 직원이 최고 세율인 42퍼센트를 적용받는다면 실제 부담하는 세금은 매월 314.28유로다(www.germanwatch.org/sites/default/files/announcement/6388.pdf).

17 Umweltbundesamt 2021, S. 66

18 EU 회원국에 신규 등록된 화석 연료 차량의 탄소 배출량을 분석해보면 나라별로 큰 차이가 없지만, 전기차 비율 때문에 조금씩 달라진다(https://teslamag.de/news/marktforscher-elektroautos-co2-emissionen-eu-geringer-sechslaender-unter-100-gkm-37251).

19 아직까지 독일에 진정한 에너지 보조금 제도는 자리 잡지 못했다. 대신 한 환경세가 다른 것으로 대체되었다. 2022년 7월부터 친환경 분담금 제도가 폐지되며, 탄소세가 재생에너지 보조금을 재정적으로 지원한다. 이 보조금 제도의 단점은 사회적 재분배가 이루어지지 않고 에너지세로 인해 여전히 저소득층의 부담이 크다는 것이다. 저소득층은 전체적으로 에너지에 쓰는 금액이 적지만 소득이 낮기에 전기료와 난방비가 지출에서 차지하는 비중이 상대적으로 크다.

20 Schor, S. 3; Pettifor, S. 152; Berg, S. 91; Richters/Siemoneit, S. 111; Potter 2020, S. 88; Seba, S. 181; Wirth, S. 18; Hirschhausen, S. 287; Malm 2016, S. 369; Latif, S. 27; Monbiot 2006, S. 55; Edenhofer/Jakob, S. 87
21 Parry et al., S. 2
22 Parry et al., S. 7
23 독일 환경청도 IMF의 정의에 문제가 있다고 본다. '보조금'은 본래 특정 집단이 국가 재정 시스템을 통해 의도적으로 혜택을 받는 것을 의미하기 때문이다. 모든 환경 비용을 단순히 합산하여 전체 사회에 나누어 부담시키는 경우 이러한 측면이 사라진다(Umweltbundesamt 2021, S. 18 f.).
24 게다가 매년 약 94억 유로를 기록하는 자동차세도 있다. 한편, 도로 건설에는 약 140억 유로가 지출되었다. 즉, 자동차 교통이 가져다주는 세수는 그로 인해 발생되는 지출보다 훨씬 많다.
25 하지만 교통세로 거둔 국가의 수입을 떨어뜨리는 보조금도 있다. 업무용 차량 혜택 제도가 이에 해당하며, 앞서 언급했듯이 세수 손실이 31억 유로에 달한다. 통근 거리 공제 제도로 인한 세수 손실도 2018년 약 60억 유로를 기록했다(Umweltbundesamt 2021, S. 63).
26 Umweltbundesamt 2021, S. 60 f.
27 환경보호주의자들은 지금까지 재생에너지에 대한 보조금이 지급된 적이 전혀 없다고 믿는 경향이 있다. 2021년까지 보조금은 국가에서 직접 지급되지 않았고, 전기요금에 붙는 친환경 분담금으로서 국민들의 지갑에서 나왔기 때문이다(Wirth, S. 17). 하지만 이런 기술적 구분은 무의미하다. 두 경우 모두 보조금에 해당한다. 국민 입장에서는 세금을 내든, 친환경 분담금을 내든 똑같기 때문이다. 국가가 풍력 터빈이나 태양광 패널 소유자만 지원하는 바람에 다른 국민들의 순 소득은 감소하고 있다.
28 Schink, S. 57 f.

18장 1939년 이후의 영국의 전시경제

1   McKibben 2016
2   Malm 2020, S. 6 ff.; Jeder kampft fur sich allein, taz, 7.4.2020
3   Wallace-Wells, S. 169
4   Malm 2020, S. 12
5   McKibben 2016
6   Foer, S. 8
7   McKibben 2016; Monbiot 2006, S. 98; Foer, S. 8
8   Monbiot 2021
9   McKibben 2016
10 Delina, S. 3. Ahnlich auch Pettifor, S. 98 ff.
11 Foer, S. 9. 현재 독일은 1인당 연간 평균 57킬로그램의 고기를 섭취한다.
12 Delina, S. 79
13 www.statista.com/statistics/1031678/gdp-and-real-gdp-unitedstates-1930−2019/. 미국은 1941년 12월에 참전했지만 영국과의 수치를 비교하기 위해 여기에서는 1939년부터 1945년까지의 성장세를 참고하였다.
14 Delina, S. 79; Tooze, S. 406
15 Broadberry, S. 30
16 1940년부터 1945년까지 영국의 경제 실적에서 군비 지출 비중은 평균 53퍼센트였다. 이 기간 동안 군수품 수입량은 평균 12퍼센트였다(Tooze, S. 406). 당시 선박이 충분하지 않았기에 수입량 자체가 한정되었다
17 »Hoffnung heißt Handeln«, Interview mit Jane Goodall, Suddeutsche Zeitung, 22.12.2021
18 Bouverie, S. xi. 제1차 세계대전에서 프랑스인은 170만 명, 러시아인은 180만 명, 독일인은 200만 명 이상 목숨을 잃었다.
19 Bouverie, S. 35
20 Bouverie, S. 51 f.

21 Bouverie, S. 103
22 Bouverie, S. 116
23 Bouverie, S. 89
24 Bouverie, S. 182 ff.
25 Bouverie, S. 223. 수데텐에는 280만 명의 독일어 사용자가 거주했지만 체코인도 80만 명 있었다. 게다가 모든 독일어 사용자가 '제국으로의 귀환'을 원한 것도 아니었다. 사회민주주의자와 유대인이 이에 해당한다.
26 Bouverie, S. 324
27 Bouverie, S. 253
28 Neitzel, S. 127; Tooze, S. 454
29 Edgerton 2012, S. 2. 1939년 영국의 1인당 소득은 독일보다 약 40퍼센트 높았다(Tooze, S. 136 f.).
30 Edgerton 2012, S. xvi und 67 ff.
31 Edgerton 2012, S. 70
32 Broadberry, S. 34
33 Milward, S. 42; Broadberry, S. 34
34 Milward, S. 121 und 234
35 Milward, S. 127
36 '국민 계정 체계(National Account System)'에 관한 연구는 1929년 세계경제대공황 이후 미국과 영국에서 거의 동시에 시작되었다. 심각한 경기 침체가 찾아오자 그때까지 아무도 관심 없던 문제들에 대한 질문이 갑자기 제기되었다. 실업자 수는 몇인가? 사람들은 생계를 유지하기에 충분한 돈을 갖고 있는가? 생산량은 얼마나 감소했는가? 어느 분야에서 줄었는가? 훗날 노벨경제학상을 수상한 사이먼 쿠즈네츠가 미국 상원의 의뢰를 받아들여 1929년부터 1932년까지의 미국 국민 소득을 계산했더니 이런 결과가 나왔다. 국민 소득은 50퍼센트 감소했다. 산업은 70퍼센트, 건설업은 80퍼센트나 하락했다. 공공 부문만 성장했다. 케인스는 이 연구에 대해 알았지만 처음에는 관심을 갖지 않았다. 그는 1936년 발표한 『고용, 이자, 화폐의 일반 이론』에 국민 소득 계산은 단지 역사적 호기심을 만족시키는 데 도움이 될 뿐이라고

썼다. 그러나 제2차 세계대전이 터지자 1929년 세계경제대공황 때와 유사한 질문들이 다시 제기되어 영국도 국민 소득을 계산했다. 이때 케인스는 계산 방식에 중대한 변화를 가했다. 생산에 초점을 맞춘 것이다. 이를 바탕으로 훗날 GDP 개념이 탄생했다(Lepenies, S. 49 ff.; Mazzucato 2019, S. 81 ff. 참조).

37 Milward, S. 233 f. 전시의 민간경제 분야 종사자의 수는 평상시보다 약 1백만 명 더 적었다(Edgerton 2012, S. 296).

38 영국이 가진 자본 자산 중 6.9퍼센트가 전쟁으로 인해 파괴되었다. 여기에는 침몰한 선박과 그 화물도 포함된다(Edgerton 2012, S. 297).

39 Zweiniger-Bargielowska, S. 78 f. 독일은 대서양에서 잠수함전을 벌여 영국의 수입을 차단하려고 했지만 이 계획은 실패로 돌아갔다. 1941년에는 영국 수입품의 5퍼센트를 침몰시켰지만 1944년에는 겨우 0.4퍼센트만 침몰시킬 수 있었다.

40 Edgerton, S. 159. 1938년과 비교해 민간 수입품은 1942년에 30퍼센트, 1943년에 23퍼센트, 1944년에 20퍼센트 감소했다.

41 Milward, S. 250

42 Zweiniger-Bargielowska, S. 79

43 Zweiniger-Bargielowska, S. 80. 영국에서 더 많은 식량을 생산하기 위해 많은 목초지가 경작지로 바뀌었다. 1939년에서 1944년 사이 경작지는 66퍼센트 증가했다. 그 결과 육류 생산량은 31퍼센트 감소되었지만 곡물 생산량은 200퍼센트 증가했다(Milward, S. 252).

44 이 섭취량은 24세~51세 성인 남녀에게 권장된다(www.tk.de/techniker/magazin/ernaehrung/uebergewicht-und-diaet/wie-viele-kalorien-pro-tag-2006758). 하지만 현재 독일 남성의 67퍼센트, 여성의 53퍼센트가 과체중이며, 하루 평균 3,500칼로리를 섭취한다.

45 Edgerton, S. 171

46 남은 것이라고는 통곡물빵뿐이었기에 영국인들은 통곡물빵을 싫어하게 되었고 지금까지도 이어지고 있다. 반면 영국인들이 좋아한 흰 빵은 희소한 곡물을 효율적으로 사용하기 위해 금지되었다. 전쟁 후에도 영국은 심하게 궁핍했던 서독 점령지에 식량을 공급해야 했기에 빵도 배급제 대상이 되었다. 루르 지방에서는 한동안 하루에 1인당 900칼

로리만 제공되기도 했다.

47 Zweiniger-Bargielowska, S. 77 ff. 영국인들은 그럭저럭 잘 먹고살았기 때문에 암시장은 영향을 끼치기 어려웠다. 게다가 식료품 대부분을 여전히 수입해오는 데다 항구에서 정확하게 파악 가능했기에 식료품 흐름을 통제하는 것은 정부에게 쉬운 일이었다. 전쟁 중에도 수입 비중은 약 59퍼센트를 유지했다. 따라서 영국 식량청은 숨겨진 수확물을 파악하기 위해 수많은 소농을 샅샅이 조사할 필요가 없었다. 유일한 문제는 전적으로 국내에서 생산해온 신선한 달걀이었다. 절반 이상이 공식 배급소로 운송되는 도중에 "사라졌다."

48 Zweiniger-Bargielowska, S. 89. 1939년부터 1945년까지 산모 사망률은 1,000명당 3.13명에서 1.8명으로 감소했고 신생아 사망률은 51명에서 46명으로 떨어졌다. 하지만 극빈층 아이들의 사망률은 상류층 아이들보다 2배 이상 높았다.

49 레스토랑에서의 외식은 대중의 반감을 불러일으켜 식사는 세 코스로 제한되었고 가격은 최대 5실링까지 허용되었다.

50 Jeder kampft fur sich allein, taz, 7.4.2020

51 Broadberry, S. 30. 제2차 세계대전 동안 소비가 30퍼센트 이상 감소해 제1차 세계대전 때보다 심각해졌다. 1913년~1917년에 소비는 '겨우' 22퍼센트 감소했기 때문이다.

52 Deutsche Bundesbank, Lange Zeitreihen. Zur Wirtschaftsentwicklung in Deutschland (März 2022), S. 4. 동독의 통계는 포함되지 않아 서독 초기와의 비교는 근사치만 산출할 수 있다. 1990년 이후에는 5개의 연방주가 포함되었다.

53 »Sie konnen Schweinebraten essen«, Interview mit Anton Hofreiter, taz, 10.6.2021

54 대기업들은 철저하게 계획하며 아무것도 우연에 맡기지 않는다. 내부적으로 '수직적 통합'을 추구하며 원료에서 판매에 이르기까지 모든 자원과 작업 단계를 통제한다. 이들은 항상 모든 것을 직접 생산하지는 않는다. 종종 '아웃소싱'하기도 한다. 하지만 독립적으로 보이는 하청업체들도 대기업에게 가차없이 이용당하거나 대기업의 이해 관계에 종속된다. 노벨경제학상 수상자 허버트 사이먼은 이런 질문을 제기한

적이 있다. 아무것도 모르는 화성인이 지구의 경제를 관찰한다면, 화성인은 지구인들이 시장경제 체제에서 살고 있다고 생각할까? 아마 그렇지 않을 것이다. 지구인들은 시장경제보다는 조직경제 체제를 꾸려가며, 경제 활동 대부분이 기업들의 시장 관계가 아닌 기업 내부에서 조정되고 있다고 결론을 내릴 것이다(Herrmann 2015, S. 65 이하 참조).

19장 우리는 미래에 어떻게 살게 될 것인가

1 심지어 가끔 케인스주의자들도 민간 기업만이 혁신적일 수 있다고 생각한다. Flassbeck, S. 38.
2 Mazzucato 2014, S. 95
3 Gates, S. 185
4 Mazzucato 2021, S. 55
5 Radkau 2008, S. 164
6 Mazzucato 2021, S. 34; Radkau 2008, S. 366; Edgerton 2019, S. 116
7 여기에서 GDP 산출 방식의 또 다른 약점이 드러난다. 국가는 주로 비용만 발생시키는 존재처럼 여겨진다. 그러나 국가가 경제 활동의 많은 부분을 가능하게 만든다는 사실은 수치에 거의 반영되지 않는다(이에 대한 상세한 비판은 Mazzucato 2019, S. 85 ff. und 241 ff.).
8 Rosling, S. 198; Deaton, S. 67
9 Deaton, S. 122 f.
10 예를 들어 국제에너지기구는 에너지 전환에 관해 국가가 명확히 지침을 제시해야 한다고 지적한다. 리튬 등의 천연 자원을 채굴하는 새로운 광산이 제때 조성될 수 있도록 말이다(IEA, S. 14).
11 탄소 예산이라는 방안은 초현대적인 인상을 준다. 하지만 목재가 부족해질지도 모른다는 불안함이 감돌았던 18세기의 독일에 이미 유사한 아이디어들이 있었다. 가용 목재량에 철저히 맞추어 생활해야 한다는 '완전한 목재 국가(totaler Holzstaat)'라는 비전이 이때 탄생했다

(Radkau 2000, S. 232). 하지만 곧 목재가 충분하다는 사실이 밝혀지면서 에너지 부족에 대한 걱정은 다시 사라졌다.

12 »Wir brauchen radikale Maßnahmen«, Interview mit Volker Quaschning, taz, 11.11.2021

13 https://data.worldbank.org/indicator/EN.ATM.CO2E.PC

14 https://data.worldbank.org/indicator/EN.ATM.CO2E.PC

15 현재 전 세계 출생률은 여성 1인당 2.5명 미만으로 조만간 세계 인구는 정점에 도달할 것이다. 1965년에는 전 세계 여성 1인당 5명의 아이가 태어났다. 출생률이 낮아진 이유는 더 이상 아이가 잘 죽지 않기 때문이다. 언뜻 보기에 모순 같지만 실제로는 그렇지 않다. 부모는 갓난아이가 무사히 잘 자라서 성인이 되는 것을 경험하면 가족 계획을 세우게 된다. 즉, 몇몇만이라도 살아남길 바라며 가능한 한 많은 아이를 낳을 필요가 없어지는 것이다. 게다가 어머니들도 교육을 받아 가족 계획을 세울 수 있게 되었다. 비록 현재의 출생률은 낮지만, 이미 태어난 아이들이 오래 살 것이기 때문에 당분간 세계 인구는 계속 증가할 것이다(Rosling, S. 79 ff.).

16 Ulrich, S. 192

17 Chancel et al., S. 18

18 Chancel et al., S. 27

19 Chancel et al., S. 195

20 Chancel et al., S. 196

21 Umweltbundesamt 2016, S. 16

22 Pinzler/Wessel, S. 282

23 Zitiert nach Monbiot 2006, S. 43

24 Lauterbach, S. 165

25 www.mpg.de/15510963/lachgas-landwirtschaft-klimawandel

26 Settele, S. 66 ff. 독일의 곤충 감소 현상은 잘 기록되어 있다. 1989년부터 2016년까지 크레펠트의 곤충학자들이 독일의 63개 보호 구역에서 곤충 수를 조사했다.

27 Settele, S. 19 f. 2018년 봄, 하노버의 한 슈퍼마켓은 곤충이 없어서는 안 될 소중한 존재임을 보여주기 위해 사과, 커피, 초콜릿, 오렌지 주

스, 종합 비타민 주스, 과일 요거트, 잼, 즉석 요리 식품, 냉동 피자, 아이스크림, 화장품, 건과일, 면직물 의류 등, 곤충이 수분하지 않으면 존재할 수 없는 모든 상품을 진열대에서 치웠다. 그랬더니 상품의 60퍼센트가 갑자기 사라졌다. 캠페인 이름은 "벌이 사라지니, 진열대가 텅 비었네(Biene weg, Regal leer)"였다. 심지어 곰 모양 젤리도 살 수 없었는데, 이는 젤리를 만들 때 서로 달라붙지 않도록 벌집에서 추출한 밀랍으로 코팅하기 때문이다.

28 Settele, S. 151 ff.
29 Settele, S. 69
30 Settele, S. 254
31 Wilkinson/Pickett, S. 81 ff.
32 철학자 리하르트 다비트 프레히트는 월 수령액으로 1,400~1,500유로를 제안하며, 18세 이상의 모든 독일 국민이 수령할 권리를 가져야 한다고 주장한다(Precht, S. 391 ff.). 이에 대한 근거로 프레히트는 스위스의 경제학자 토마스 슈트라웁하르(Precht, S. 397)의 견해를 제시했다. 그러나 슈트라웁하르가 주장하는 보편적기본소득은 1,000유로뿐이고 그는 아동을 포함한 모든 연령대의 사람에게 이를 지급해야 한다고 주장했다(Straubhaar, S. 25 ff.). 마찬가지로 기후활동가 루이자 노이바우어도 매달 1,500유로의 기본소득을 지급해야 한다고 생각한다. 하지만 모든 연령대 아니면 성인에게만 지급되어야 하는지는 확실히 밝히지 않았다(Neubauer/Repenning, S. 229).
33 Precht, S. 402
34 영국 전시경제의 개정판을 시행한다면 자본주의는 조직적인 축소를 거쳐 종말을 맞이하겠지만 사유 재산은 유지된다. 반면 일부 연구자들은 변형된 기후사회주의(Climate Socialism)를 주장한다. 예를 들어, 스웨덴의 마르크스주의자 안드레아스 말름은 민주적이지만 경제적으로는 소련을 모델로 삼은 '생태적전쟁공산주의', 즉, 일종의 레닌 없는 레닌주의를 설파한다(Malm 2020, S. 167). 이러한 주장의 약점은 현재까지 민주적인 '소련식 중앙계획경제'가 한번도 존재하지 않았다는 점이다. 소련식 중앙계획경제는 항상 독재 체제였으며 자본주의 체제보다 환경을 심하게 파괴했다. 또한, 군사 분야 외에서는 어떠한 기술

혁신도 나타나지 못했다. 국가의 광범위한 통제가 모든 자발적 창의성을 탄압했기 때문이다. 하지만 향후 기후 위기와의 싸움에서는 혁신도 필요하다. 그래서 사회학자 클라우스 되레는 특히 자치 조합으로 구성된 '민주적이며 지속 가능한 사회주의'를 제안한다. 그러나 이러한 사회 형태 역시 지금까지 어디에서도 존재하지 않았다. 게다가 되레는 지속적인 성장을 전제로 삼는다. '전환에 따른 갈등'이 발생할 것으로 예상하지만, 이는 갈탄 채굴 등을 하는 일부 화석 연료 업계에서만 일어나리라고 본다. 전체 경제에 대해서는 "지속 가능성 혁명은… 최초 산업혁명과 비교될 만하다"고 생각한다(Dörre, S. 109). 따라서 되레의 모델은 축소되는 경제를 관리할 어떤 방식도 제시하지 않는다. 캐나다의 사회주의자 리 필립스와 미하 로즈보르스키는 민주적 사회주의를 주장하며, 미국의 거대 소매 기업 월마트와 아마존의 내부 프로세스를 모델로 삼는다. 이 방식의 단점은 경영과 국민경제를 혼동했다는 데 있다. 특히 이 둘도 지속적인 성장이 가능하다고 생각한다. 이들에게 기후 재난은 부수적인 현상일 뿐이다. 오스트리아의 사회주의자 브루노 케른만이 앞으로 경제가 축소되어야 한다고 명확하게 밝히며 '생태사회주의'를 주장한다. 케른은 강력한 국가 계획을 지지하며 사유 재산을 급진적으로 제한해야 기후 보호에 성공할 수 있다고 확신한다. 자영업자, 가족 기업, 협동 조합만 경제 주체로 허용되고, 더 이상 직원 고용은 불가능하다(Kern, S. 176 f.). 그런데 이런 방식의 사회주의 또한 역사적 선례가 없다. 무엇보다 대규모 몰수 행렬이 이어진다면 극심한 반발이 일어나 기후 보호가 불가능해질 수도 있다.

결론 '생존경제'는 이미 시작되었다

1 Lauterbach, S. 154
2 Zitiert nach Schulte, S. 159 f.
3 물을 차지하기 위한 싸움은 최근에 새롭게 나타난 현상이 아니라, 인류의 정착만큼이나 오래되었다. '라이벌'이라는 단어는 원래 '물줄기를 두

고 다투는 이웃(rīvalis)'이라는 라틴어에서 비롯되었다.
4 www.bmuv.de/fileadmin/Daten_BMU/Download_PDF/Binnengewaesser/kurzfassung_wasserstrategie_bf.pdf, S. 5
5 www.rbb24.de/studiofrankfurt/wirtschaft/tesla/wse-strausberg-erkner-rationiert-wasser.html
6 www.destatis.de/DE/Presse/Pressemitteilungen/Zahl-der-Woche/2022/PD22_12_p002.html
7 Lauterbach, S. 194 f.
8 Reimer/Staud, S. 255; Lauterbach, S. 164
9 www.bzfe.de/nachhaltiger-konsum/lagern-kochen-essen-teilen/planetary-health-diet/
10 https://www.rki.de/DE/Content/Gesundheitsmonitoring/Themen/Uebergewicht_Adipositas/Uebergewicht_Adipositas_node.html
11 https://ourworldindata.org/obesity

자본주의는 계속 살아남을 것인가?
왜 성장과 기후 보호는 양립할 수 없는가.
그리고 우리는 미래에 어떻게 살게 될 것인가.

1판 1쇄 인쇄 2025년 11월 28일
1판 1쇄 발행 2025년 12월 5일

지은이 울리케 헤르만 | 옮긴이 강영옥
책임편집 유온누리 | 편집 한수빈

펴낸이 임병삼 | 펴낸곳 갈라파고스
등록 2002년 10월 29일 제13-2003-147호
주소 03938 서울시 마포구 월드컵로196 대명비첸시티오피스텔 801호
전화 02-3142-3797 | 전송 02-3142-2408
전자우편 books.galapagos@gmail.com

ISBN 979-11-93482-15-5 (03300)

갈라파고스 자연과 인간, 인간과 인간의 공존을 희망하며, 함께 읽으면 좋은 책들을 만듭니다.